올 어바웃 아나운서

KBS 아나운서
강성곤 지음

all
about
announ
acers

형설
미래교육원

* 이 책은 방일영 문화재단의 지원으로 저술 · 출판되었습니다.

자음과 모음이 얽히고설킨 문자

목청을 통과한 찰나적 파장인 음성

그렇게 빚어진 말글소리가 삶을 바꾼다

들어가며

 글쓰기는 망각과의 대결이다. 시대와 사건이 지워지는 것에 대한 저항이다. 쓰기와 읽기는 또한 고독과 같아서 모종의 '깊이'를 사람에게 부여한다. 나는 대중매체의 말쟁이 아나운서로서 무언가를 쓰고 남기고 싶었던 고독한 인간 부류에 속한다.

 언제부턴가 후배들이 압도적으로 많아졌다. 음식을 나누고 말을 섞을 때, 내 분량이 커가면 불안과 걱정이 앞선다. '꼰대', '라떼' 등의 단어를 수시로 떠올리며 후일담 풀기에 조심하던 어느 날, "선배님 같은 분 앞에서가 아니면 이런 얘기를 언제 어디서 또 듣겠어요. 기록으로 남겨보시는 건 어때요?" 아랫사람의 눈빛과 표정에서 진정성을 읽고는 용기를 얻었다.

 어떻게 쓸 것인가. 무슨 내용을 담을 것인가. 진로 탐색 고등학생들의 떠들썩한 질문 범벅들을 떠올렸다. "아나운서가 되려면 무얼 어떻게 해야 돼요?" "월급이 얼마예요?" "아저씨는 아나운서가 되어서 좋았어요? 후회된 적은 없어요?" "뭘 하는 걸 좋아하세요?" "취미나 특기는 뭐예요?" "그래서 행복하세요?"

 기억나는 대로 썼다. 생각 닿는 대로 적었다. 반듯한 목차? 정리된 챕터? 명확한 카테고리? 그런 것 싫다. 사양하고 거부한다. 논픽션을 지향한다. 내 경험과 지식을 1인칭 화법으로 그저 시간 순서대로 씩씩하게 옮겼다. 기뻤던 일, 싫었던 인간, 안타까운 기회, 뽐내고 싶은 추억, 분주함과 분투, 아는 체와 커리어 자랑, 불상사, 애환과 후회, 감성에 젖기, 비루한 일상 등.

내 맘에 쏙 드는 책 중 프랑스 작가 롤랑 마뉘엘Roland Manuel의 『음악의 정신사』가 있다. 여길 보면 "베토벤에 의해 음악은 기교를 넘어 비로소 의식이 된다"는 멋진 말도 있지만, 연습을 대충 하면 아버지한테 자주 얻어맞았다는 이야기도 나온다. 이런 것도 재밌지 않나? 나는 이 책에서 부끄럽지만 솔직하고 인간적인 개인사를 늘어놓고, 가성비 높은 이야기보따리를 풀어 제치고자 한다. 아울러 전문성을 담보한 정보 콘텐츠를 빼놓지 않았다.

제목만 보면 대충 얼개와 알짬을 알 수 있는 책에 나는 손이 안 간다. 치유·공부·돈·건강·리더십 등이 여기 속한다. 타이틀로 유혹하되 그 안의 이야기는 종횡무진, 좌충우돌 전개되는 쪽에 마음이 간다. 그래서 그걸 지향했다. 굳이 멋들어지게 표현하자면 이 이상한 책은 '잡다한 신비의 소굴'쯤 되겠다.

처음 듣는 스토리, 새뜻하고 유익한 지식, 소름 돋는 디테일, 불편한 진실, 난데없는 품격과 권위 등을 마구 버무렸는데 하나라도 유익이나 흥미, 혹은 통찰 언저리를 건졌다면 더 바랄 게 없겠다.

영국 작가 조지 오웰George Orwell은 책을 쓰는 네 가지 이유를 밝힌 바 있다. 첫째, 온전한 이기심. 이건 똑똑해 보이고 싶거나 다른 이의 관심을 받고 싶어서다. 둘째, 미학적 열정. 세상의 아름다움을 전하거나, 단어들의 올바른 배열이 주는 미감에 대한 열정 때문이고, 셋째는 역사적 충동인데 후세를 위해 보존하려는 욕망이며, 넷째는 정치적 목적이 그 이유라고 말한다. 내 경우는 굳이 고르자면 첫째와 둘째가 동인動因에 가깝다.

끝으로 성공한 이들의 공통점을 전한다. ① 몰입 ② 강한 디테일 ③ 업業의 본질을 꿰뚫는 힘. 나는 그리 성공하지 못했다.

그러나 당신은 꼭 성공하기 바란다. 여기 구구절절 부려놓은 말 뭉치들, 그 자맥질과 담금질의 기록이 작지만 튼실한 노둣돌로 작용하길 소망한다.

2021년 어느 봄날, 여의도 KBS 본관 아나운서실에서

차례

들어가며	05
아나운서가 되다	13
-목소리와 발음	16
-공영방송 아나운서, 4교대 근무	21
-숙직과 라디오뉴스	24
-뉴스의 세계	28
저 멀리 마산으로	32
-올림픽과 클래식FM	36
-클래식방송 MC시절	42
퀴즈MC로 살다	48
-퀴즈MC의 멘트	50
-장학퀴즈 기장원을 거머쥐었던 나	52
-농어촌을 두루 다니다	57
PD 노릇 하며 독일을 가다	60
-베를린과 파리, 그리고 제작	64
-아, 이창호 선배!	68
나, 까칠한 노조꾼	71
-한국어 연구에 발을 담다	76
-파업, MBC, 손석희	78
-공부는 필요하다	80
독일 본Bonn으로 가다	84

−본에서 자유를 만끽하다	87
숙명의 도약에 뛰어들다	91
아, 이명용 실장!	98
−춘천이 좋았다	100
−한신평PD와 제바스티안	106
괴테의 도시, 한자Hansa의 도시	109
−바흐의 발자취를 헤집다	113
−라인을 품은 도시들, 그리고	116
−독일와인과 테디베어	119
−독일방송국에 들어가다	124
한국어능력시험의 탄생	131
−이제는 말할 수 있다	135
−찍기의 메커니즘	138
−가리봉동의 밤하늘	140
베를린이 나를 소환했다	142
−독일·독일인은 이렇다	145
−자유대학의 훈풍	148
−2TV의 정체성을 다시 보자	150
−내 맘대로 꼽는 베를린의 명소들	153
막강한 숙명의 제자들	156
발음→읽기→말하기	161
−한국어는 장단의 언어	166
−ㅓ:/ㅕ:/ㅟ:의 세계	169
−띄어 읽기가 중요하다	170
−소리 내기가 곧 배움이다	175
−뉴스 읽기와 고개 들기	179

- 뉴스의 실전 연습 184
- 초심자를 위한 요령 187

리포팅이란 무엇인가 190
- 오프닝을 어떡하나 196
- 클로징은 오프닝보다 짧다 199
- 인터뷰란? 201
- 인터뷰 때의 태도 205
- 인터뷰의 기술 208
- 좋은 질문이란? 213

매력자본 키우기 219
- 설득 · 감동 · 유머 223
- 경험 · 지식 · 생각 227
- 진정성眞正性에 대하여 231
- 메소드method적 말하기 233
- 디테일 챙기기 238

21C 다독 · 다작 · 다상량 241
- 말하기와 글쓰기는 한 뿌리 245
- 실전 논술 248

작문은 논술과 다르다 254
- '평범한 자신'을 만들지 말라 258
- 작문 답안지를 톺아보다 262
- 슬기로운 자소서 쓰기 266

강의 · 교육 · 발표 · 토론에 빠지다 270

다시 격랑 속으로 277
- 라디오팀장의 애환 281

부장 시절 에피소드 몇 개 290

- 또다시 대형 파업, 그리고 294
- 연구소 시절, 마음을 다잡다 297

아, 세월호! 302
- 리더십이 아니라 팔로십이다 303
- 파업, 이번엔 진짜다! 306
- 다시 교육·연구의 품으로 308

용서하고 화합하자 312

나오며 318

아나운서가 되다

 서울 소공동 선경빌딩 18층 쇼룸. 회사서 가장 인적이 드문 곳. 그 화장실 속 트랜지스터라디오 이어폰 속에서 나는 KBS 아나운서 합격 소식을 듣는다. 기쁘다기보다 얼떨떨했고 걱정이 되었으며 갑자기 우리 회사 선경에게 미안해졌다. 나한테 참 잘 대해주었었는데.

 한국방송공사 공채 11기 아나운서가 되었다. 때는 1984년 겨울. 전두환 씨가 1981년 언론통폐합을 단행하는 바람에 KBS 에는 당시 동양방송TBC, 동아방송DBS, 기독교방송CBS 일부, 그리고 지방의 전일방송, 서해방송 등 군소방송 인력이 집결되어 한마디로 사람이 넘쳤다. MBC문화방송은 가을에 정례적으로 신입사원을 뽑았던 데 비해 KBS가 오랫동안 신입 충원이 없던 이유다.

 그러다 고려대 신방과 오택섭 교수님으로 기억한다. 이분이 한 신문에 공영방송의 존재 이유를 묻는 준엄한 칼럼을 실었다. 연장선상에서 86아시안게임, 88올림픽을 성공적으로 치르기 위해서라도 방송 인력의 확충이 절실한 시점이라고 일갈했다. 당시 정권의 실세이기도 했던 이원홍 KBS사장은 이에 부응해 올림픽 요원이라는 거창한 타이틀을 붙여 대규모 공채를 실시한다. 나는 이런 배경의 수혜자였던 셈이다.

 PD와 기술 직종을 각각 백 명 안팎으로 가장 많이 뽑았다.

이때 들어온 프로듀서와 엔지니어는 행운아들이다. 또한 국제방송국(이후 라디오코리아RadioKorea를 거쳐 현재 이름은 KBS-WORLD)의 영어·독어·불어·중국어·일본어·이태리어·포르투갈어·인도네시아어 방송을 위한 외국어 특기생들도 채용해 어문계열 출신 대학생들의 진로를 도왔다. 이들은 후에 자의 반 타의 반 일반 PD·기자로 변신, 회사에 크고 작은 기여를 한다. 반면 기자는 9명, 아나운서는 7명으로 여느 때와 비슷했다. 시험과목과 전형이 아주 특이했는데 여태 기억하고 있다.

1차가 법학·경제학·행정학·심리학·사회학·교육학개론 중 택일과 영어·국사. 2차는 영어Ⅱ와 제2외국어 선택이었다. 1차 시험이 이러했던 데는 그때까지도 국영방송 이미지가 남아 있어 공무원 채용 방식을 따랐던 걸로 보인다. 사실 KBS가 국민들의 수신료가 재원인 공영방송이 된 건 1973년으로 50년이 채 되지 않았다. 그 전엔 남산 소재 서울중앙방송국으로 불렸다. '너나 가져라'라는 뜻의 휑한 공터 여의도에 본관 건물이 들어선 것도 1976년의 일이다.

어쨌든 나는 종합상사 ㈜선경의 빡빡한 근무 환경에 허덕이면서도 특유의 벼락치기로 공부해 1차 필기 관문을 통과한다. 다행히 교육학개론이 들어 있어 이물감이 덜했다. 2차는 독일어를 당연히 택했다. 3학년 때 부전공이 독어독문학이었던 데다, 니체·헤세·칸트 등에 빠져 문학·어학 공부를 나름대로 열심히 해 독일문화원 어학코스 중급과정을 마친 터. 나는 독일어가 참 좋았고, 지금도 그렇다. 뭐랄까, 정직하고 신실하고 격조 있다고나 할까. 독일과의 인연은 나중에도 이어진다. 어쨌든 시험이 너무 쉬워 조심스럽게 2차 통과의 조짐을 느꼈다.

3차는 실기. 80년대 아나운서 시험은 표준어 구사가 제일의 관건이었는데, 특히 표준 억양과 표준 어조가 중요했다. 물론 발음이나 발성 요소나 **빼놓을** 수 없었지만 말이다. 그다음이 건강한 신체 조건이다. 특히 눈, 시력이 좋아야 했다. 안경 쓴 아나운서는 상상하기 어려운 시절이다. 나는 어렸을 때부터 안경잡이였고, 마르고 왜소한 데다 건강도 그다지 좋은 편이 아니었기에 상당히 불리한 여건이었다. 그래서 주위 조언을 받아 당시 막 인기를 끌던 콘택트렌즈를 끼고 시험장에 갔다. 아니나 다를까 적응이 안 돼 눈이 계속 붉게 충혈돼 있었다. 시험은 지금 생각해도 참 KBS다웠다. 여기서 KBS답다는 건 순하고 무던하고 각박하지 않다는 의미다. 적어도 난 그리 생각한다.

TS1, 제1텔레비전 스튜디오. 역사적인 공간이다. 대한민국 최초의 TV공개홀이며, 각종 교양·오락 프로그램이 생으로, 녹화로 제작되는 현장. 그리고 KBS 사원들에게는 그 이름도 고답적인 월례조회가 변함없이 이루어지는 곳이다. 1, 2차 시험을 통과한 응시생들은 방청석에 가만히 앉아 있다가 호명을 받으면 스튜디오 한가운데 테이블에 앉았다. 지금처럼 죽 늘어서지 않고 말이다. 갱지로 된 A3 크기의 종이에는 앞면에 뉴스 원고, 뒷면엔 에세이가 담겨 있었다.

카메라 테스트를 중시하고 화려한 자기소개서가 필수가 아닌 시절의 소박하고 담담한 전형이었던 것이다. 그저 평균의 상식과 교양지식을 쌓은 평범한 젊은 시민들 가운데 목소리와 마스크가 상대적으로 돋보이는 이를 선발하는 절차라고나 할까, 그런 느낌에 가깝다고 할 것이다. 나는 예나 지금이나 이런 게 옳은 방법이라고 생각하는 사람 중 하나다. 교양과 지성이 먼저고, 외양과 재능이 나중이라야 튼실한 아나운서가 나온다.

당시 실장은 이규항 아나운서. 천생 선비인 분이다. 지금은 상상할 수 없는 광경인데, 이 음성 및 카메라 테스트는 살벌한 경연이라기보다는 편안한 분위기에서 자웅을 겨루는 학예회 같았다. 무엇보다 잊지 못하는 대목은 아무리 리딩이 이상하고 엉망이라도 끝끝내 모두에게 공평히 뉴스와 에세이를 읽게 했다는 점이다. 당시에 아나운서 학원이란 게 있을 리 없다. 따라서 필기시험은 통과했어도 발음이 서툰 사람, 쉰 목소리 내는 사람, 사투리를 심하게 쓰는 사람 등 별별 부류가 다 왔다. 방청석에서 순서를 기다리는 응시생들이 상대가 실력이 아주 달리거나 실수를 하거나 하면 킥킥거리던 장면이 여태 선연하다. 그러나 이 실장은 전혀 웃지 않았다. 난 그때 이분의 고매한 인격을 눈치챘다.

4차 최종 면접. 내 기억으로는 PD출신 Y이사가 심사위원장이었다. 눈이 왜 그렇게 빨간 거냐고 다그쳤다. 아차, 망했다고 생각하는 순간 이규항 아나운서실장이 구원의 손길을 펼친다. 필기시험 성적이 매우 좋다. 서울 어디서 살았나 등등 내게 유리한 질문이 이어졌다. 나는 결국 전체 응시자 중 필기시험 2등, 아나운서 직종 최고 성적으로 KBS를 붙는다.

목소리와 발음

어떡하면 아나운서가 될 수 있느냐는 질문을 많이 받는다. 우선 전제할 것은 아나운서가 딱히 대단한 존재는 아니란 사실이다. 어떤 직업이든 자연스럽게 조성된 환경에서 타고난 재능을 잘 발휘하는 계기가 만들어지고, 그것을 고무하는 주변 네트워크가 갖춰지면 최적의 조건이 된다. 서울·경기권 출생은 일단 표준 억양과 어조의 구사에서 유리하다 할 수 있다. 그러나 반드시 그런 것만도 아니다. 요즘은 일일생활권에다 미디어 영향이 지배적이어서 영·호남 등 상대적으로 억양이 강한 남쪽 지방 태생이라도 마음만 먹으면 쉽게 표준어를 구사하는 세상이다. 다만 부모가 진성眞性 사투리를 구사하고 가족 구성원들이 이를 답습하는 경우는 조금 어려운 상황이 될 수도 있다.

10여 년 전 표준어 관련 토론회 패널로 참가한 적이 있다. 거기서 어느 저명한 소설가는 이렇게 말했다. 그는 경상도 상주 출신. "나는 고등학교 때 전학을 왔는데 사투리를 쓰는 나를 보고 친구들이 엄청 놀랐다. 내 말투와 억양이 부끄럽고 그것이 끝내 열등감으로 다가왔을 때, 학교 다니기조차 싫었다" 표준어는 물과 공기에 대해 우리가 갖는 평소의 감정 태도와 비슷하다. 너무나 당연해 고마움을 잘 못 느끼는 존재라고 할까. 따라서 그 반대의 경우를 상상하기 쉽지 않다. 자기가 선택하지도 않은 운명 때문에 표준어를 구사하지 못하는 사람들도 있고, 그것이 못내 괴로운 이들도 있다는 걸 기억하자.

아나운서 하면 떠올리는 첫 번째 화두는 아마도 목소리가 아닐까 한다. 이와 관련한 흥미로운 연구를 소개한다. 미국 노스이스턴 주립대학 연구팀이 실험을 진행했는데 대학생들을 대상으로 뉴욕타임스 신문기사를 소리 내어 읽는 사람들의 영상을 3분 동안 보여주고 누가 똑똑하고 능력 있을지 가늠해 보라고 주문했다. 놀랍게도 참가자들의 90% 이상이 정답을 맞힌다. 판별 기준은 좋은 목소리와 적은 오독誤讀으로 나타났다.

이쯤 되면 우선 이런 생각에 다다르게 된다. 좋은 목소리를 위한 조건과 방법은 무엇인가. 맑고 낭랑한 목소리는 우선 눈에 띄며 칭송을 듣는 일이 잦다. 그러나 따뜻하고 정겨운 분위기와는 거리가 있다. 악기로 따지면, 쨍쨍 울리는 바이올린 소리와 오보에의 깨끗한 음향은 정신을 일깨우지만 듬직한 첼로의 움직임과 플루트의 온유함은 우리를 편안하게 만드는 미덕이 있지 않은가. 어느 것이 더 높고 훌륭한 가치인가 판단하기 쉽지 않은 것이다.

아나운서도 그렇다. 기름지고 매끈한 음색은 라디오뉴스나 스포츠 중계에 제격이다. 혼잡하고 시끄러운 차 안에서 특히 그 위력은 빛을 발한다. 그러나 토크쇼나 인터뷰 프로그램에서는 부담스럽기 일쑤다. 외려 그저 평범하고 수수한 음색의 아나운서가 진행해야 맛이 더 나는 법. 그러니까 목소리의 관건은 음색이 아니라는 것이다. 좋은 목소리를 좌우하는 요소는 다름 아닌 발음이라는 생각이다.

모임에 가면 보통 구석 자리에서 가만히 있는 편이지만, 인사를 나누거나 대화에 어쩔 수 없이 끼게 되는 경우가 있다. 직업이 아나운서라고 하면, 상대의 반응은 "어쩐지 목소리가 좋으시다 했더니만 역시 그렇군요" 대개 그 어름이다. 그러나 내 경우는 목소리가 좋은 게 아니라 발음이 비교적 정확하고 명료한 편이라고 해야 얼추 걸맞은 평가일 것이다.

여기가 바로 중요하고 관심 가는 지점인데, 그러니까 보통 사람들은 차지고 옹골찬 발음을 지닌 상대를 쉬 뭉뚱그려 좋은 목소리의 소유자로 인식한다는 것이다. 결국, 타고난 목소리를 갖고 어떻게 해야 좋은 목소리로 만들지 고민할 것이 아니라 발음을 다듬고 벼리는 노력을 꾸준히 하는 게 보다 현실적이며 더 윗길이란 말이다.

좋은 발음의 첫걸음은 모음의 정확한 음가 내기에서 나온다. 한국어는 단모음 10개와 이중모음 11개, 총 21개의 다양한 모음으로 이루어져 있다. 이걸 제대로만 소리 내도 근사한 발음의 종결자로 대우받을 것이다. 모음을 구사하면서 입안 공간의 폭이 넓혀지고 좁혀지는 체험을 많이 가질수록 성공적이라고 할 수 있다. 그런데 음가를 온전히 내는 것으로 끝나는 게 아니라 정제되고 가다듬은 소리가 필요한데, 여기가 바로 조용한 지적

知的 야망이 드러나는 대목이다.

이지적인 사람은 자신의 목소리와 발음에 민감하다. 이들은 자신의 목소리가 일부러 꾸민 상태가 아닌 바로 그 직전, 다시 말해 딱 적절하게 매력적인 정도의 임계점까지 곰비임비 연습해 온 부류라고 할 수 있다. 수업 시간의 책 읽기서부터 문학의 밤에서의 시 낭송, 가곡을 부를 때의 노랫말 전달까지 다른 사람들이 별반 관심을 안 갖는 분야에도 열과 성을 쌓아온 사람들인 것이다. 금속의 제련 과정처럼 목소리의 불순물을 제거하고 올곧은 발음의 강도와 순도를 높이는 과정을 체화한 덕분이다.

결국 어려서부터 가깝게는 자신의 목소리, 나아가 가족·친구 등의 목소리와 발음에 관심을 갖고 신경을 가다듬는 연습이 중요하다고 할 수 있다. 방송, 특히 라디오에서 들리는 좋은 목소리와 발음에 귀를 기울여 보는 것도 좋은 방법이다. 예를 들면 중요 시간대에 나오는 뉴스캐스터의 발음과 목소리, 혹은 음악 프로그램을 진행하는 아나운서의 정감 있고 아름다운 음성과 말소리는 훌륭한 교과서 내지는 길잡이다. 녹음하고 따라 해보고, 이를 반복하고 자기 것으로 만드는 연습을 꾸준히 실행하면 효과적일 것이다.

다음으로는 읽기를 즐기는 태도가 중요하다. 사실 읽기라는 단어는 일종의 상충과 혼동을 준다. 입시교육에 젖어온 탓에 읽기가 텍스트에 대한 이해력, Reading Comprehension으로 고착화되는 현실이다. 그러나 읽기의 원형은 주어진 텍스트와 마주한 채 입을 통해 음성을 얹어 밖으로 표출하는 행위다. 텍스트(책, 문장, 센텐스)를 소리 내어 읽기 위해서는 일단 그것을 자주 만나고 적극적으로 접해야 한다. 곧, 활자로 된 인쇄물을 수시로 대하고 그 가치를 느껴야 하는 것이다.

다시 말해 텍스트와 친하지 않고서는 읽기(reading) 행위가 일어나지 않는다. 독일 작가 디트리히 슈바니츠Dietrich Schwanitz(1940~2004)는 이렇게 말한다. "교양이란, 한번 접했던 지성의 양식을 일단 잊고, 그것을 두 번째 만나게 될 때 생기는 것이다" 텍스트의 내용을 읽고, 그중 인상적인 대목을 메모하고 그걸 다시 읽어봐야 그것이 비로소 읽기 행위의 정상적인 완결이요 참교양이라는 생각이다. 디지털과 모바일의 시대, 우리의 읽기는 자꾸만 퇴화되고 초라해지고 있다. 근육은 팔, 어깨, 다리에만 적용되는 게 아니다. 입 근육도 키워야 한다. 그래야만 제대로 읽기가 가능해진다. 궁극적으로는 그게 말하기로 향하는 최선의 기초체력 키우기라고 주장하고 싶다.

뉴스 기사를 잘 읽는 아나운서, 대사를 맛깔나게 처리하는 성우, 텔레비전 내레이션 물의 준수한 내레이터, 이들의 낭독 행위를 유심히 관찰하고 귀 기울여 듣고 따라 하는 것은 훌륭한 연습이다. 읽기의 아름다움을 느끼고, 자기 것으로 만드는 담금질이야말로 옹골찬 투자라 하겠다.

목소리, 읽기에 이어 마지막으로 유익한 대화를 즐기는 습관이다. 사람을 싫어하는 아나운서는 상상하기 힘들다. 방송은 대화요 인터뷰요 협업이다. 뉴스가 혼자 하는 장르라지만 보이지 않는 시청자와의 대화·인터뷰와 다름없다. 어려서부터 남들과 이야기 나누는 것을 즐겨 하는 행위는 그 자체로 의미 있는 인터뷰 훈련이며 아나운싱 연습이다. 이를 통해 타인과의 유대와 환대가 동반되며 인간에 대한 애정이 도타워진다.

남녀노소, 그 다양한 대상에 따라 자신의 말하기를 변환하고, 적절한 스킬과 전략을 구사하는 것은 자연스럽게 동반되는 선순환 과정이다. 또래집단과의 허물없는 말하기에서부터 부모와의 대화, 시니어그룹과의 예의를 갖춘 다이얼로그를 수시로 접하면서 묘미를 느껴야 한다. 단, 완결된 센텐스로 문장을 구사하는 수고를 들일 필요가 있다. 가령, '헐, 쩝, 헉' 등 요즘 유행하는 파편화된 낱말 개체로 채워서는 곤란하다. 그런 건 오히려 읽기와 말하기 능력을 좀먹는 시도다.

공영방송 아나운서, 4교대 근무

나는 공영방송으로 거듭난 KBS의 첫 남자 아나운서라는 타이틀을 갖고 있다. 더 정확히는 언론통폐합 이후 뽑힌 첫 남자 아나운서다. 물론 동기생 둘이 더 있지만, 한 사람은 일찍부터 심의실로 옮겨 오래 있었고 다른 한 사람은 PD로 전직했다.

공사 11기생들은 당시 서울 반포 소재 청소년수련센터에서 연수를 받고, 1985년 4월 1일자로 본사에 배치되었다. 우리에겐 불운과 행운이 교차되었다. 불운은 무엇보다 여러 방송사에서 온 선배들이 너무 많았던 것. 아나운서실 구성원 연령대별 분포가 심각한 역삼각형 모양을 나타냈었다. 수년간 공채가 없던 것도 이유였다. 그 결과, 우리는 환영받는 기수가 아니었다. 인사 적체에다 실력에 비해 좋은 프로그램을 배정받지 못하는 선배들이 부지기수였으니 우리는 미래의 잠재적 경쟁자에다 귀찮은 존재들일 수밖에.

반면, 단점 속에 장점이 있는 법 아니겠는가. 그 다종다양한 선배 아나운서들은 우리에겐 최고의 경전이요 살아 있는 참고서였던 것이다. 베토벤의 걸작 교향곡 4,5,6번은 거의 같은 시기에 쏟아져 나와 '걸작의 숲'이라 칭한다. 우리 11기는 명품 아나운서들의 시혜를 톡톡히 누렸다. 뉴스·MC·스포츠·내레이션·DJ·인터뷰 등 장르별 최고 거장들의 노하우를 교육을 통해, 또 실제 방송을 통해 오달지게 흡수할 수 있었다.

얼추 생각나는 분들만 꼽으면 다음과 같다. 뉴스는 최평웅·김승한·박영웅, MC는 이창호·이계진·박용호, 축구에 원종관·서기원·우제근, 야구에 이규항·이장우·김재영·정도영, 배구는 임문택·최평웅·유수호, 농구에 이정부·이명용, 복싱은 박병학·김재영, 씨름에 이규항·임건재, 내레이션은 원창묵·맹관영·최평웅, DJ는 김신환·최윤락 등이다. 지금 생각해도 감사한 일이다. 사실 이런 사실을 젊어서는 잘 느낄 수 없었다. 한 20년 차쯤 됐을까, 우리만큼 탄탄한 기초를 닦은 후배들이 매우 드물다는 사실에서 그 원인을 찾다가 나중에 무릎을 치게 된 대목이다. 물론 그에 상응하는 값어치를 치러야 했지만 말이다.

나는 지금 생각해도 아득하고 섬뜩한 아나운서 4교대 근무의 마지막 세대다. 우리 기수 이후엔 그 시스템이 없어졌다. 이유는 너무 힘들고 고되고 비인간적이어서다. 일근·숙직·조근·휴무, 보기엔 아주 간단하고 군더더기 없는 구성이렷다. 한 번은 9~6시, 이른바 '나인투식스' 일근이고, 그다음 날 1회 숙직, 그리고 휴무라니. 어쩌면 헐겁고 설렁설렁한 패턴으로 여겨질 만하다. 그러나 속내를 들여다보면 전혀 그렇지가 않았다.

특히 말번·졸병급 아나운서한테는 어쩌면 살인적인 근무 시스템이기도 했는데, 그 배경은 이렇다. 1980년대 중후반 기준으로 남자 아나운서들은 4개 조組 중 한 곳에 배속되어 근무를 했다. 한 조는 보통 7~8명. 입사 순서대로 조장, 부조장, 조원으로 구성된다. 조 말번의 삶은 너무도 신산辛酸했다. 우선 일근 때는 인간답게, 아나운서다운 삶이 가능하다. 거기다 자기 전담 프로그램에 맞게 근무시간이 짜여 있는 여자 선배와 동기들을 만나는 날이라 설레고 즐거웠다. 만능 방송인인 공사 2기생 강성희 선배나 늘 따스한 누님 모습의 현옥 선배를 잊을 수 없다.

　물론 여자 선배들 때문에 괴로운 적도 있다. 당시만 해도 현업 조 말번들은 점심때면 12시 50분 이전에 사무실에 들어와 있어야 했다. 왜 하필 12시 50분인가 하면, 1시 뉴스 전 시각 고지이기 때문이다. 오후 1시 뉴스는 거대한 블랙홀이다. 오며 가며 사람들이 많이 듣는 청취율이 높은 뉴스인 반면 담당 아나운서들은 점심 먹기가 애매한 시간. 그 전 12시 50분 시각고지는 현업조장들이 꼭 여자 아나운서들을 배당했다. 10분 후 1시 뉴스는 남자 아나운서가 하게 되니까 성비 균형을 맞추기 위한 조치. 그땐 그런 게 불문율이었다. 또한 일근 현업조장으로서 일종의 위세며 시위이기도 했던 것이다.

　그런데 그 시간의 성격만큼이나 배당받은 여자 아나운서들이 미리, 혹은 제때 스튜디오로 안 가는 경우가 잦았다. 그러면 운행PD, 즉 MD(Management Director)들은 다급한 목소리로 아나운서실에 전화를 건다. "아나운서 왜 안 오나요?" 그때 뛰어가는 용도로 말번들이 대기해야 했던 것. 한편으로 방송 펑크를 막는다는 보람, 다른 한편으로는 울분과 야속함 등을 느껴야 하는 순간이었다.

　말단 아나운서들은 그것 외에 라디오 리포터 노릇을 해야 했다. 이게 부담이 컸다. 대개 2시에 방송이 잡혀 있어 저녁에 숙직을 들어올 때면 미리 이 방송을 마치곤, 방송국 주변을 얼쩡거리기 일쑤. 더 고달픈 건 숙직을 마치고 아침 9시 30분 집에 가기가 애매해 도로 숙직실에서 잠을 청하기가 다반사였다. 그러니 생활에 리듬이 깨질 수밖에 없는, 아주 야비한 시스템이었다.

　리포터 노릇은 이랬다. 12시 30분쯤 라디오국에 와서 PD나 작가로부터 아이템에 대한 대략적인 설명을 듣고, 현장으로 달리는 차 안에서 오프닝과 인터뷰 꼭지, 클로징을 작성한다. 길이는 대개 10분 안팎용으로 오후 2시 10~20분경에 스튜디오 콜에 물리는 형식. 지프나 봉고에 엔지니어와 아나운서, 그리고 운전기사 3인 시스템이었다. PD는 없었다. 무척 고달팠으나 시간 조절 감각, 인터뷰이를 다루는 기술 등을 익히는 큰 배움의 장이기도 했다.

숙직과 라디오뉴스

뭐니 뭐니 해도 가장 거대한 장벽은 역시 밥 먹듯 찾아오는 숙직이다. 그때는 KBS라디오 채널이 6개였다. 제1, 제2라디오와 라디오서울이 중파방송, 대북방송인 사회교육방송(현 한민족방송), 그리고 해외채널인 국제방송 '라디오코리아' 우리말 방송이 단파방송용. 제2라디오는 동양방송 TBC의 전신, 라디오서울은 동아방송 DBS의 후신이었다. 말번은 숙직 근무를 들어오면 보통 20번 정도 방송 꼭지를 처리했다. 각종 시각고지와 콜사인 등등이다. 오늘날 모두 녹음인 이것들을 그때는 모두 생방송으로 소화했다.

어쩌면 답답해 보이기 그지없는 이런 방식은 그러나, 아무리 작은 방송이라도 최선을 다해야 한다는 책임감과 방송이라는 행위 자체의 막중함을 일깨우고, 무엇보다 큰 방송을 하기 위한 트레이닝 효과가 엄청나게 컸다. 요즘 방송인들의 기초실력이 과거에 비해 떨어진다는 지적을 받는 건, 바로 이런 점의 생략이 크다고 본다.

수습 6개월쯤 지나면 자정 뉴스를 하게 된다. 정식 뉴스를 하게 되는 그 기분은 말로 다할 수 없다. 단순한 시각고지나 스팟(SPOT, 공익광고), 혹은 티피에이치(TPH: Test Pattern Hour. 그때는 TV의 경우 전일방송 시스템이 아니었다. 그래서 오후 5시에 화면조정시간이 있었다. '여기는 KBS제1(제2)텔레비전입니다' 일정 포즈를 갖고 멘트 하는 것이다) 정도와는 차원이 달랐다. 오죽하면 '비로소 입을 연다'는 의미의 개구식開口式이라는 축하 술자리를 가질 정도였으니까. 네임사인Name Sign, 즉 자기 이름이 동반되는 첫 뉴스는 실로 엄청난 일이다. 뉴스를 깨끗이 마무리하고 이름을 밝히는 희열은 아나운서와 기자 아니고는 맛볼 수 없는 보람일 터. 그러나 막내급들은 그것만 하는 게 아니다. 간단치 않은, 이른바 내무생활이 엄연했다. 한마디로 선배들의 각종 뒤치다꺼리를 도맡아야 한다. 그때만 해도 전형적인 군대문화가 압도적이었던 시절이다.

조장들의 성향에 따라 편차가 있었으나, 대개는 밤 10시부터 말번은 야식 상차림을 해야 했다. 당시 여의도 KBS 앞은 휑한 공터. 버스도 이따금씩 다니는 허허벌판. 지금의 여의도공원은 과거 비행장의 모습인데 비행기만 없는 아스팔트 땅이었다. 변변한 식당이 있을 리 없었는데 단 한 곳의 포장마차, 물론 불법영업이었다. 이름은 근사하게도 '여의도 1번지'. 어묵과 가락국수, 그리고 간단한 안주를 팔았다. 우리 조 W조장은 이 집의 오징어숙회를 특히 좋아했다.

십시일반 돈을 걷어 선배들이 돈을 쥐어주면 말번은 콜사인 간격이 그나마 뜸한 시간, 짬을 내 재빨리 장을 보고 와야 한다. 오징어숙회와 소주 서너 병. 조의 고참급들은 10시 뉴스를 마치고 말번이 테이블 위에 깔아놓은 신문지 위 야참에 수저를 든다. 그다음 급은 11시 뉴스 후 합류하고 말번은 그 사이 눈치껏 먹어야 한다. 자정 뉴스를 마치면 상을 정돈해 다시 사무실 책상 모습으로 바꿔놓는다. 그러곤 숙직실로 향하는 것이다.

숙직실 풍경은 보통 사람이 상상하기 힘들 정도로 이채롭다. 2층 철제 침대, 당시엔 동양강철 제품이 대세였다. 그게 4대. 가운데엔 방화조. 말번은 조장 바로 위 칸에서 자는 게 불문율이다. 왜냐하면, 조장은 거의 신격화의 대상. 그의 숙면을 담보해야 하는 엄중한 책임을 말번이 지니고 있어서다. 따라서 자기는 비록 불편하고 잠을 못 잘지라도 2층서 얌전히 있어야 하는 것이다. 자꾸 뒤척여 조장의 심기를 불편하게 해서는 절대 안 되는 일. 눈치 없이 상태 나쁜 말번이라는 낙인으로 찍히기라도 하면 큰일이지 않은가.

밤 12시 5분 정도에 조원들은 조장의 주도하에 누워서 담소를 나눈다. 물론 시선은 형광등을 향한 채로. 적이 그로테스크한 모습이지만, 그땐 그게 자연스러웠다. 어떨 땐 가끔 그립기도 하다. 대화가 어느 정도 마무리되었다 싶으면, 무엇보다 내일 아침 현업에 차질이 없게 하기 위해 조장은 "그만 잡시다"를 어느 순간 선언한다. 그러면 말번은 "그럼 시계 맞추겠습니다"라고 응답해야 한다. 시계는 넷, 튼튼한 세이코 탁상시계다.

이튿날 새벽 5시가 정규 방송 시작이다. 배터리가 닳아 알람 소리가 안 날 수도 있고 잠결에 시계를 꺼버릴 수도 있기에 큰 시침은 4라는 숫자에 언제부턴가 고정되어 있었다. 조장 취향에 따라 네 개를 모두 4시 30분 알람에 맞추는 방식도 있고, 어떤 조는 4시 30분에 두 개, 4시 40분에 두 개. 이렇게 시차를 두는 스타일이 있었다. 우리 조장은 전자前者 선호파였다. 시계 위치가 잔인하고도 흥미롭다. 선반 같은 게 있었는데 말번 머리맡 30cm쯤에 위치했다. 새벽녘 귀밑에서 동시에 시계 네 개가 울리는 상상을 해보았는가? 그야말로 지축을 뒤흔드는 소리, 천둥의 울림과 비견할 만하다. 누군가는 이게 후에 난청의 시작, 신경쇠약의 신호탄이었다 말할 정도였다.

시계는 물론 신속히 꺼야 한다. 느릿느릿 행동하면 조장의 불호령이 떨어지기 때문이다. 주섬주섬 옷을 입고, 최대한 조심조심 같은 5시 뉴스지만 다른 채널 선배까지 챙겨 나와야 한다. 양치를 철저히 하는 파가 있는가 하면, 눈만 비비고 목만 조금 축이고는, 뉴스 끝나고 세면하는 파 등 여럿이었다. 이런 얘기가 있다. 새벽 5시 뉴스를 하는 것 보면 그 아나운서의 성실성과 미래를 알 수 있다고. 그건 여전히 맞는 진술이다.

잠이 덜 깬 악조건에다 사각시간대, TV도 아닌 라디오뉴스. 이런 환경에서도 베스트 컨디션처럼 뉴스할 수 있다면 빼어난 역량과 인간적 됨됨이, 업業에 대한 사명감, 나아가 간부로서의 자질을 엿볼 수 있다는 뜻이다. 누군가 대선배의 말이 전해져 온 것이겠지만, 대단히 설득적이라 여겨진다. 실제로도 보도국 편집부에서 받아온 뉴스 원고를 꼼꼼히 분석해 임하는 아나운서가 있는가 하면, 어떤 이들은 대충 보고 스튜디오에 들어갔다. 아무리 능력이 출중해도 후자後者가 좋은 뉴스를 하기는 어려운 법이다.

편집국도 마찬가지였다. 밤새 속보를 놓치지 않으려 몇몇 기자 선배들은 밤을 의자에서 꼬박 새웠다. 표철수·이명구·김관상 등이 바로 그 이름이다. 역시나 이들은 후에도 방송 관련 기관·단체 등에서 요직을 맡아 역량을 펼쳤다. 80년대만 하더라도 기자가 직접 쓴 글씨를 블루프린트로 복사하는 방식의 원고였다. 글자를 해독하는 것도 큰일에 속했는데 일부 기자는 중간중간에 한자를 즐겨 썼고, '했습니다' 같은 어미는 '했'만 쓰기도 했다. 또 조사 '의'를 일본어 노로 쓰는 이도 노털 중에 간혹 있었다.

제일 질 나쁜 부류들은 뉴스시간이 다가오는데도 일부러 원고를 늦게 줘 아나운서들을 골탕 먹이는 방식을 택했다. 이런 치들은 뉴스 원고 분량도 박하게 주었다. 5분 뉴스면 A4 크기로 대략 10장 정도가 필요한데 9장 정도만 주곤, '부족할 것 같다'라고 말하면 '충분하다' '천천히 읽으면 된다' 식으로 심술과 억지를 부렸다. 나 같은 말번들은 제일 만만하고 다루기 쉬운 먹잇감에 틀림없었고 말이다.

라디오뉴스는 모든 방송 장르의 시발점이요 지렛대다. 라디오뉴스를 반듯하게 잘하는 아나운서가 진짜 아나운서다. 아나운서들 사이에서는 예나 지금이나, 실력파 라디오뉴스 아나운서를 제일로 쳐준다. 텔레비전은 비주얼이 개재되고, 중간에 기자 리포트 등 휴지休止가 있으며 여러 이펙트 화면이 집중을 흩뜨린다. 따라서 아나운서의 오디오가 절대적 비중을 차지하기엔 무리가 있다. 아나운서의 발음 및 리딩의 스킬을 제대로 음미하고 판단하기 어려운 구조인 것이다.

또한 라디오뉴스는 도망갈 데가 없다. 야구로 따지면 직구直球(fast ball)요 축구로 따지면 드리블이다. 오직 음성·발음·호흡·억양·어조로 승부하는 정직한 장르다. 이규항 전 KBS실장은 뉴스를 노래와 비교한 바 있다. 누가 그 노래를 부르느냐에 따라 느낌이 다르고 감동 유무가 좌우되듯이 아나운서의 개성과 실력이 드러나는 뉴스야말로 음성과 리딩의 5분짜리 종합예술이라 유비類比한다. 백번 옳고 전적으로 동의할 수 밖에 없다.

뉴스의 세계

훌륭한 전통이란 무엇인가. 켜켜이 쌓아온 실력이 고스란히 누적되어 힘을 발휘하는 게 아닐까. 강한 기업이나 저력 있는 스포츠팀은 공통점이 있다. 고른 역량, 우수한 조직력이다. 지금은 단언할 수 없지만 적어도 과거 KBS는 그랬다. 아나운서실은 대표적인 표본실이었다. 배움을 주는 분, 모범이 되는 선배들이 너무나 많았다. 뉴스의 기법을 가장 빨리 터득하는 방법은 좋은 뉴스의 선배를 모방하는 것이다. 모방은 창조의 시작이라는 말도 있지 않은가.

그 과정에서 혹독하게 비판받고 야단을 맞아야 한다. 혼자 스스로 뭔가를 터득해 뉴스의 일가를 이룬다는 건 적어도 내 상식으로는 불가능하다. 끊임없는 합평회, 단점의 보완, 진척 정도의 냉정한 평가, 철저한 신상필벌 등이 필수적이다. 뉴스는 끝없는 두더지게임이란 말을 한 선배가 기억난다. 톤을 높이면 소리가 갈라지고, 다시 낮추면 루즈한 느낌이 들고, 스피드를 내면 종결어미가 흐트러지고, 다시 천천히 하면 흐름을 잃어 답답한 느낌이 들고. 하나를 보완하면 다른 문제점이 터지고, 다시 그걸 해결하면 또 다른 구멍이 뚫리는 악순환 속에서 평형의 시소를 찾는 고독한 놀이이자 과업인 것이다.

그러다 어느 순간, 자신만의 뉴스가 섬광처럼 찾아든다. 어떤 악조건 속에서도 균질한 품질의 뉴스를 생산하는 순간이 와락 안겨드는 것이다. 그러면 비로소 뉴스가 내것이 되는 희열을 맛보게 된다. 내 아름다운 음성에 실린 유용한 정보가 마치 배구의 정밀한 스파이크처럼 다른 이의 귀에 정확히 내리꽂히는 실사實事 같은 유사체험을 경험한다. 오직 아나운서만 누릴 수 있는 특권이요 지복至福이 아닐 수 없다.

뉴스에 왕도는 없다. 사실 좋은 뉴스에 대한 평가도 사뭇 상대적이다. 그러나 공통분모는 있다. 나는 그것을 아티큘레이션 articulation의 묘미라고 부른다. 곧 어느 부분에서 연결·분절·강조할 것이냐, 그에 대한 감각 연마와 구현具現의 기술이다. '말로 하는 표현' '격식발화格式發話' '조음調音' 등의 의미다. 재밌는 것은 우리 몸의 관절關節(joint)도 영어로 아티큘레이션이다. 이것과도 관련이 있다.

차근차근 살펴본다. 우선 뉴스리딩의 가장 강력한 장벽은 띄어 읽기다. 고작 띄어 읽기냐고 할지 모르나, 이게 좋은 뉴스를 판가름하는 기준이 된다. 곧 띄어 읽기를 잘하는 이가 최고의 기술을 보유한 뉴스캐스터다. 띄어 읽기의 어려움은 띄어쓰기와 일치하지 않는 데서 온다. 띄어쓰기의 기준은 큰 틀에서 볼 때 문장 성분에 따른 것으로, 주어·관형어·부사어·목적어·서술어 따위를 일컫는다. 문제는 이 성분을 구성하는 음절수가 텍스트에 따라 제각각이라는 데 있다. 어떤 것은 성분은 하나인데 글자 수, 즉 음절이 너무 많고 또 다른 어떤 것은 성분 서넛이 다양하게 있어도 음절수가 몇 안 되는 짧은 텍스트가 있는 것이다.

바로 여기서 등장하는 개념이 반호흡half-respiration이다. 말 그대로 반만 호흡한다는 의미로 반은 숨을 머금는다는 뜻도 되고, 반만 숨을 뱉는다는 의미도 된다. 예컨대 '농림축산식품부 산하 국립농산물품질관리원은'은 주어 하나다. 그러나 너무나도 길다. 이걸 성분이 하나라고 해서 한 호흡에 내달린다면 어찌 되겠는가. 호흡이 빨라지고 정확한 음가는 기대난망. 여기서는 '산하'와 '국립' 다음에 반호흡, 품질은 톤을 약간 높여 강조가 필요하다. 아울러 보조사 '은'은 확실히 톤다운 되면서 온 호흡이 돼야 한다. 곧 한 문장 성분이 길면 띈 듯 이어 읽는 스킬을 장착해야 하는 것이다.

역으로 '서울시가 내일 신청사 8주년을 맞습니다.' 같은 텍스트는 어떤가. 주어·부사어·목적어·서술어 구성이지만 음절수는 17자로 위의 문장 20자보다 적다. 이런 게 더 어렵다. 이걸 한 호흡에 해결할 수 있다고 죽 읽으면 무신경하다. 여기선 '서울시가'와 '내일' 다음에 반호흡, '신청사'와 '8주년을'에서 살짝 강조, '8주년을'과 '맞습니다' 사이에 아주 조금 반호흡을 넣거나 그냥 붙이는 연결이 적절하다.

곧, 아티큘레이션은 뉴스 원고에서 관절 역할을 한다고 볼 수 있다. 어디가 큰 마디이고, 어디가 연결지점이며 어디에서 꺾이는가, 문장의 순서·내용·형식은 어떤 분포와 구성인가 등에 따라, 음성의 크기·호흡·어조·억양을 조절해 리딩하되 뉴스의 기본 패러다임인 형식미와 긴장미를 유지하는 스킬인 것이다.

뉴스, 특히 라디오뉴스를 잘 못하는 아나운서가 다른 장르, 예를 들면 MC로서는 실력을 발휘하는 경우가 왕왕 있다. 그러나 뉴스를 잘하는 아나운서는 나머지 장르 프로그램도 예외 없이 강하다. 그것은 뉴스라는 장르의 원리를 마스터한 사람은 방송 진행이라는 틀거지 자체를 꿰뚫는 통찰을 이루었다고 볼 수 있기 때문이다. 탄탄한 기본기에 핵심 기술을 체화했기에 가능한 패턴화라 해석할 수 있으리라.

저 멀리 마산으로

 나는 입사 채 1년도 안 돼 지방 근무 발령이 났다. 다른 동기생들도 똑같이 적용되었기 때문에 딱히 불만은 없었다. 그러나 그 와중에 여자 동기 한 명은 결국 회사를 그만두었다. 나의 근무지는 가장 먼 거리에다 당시 교통편이 열악했던 마산KBS. 지금의 창원방송총국 전신前身이다. 그러니까 내가 마산KBS의 마지막 본사 아나운서다. 1986년 1월이었을 게다. 우등호였나 새마을호였나 5시간 반 걸려 구마산 완월동에 도착했다. 회사 정문 수위 아저씨에게 던진 첫 질문은 아직도 씁쓸하기만 하다. "저, 서울서 내려온 아나운서입니다. 편성제작국은 몇 층에 있나요?" 그는 웃으며 답했다. "몇 층요? 저희는 단층이라예".

 경비초소에서 가려져 있던 건물이 빼꼼히 보였다. 일제강점기 때 세운 횡으로 납작한 1층 목조 건물이었다. 지금 생각해도 비현실적이기만 한데 실상이 그랬다. 그만큼 지방의 KBS는 열악한 상황이었고, 더구나 마산은 당시 합천 태생 전두환 씨의 지나친 고향 사랑(?)으로 창원에 신도시를 건설 중이어서 지체와 낙후, 그 자체였다. 그러나 경상남도로 따지자면 지방 발전의 핫스팟이요, KBS는 지방 최초로 창원에 신청사를 지을 참이었다.

 마산KBS 라디오스튜디오 안은 바닥이 비닐 장판. 거기서 나는 제2라디오 정오뉴스와 '3시의 광장'이라는 매거진 프로그램을 진행했다. 지역 이슈와 화제 인물, 그리고 가요를 섞었다. 그 정도에 그쳤다면 나는 지방 근무를 여유 있고 우아하게 했을 것이다. 그러나 내 운명은 결코 녹록지 않았다.

당시 경남도청은 이미 창원으로 옮긴 상태. 지역언론인 경남신문도, 최대은행 농협도 창원 반송동에 터를 잡고 있었다. 여기에 힘을 받아 당시 실세 보도국장이 총국장의 형식상 허가를 득하고는 도청 4층 건물에 TV뉴스만 따로 하는 주조정실을 마련했다. 자기는 마산에 올 필요 없이 거기서 왕초 노릇을 해서 좋았으나, 그 바람에 서울 촌놈 아나운서인 나에게는 또다시 죽음의(?) 근무가 도사리고 있었던 것이다.

2TV 밤 10시 '경남뉴스'라는 10분짜리 로컬 TV뉴스는 아나운서의 무덤이라고 불리던 터. 서울서 내려온 막내 기수에 가장 실효적인 업무일 수밖에 더 있겠는가. 오후 4시경부터 마산 시내 다방에 죽치고 있거나 영화를 보다가, 7~8시쯤 세면도구 백을 들고, 333번 마창여객 버스에 몸을 실어 50분 걸려 창원엘 간다. 날이 어둑해지면 엔지니어들과 함께 '함바' 식당에서 밥을 시켜먹는 게 일상이었다. 교통비와 식사비? 그런 건 꿈도 못 꾸던 시절이다. 그러곤 다시 대기하다가 무스·스프레이·스틱형 파운데이션 등으로 정발整髮과 분장을 대충 하고 뉴스를 했다. 뉴스가 끝나고 도청 건물 위로 밤하늘을 쳐다보면 불모산이란 큰 산이 있었는데 별들만 무심히도 많이 떴더랬다.

지금도 그렇지만 전형적인 아침형 인간인 나는 마산 완월동 파티마병원 골목길 하숙집에서 눈을 뜨면, 딱히 갈 데가 없어 그저 방송국에 나왔다. 걸어서 10분 거리. 당시 주인아주머니 내외 모습이 눈에 선하다. 소박하게 살던 중년의 부부. 안주인은 나를 위해 가끔씩 가루우유를 뜨끈하게 타다 주었다. 그 정겨운 갈색빛 팔각 사기 컵에 말이다. 마당에서 세숫대야 놓고 세수하던 시절이다. 몇 개월 지났을까, 아침 시간 주인집 식구들과 마주치는 게 겸연쩍어 '달 목욕'이라는 걸 하게 됐다. 당시만 해도 마산엔 나 같은 뜨내기가 많았다. 이런 이방인들을 위한 일종의 신상품이 바로 달 목욕으로 월정액을 지불하면 손님이 뜸한 오전 9시부터 11시 사이 빨래와 목욕을 허용하는 것. 나는 그 혜택을 톡톡히 봤다. 술 먹고 정신없이 귀가했을 때 늦게까지 숙면을 취하고, 이어 탕에 몸을 뉘고 밀린 빨래를 할 수 있었다.

내가 마산 근무에서 배운 건, 그동안 고생 없이 산 삶에 대한 각성이 가장 크다. 내 기억에 당시 마산 인구는 50만 정도. 한일합섬과 크라운맥주라는 기업이 있고, 수출자유단지가 양덕지구에 있던 나름 당찬 도시였다. 그럼에도 삶은 열악했다. 물론 사람들은 정이 넘쳤다. 서울 뜨내기 아나운서에게도 당시 직원들은 생일 축하 자리가 있으면 꼭 집으로 초대했다. 그러곤 빠짐없이 아나고(붕장어)회를 떠 초장에 함께 찍어 먹었다. 정겹던 얼굴들이 지금도 하나둘 기억난다.

서울서 나고 서울서 자라 객지 생활을 안 해본 터라, 나의 고생은 서러웠다. 그러나 삶이 고단하고 피폐할수록 내 안일한 젊음이 부끄럽고 감사했다. 일도 마찬가지였다. 지방서 서울 동료, 선후배들의 방송을 듣는다는 건 남다른 경험이다. 한없이 부럽고 질투가 나고 불투명한 미래가 엄습해 괴로웠다. 그때 노조가 있나 뭐가 있나, 부서장의 구두 언약만 믿고 내려가는 것이다. 그래도 이 고생을 다하면 당당히 본사 요원으로서 지방 근무를 훌륭히 수행한 공사 직원으로 자리매김 되어 있으리라, 그 희망에 몸을 맡겼었다.

밤 10시·11시·자정 뉴스는 거의 매일 들었던 것 같다. 트랜지스터로도 듣고 방 안에서도 들었다. 선배들의 특징이 올곧게 고스란히 꽂혔다. 그 듣기의 힘이 나중에 뉴스 스킬을 몸으로 체화하는 데 엄청난 근력으로 작용했음을 부인하기 어렵다. 나는 서울의 숙직 근무에서 몸으로 때우던 교육 훈련의 힘을, 마산에선 두루 분석하며 조용히 한 번 더 실제적으로 익힌 셈이다.

불종거리·오동동·창동·부림시장·고려호텔 주변 등 마산 시내를 나처럼 시시때때로 어슬렁거린 서울 놈도 드물 것이다. 중앙극장·시민극장·삼일로극장은 가장 큰 놀이터였다. 이은상 시인의 노랫말로 유명한 가곡 '가고파'의 배경이 된 가포 앞바다. 밤에 자주 회포를 풀던 곳이다. 당시에는 정신병원이 거기 있었으며, 내해內海라 바닷물이 그리 깨끗하지 않았다. 그래도 몇몇 민가에서 술과 회를 팔았다. 거기서 밤새도록 부어라 마셔라 하고 아침 녘 바라본 뿌연 바다안개가 여태 삼삼하다.

마침내 나는 1년 만에 서울에 올라왔다. 그러나 웬걸 아나운서실이 내 갈 곳이 아니었다. 지방 근무를 끝내고 이제 본격적으로 방송을 해보겠구나 하는 소박한 꿈은 산산이 사라졌다. 이유는, 당시 언어순화운동이 본격적으로 불고 있었는데 P사장이 여기 부응해 'KBS언어순화위원회'라는 걸 만들었다. 회사가 나름 야심차게 설치한 조직이었고, 원로 기자가 그 책임을 맡았다. 그의 부하면서 조사요원이 필요할 터, 마침 지방에서 올라오는 내가 철커덕 물린 것이었다. 그 사이 바뀐 아나운서실 L실장은 비겁했다. 이 얼토당토 안한 발령에 변명과 책임 회피로 일관했다. 나는 강력히 항의했으나 소용없었다. 물론 그분도 사정은 있었으리라.

언어순화위원회에서의 적응은 힘들었다. 수치스럽고 억울한 나날의 연속이었으나, 나중에 지나고 보니 소득도 있었다. 동아일보 출신 나의 상사 S심의위원은 문장론, 더 정확히는 보도기사 쓰기의 달인이었다. 나는 그때가 기자의 글쓰기는 어떠해야 하는가에 대한 기초를 익히고, 방송문장과 보도 텍스트 등에 관한 지식을 축적하며 많은 영감을 얻기도 했다. 적잖은 관련 논문, 특히 외래어를 다루는 방식과 시각 등에 대해서는 전문성을 온축하는 결정적 계기가 되었다. 어느새 이론에 강한 아나운서로 탈바꿈하고 있었던 것이다. 아무리 비루한 환경과 열악한 조건도 내적 성숙과 때론 지력知力 확장의 미덕을 제공한다는 지혜를 얻었다.

86아시안게임은 내겐 먼 산 구경으로 끝나고 말았다. 나는 그 화려한 이벤트가 펼쳐지는 동안 비좁은 사무실, 낡은 의자에 쭈그리고 앉아 잘못된 말, 부적절한 말이나 모니터링하고 정리하는 일을 했다. 그러다 11월로 기억한다. 간신히 아나운서실로 복귀했다. 아나운서실 여러 선배들이 술자리에서나마 불공정하고 부당한 인사라고 꾸준히 지적하고 도와준 덕분이었.

어느덧 13기 후배들이 들어와 있었는데 그들은 나를 서먹하게 대했다. 10개월 남짓 공백이 컸고, L실장은 신인들의 방송 조기 투입을 선호하는 스타일이라 나는 꿈도 못 꾸던 TV리포터도 데뷔한 이가 있을 정도였다. 12기는 어떻게 된 거냐고 물을 수 있을 것이다. 12기는 1985년 12월, 지방요원으로 따로 뽑았다. 당시 경기가 좋았고, 올림픽을 대비해 지방도 인원을 확충하던 터라 상대적으로 수월하게 입사한 기수였다. 해당 지역 연고가 있는 인재들이 주로 선발되었다.

올림픽과 클래식FM

꿈에 그리던 본사 아나운서실, 그러나 다시 고달픈 4교대 근무와 맞닥뜨렸다. 나는 그러나, 빠르게 적응해 나갔다. 지방 근무라는 최대의 미션을 마쳤고, 남들은 안 해도 됐을 언어순화위원회 파견까지 해냈다. 근 2년을 돌고 돌아 마침내 KBS 본사 아나운서가 된 것이다. 의욕과 자긍심이 충만한 시절이었다. 선배들도 고생한 나를 반겼다. 임문택 선배는 잊을 수 없다. 그는 아나운서로서는 드물게 포항국장을 무사히 마치고 다른 부서에 있다가 복귀 발령을 받아, 아나운서실 프로그램 배정·총무·행정을 총괄하게 되었다. 실室의 명실공히 2인자였다.

그는 별나게 고생한 나를 인정했는지 주말에 일근이 걸리면 2TV 스트레이트뉴스를 배당해 주었다. 오후 1시, 3시, 4시 뉴스 중 하나. 어린 마음에 얼마나 고마웠는지 모른다. 그는 드라마음악으로 유명한 임택수 감독의 형이요 공인 배구 심판으로서 간간이 배구 빅매치를 중계했다. 그러나 그 전에 무엇보다 유명한 건 '동물의 왕국' 프로그램의 초대 내레이터였다는 사실이다. 별명은 독사. 엄청나게 무서웠으나 원칙주의자였고 꼿꼿한 충청도 양반이었다. 술을 너무 좋아해 간암으로 일찍 유명을 달리했다.

당시 아나운서실은 기형적인 조직이었다. 지금으로서는 이해하기 힘든 시스템이지만 그땐 그랬다. 부장도 차장도 없고, 달랑 '담당'이라는 알량한 참모급 하나에 각 조 조장들이 일종의 중간간부 노릇을 하는 형태였다. 전임 사장으로부터 더 이상 효율성이 없는 조직으로 치부되어 쇠퇴 일로에 있었던 게 그 이유다. 전형적인 역피라미드형 구조에 고연봉자들만 잔뜩 많고, 불만만 가득한 문제 부서로 인식되었다. 내 기억에 당시 80명 정도 인원이었는데 우리가 '열차간'이라 부를 정도인 최소한의 사무실 형태도 갖추지 못한 공간에서 근무했다. 책상 두 개가 마주보면 폭이 꽉 차고 세로로만 기다란 전형적인 자투리 형태. 말번들은 따라서 자기 책상이란 게 없었다. 일근 때면, 그날 숙직이거나 출장 간 선배들의 책상과 의자가 우리들 몫이었다. 서울 근무 6개월쯤 지났을까, 선배들 책상 중 서랍 하나를 불하받는 게 큰 기쁨이었을 정도니 그 열악한 상황을 짐작할 것이다. 거기다 세면도구나 노트, 그 밖의 소지품을 보관했다. 도저히 이해하기 힘들 터, 그러나 그땐 그랬다.

88년 서울올림픽이 열리는 해가 밝았다. KBS는 국가기간방송으로서 당연히 올림픽주관방송사가 되었다. 대역사大役事라 할 수 있는 건, 본관 뒤편에 들어선 IBC. 국제방송센터(International Broadcasting Center) 빌딩. 지금은 KBS 신관으로 불린다. KBS는 그전까지 본관, 여의도동 18번지. 현 여의공원로 13. 그리고 원효대교 남단에 있는 별관. 주소로는 여의대방로 359, 과거 여의도동 46번지. 그리고 연구동이라고 해서 원래 지방 국회의원들의 숙소 개념으로 지어진 방송문화센터. 이 셋으로 이루어졌었다.

그러나 올림픽을 계기로 가장 큰 건물, 메인빌딩이 들어선 것이다. 사실 그전 IBC 부지는 지금은 기억하는 사람들이 거의 없으나 잔디축구장에다 육상용 트랙이 있었다. 현재 파주에 있는 국가대표 축구선수들의 훈련장 역할을 한 곳이 바로 여기다. 잔디 관리를 위해 평소에는 출입 금지, 그러나 트랙은 이용이 가능했다. 중·고참급 선배들은 새벽이나 밤에 거기서 조깅을 하곤 했다. 마치 호랑이 담배 피우던 시절 이야기처럼 다가올 테지만 분명한 실화다.

방송국은 그 전해부터 활기가 돌았다. 아시안게임도 성공적으로 치른 데다 세계적 선수들이 대한민국 서울을 찾는다는 게 어디 흔한 일인가. 일생에 한 번 있을까 말까 한 일 아니잖은가. 더구나 당시만 해도 냉전시대라 소련·중국·동유럽 스타 선수들의 방한은 어쩌면 비현실적인 일과도 다름없었다. KBS는 IBC에 미디어센터를 설치해 전 세계 방송인들이 진을 쳤다. 매일 이들을 오며가며 만날 수 있었다. 재밌는 일화 하나를 소개한다.

당시에는 피자라는 게 생소한 음식이었다. 그러나 IBC에서는 공짜로 제공되었다. 수많은 외국 방송인을 위해 파라솔과 부스가 마련되었고, 거기서 직원들도 무료로 얼마든지 먹을 수 있었다. 비용을 누가 댔는지는 모르겠으나, 아무튼 나에겐 생전 처음 피자헛 피자를 실컷 맛볼 수 있는 시절이었다. 경기가 그만큼 좋았다는 이야기다.

아나운서실도 바빠졌다. 특히 스포츠캐스터 선배들은 신이 났다. 중계 실력을 뽐내고 이름을 널리 알리는 천재일우의 기회 아닌가. 당시는 SBS도 개국 전이니 MBC와 합동방송을 했다. KBS캐스터가 압도적으로 중계에 많이 참여했음은 물론이다. 여기서 스포츠캐스터의 조건을 한번 따져보고자 한다.

두말할 나위 없이 우선 스포츠를 좋아해야 할 것이다. 좋아하면 알게 되고 알게 되면 보이고 사랑한다는 말도 있듯이 관심과 호기심을 장착해야 함은 물론이다. 자기 중계 종목에 애징이 없이 중계한다는 건 어불성설이다. 만약 그리되면 방송에서 꼭 티가 나게 돼 있다. 다음은 음성, 목소리인데 반드시 그런 건 아니지만, 일단 크고 맑은 목소리에 호흡이 긴 부류가 유리하다.

특히 축구나 농구 같은 것은 경기 내내 선수들이 뛰고 있는 형국이기 때문에 캐스터의 목소리도 역동적이면서 단단한 지구력이 필요하다. 반면 야구 같은 것은 작전 위주의 경기이고 공수교대가 확실하며, 각 회 초와 말 휴지休止 부분이 있는 특징을 띤다. 따라서 재바르고 두뇌 회전이 빠르며 통통 튀는 스타일이 먹힌다. 고故 김재영 선배가 바로 이런 스타일의 전형이었다. 마라톤은 2시간 넘게 오로지 뛰는 경기다. 이런 건 엄청난 자료와 더불어 풍부한 상식, 그리고 이야기를 재미있게 풀어내는 서사敍事, 즉 내러티브 능력이 동반되어야 함은 물론이다.

대개 신체구조상 입이 큰 사람들은 소리도 크고 맑은 경향성을 보인다. 그렇다고 입이 작은 사람이 꼭 불리하다고만 볼 수도 없다. 정적인 스포츠도 얼마든지 있지 않은가. 종목에 대한 호기심과 관심, 정보를 스토리story화하는 역량, 그리고 해설자와의 호흡이 중요하다.

나는 서울올림픽 중계방송에 참여하지 못했다. 입사 3년차 경력으로는 그렇게 거대한 이벤트는 가히 족탈불급足脫不及이었다. 대신 일종의 작은 행운을 얻게 된다. 당시 1FM 프로그램을 진행하던 선배가 올림픽 비인기종목 캐스터를 맡게 되는 바람에 한 달을 비우게 되었다. 제작 측이 기왕 그렇게 된 것, 이 참에 MC를 교체하자는 쪽으로 의견을 냈고 후임으로 내가 지명되었다.

그 즈음은 앞서 적시한 대로 온 나라가 스포츠 세상, 올림픽 물결이었다. 클래식방송 MC 하나 교체되는 건 아무 것도 아닌 일. 나는 고전음악을 좋아하긴 했어도 많이 알지는 못하는 정도의 실력이었으나, 그때는 본인 의사는 거의 무시되는 시절이었다. 3년차 말단 아나운서에게는 선택의 여지가 없었다. 낮 2시부터 방송되던 '음악의 산책', 나의 데뷔 프로그램이다.

자기 이름을 대고 진행하는 프로그램을 갖는다는 것은 모든 아나운서의 1차적 로망. 나는 입사 3년 만에 꿈을 이루었다. 누구나 TV를 원하지만, 난 아니라도 좋았다. 더 이상 중계차를 타지 않게 되었다. 그러나 이 클래식 프로그램도 하루 중 한복판 시간대에 있어 숙직을 하거나, 숙직 다음 날 피로감은 만만치 않았다. 그래도 좋았던 건 러닝타임 2시간에 앞뒤 30분 준비와 휴식 시간을 합쳐 3시간 정도를 사무실에 없어도 됐다는 점이다.

어느새 지금 젊은이들은 상상을 못하는 상황이 되었지만, 당시는 휴대폰이 없던 시절 아니었는가 말이다. 신참들은 사무실 전화받는 게 가장 큰 책무였다. 누구나 귀찮아하는 일이었기 때문이다. 특히 스타급 여자 아나운서를 찾는 짓궂거나 막무가내인 전화받기는 최고의 스트레스. 어르고 달래고 보듬고, 화는 낼 수 없는 난감한 경우가 많고 많은 것이다. 또 하나는 급한 방송 요구나 사고 대비 요원용으로 대기해야 하는 미션이다. 채널이 하도 많다 보니 1분짜리 스팟(공지사항/캠페인/안내방송 등) 방송 요청이 수시로 있었고, 돌발 상황이 발생해 담당 아나운서가 안 나타날 경우 뛰고 달리고 사고를 메우는 것도 말번의 일이었다.

바로 이런 긴장 속의 사무실 대기조에서 어느 정도 벗어날 수 있다는 건 크나큰 혜택. 게다가 그동안 쉽게 접해보지 못한 음악을 프로그램을 통해서나마 들을 수 있으니 얼마나 좋은가. 아나운서의 직업적 특장特長 가운데 가장 큰 것은 말 그대로 좋아하는 일과 잘하는 일을 일치시키는 몇 안 되는 업종 중 하나라는 사실이리라.

음악·스포츠·시사·경제·연예오락 등 누구나 한두 개쯤 관심을 가질 만한 아이템들 아니겠는가. 이걸 공부하고 정리하고 전문가와 인터뷰하고, 그것을 자신의 목소리로 방송하고 이름을 알리는 일이 곧 업業이요 놀이가 된다는 건 축복이다. 물론 그 진행의 품질과 영향력은 시청자·전문가·방송사 내부에서 냉엄한 심판을 받게 될 운명이고, 그래서 늘 살얼음판 걷기와 같은 형국이긴 하지만 말이다.

클래식방송 MC시절

나는 좋아하는 음악 분야를 일찌감치 프로그램으로 만난 행운아다. 그러나 쉽고 친근한 소품 위주 선곡이나 MC의 개성이 드러나는 퍼스낼리티 프로그램이 아니라, 전곡·대곡 위주의 선곡에 정격正格 해설이 동반되는 정통클래식 프로그램이 나의 미션 '음악의 산책'이었다. 따라서 공부가 필요했다. 모든 음악을 다 섭렵할 수는 없는 노릇이겠으나, 그래도 해설을 할라치면 그 곡을 알고 전달하는 것과 모르는 채 진행하는 것은 천양지차일 터. 나의 안식처이자 공부방이 있었으니 바로 음반자료실이었다.

그곳은 내게 천국이었다. 그때만 하더라도 LP와 릴테이프가 대세인 시대. KBS·TBC·DBS·CBS 등 서로 다른 방송국에서 모은 수입 원판들이 KBS로 집결해 가히 음반의 왕국을 이루었다. 1인용 칸막이 턴테이블에 독일제 젠하우저Sennhauser 헤드폰을 끼고 음악을 듣고 있노라면 세상 모든 근심이 저만치 사라졌다. 거기서 나는 명곡들을 듣고 또 들었다. 모차르트·베토벤·바흐·슈베르트·브람스·말러 등을 말이다. 냉난방마저 아나운서실과는 차원이 달랐다. 나는 나만의 벅찬 공간에서 은밀한 독점의 쾌감과 희열을 오롯이 껴안을 수 있었다.

여느 음악과 클래식 음악이 차별되는 지점은 무엇보다 '길이'라는 생각이다. 보통 팝이나 가요는 3~5분인 반면 고전음악은 천차만별이다. 말러 교향곡 3번 같은 건 보통 연주시간이 90분 내외. 반면 엘가의 사랑스러운 소품 '사랑의 인사'는 3분 안쪽이다. 아나운서는 우선 곡의 길이에 맞게 멘트를 차별화해야 한다. 긴 곡은 '감상하다'가 어울리며 짧은 곡에 '감상하다'는 적절치 않다고 봐야 한다. 대신 '보내드리다', 혹은 곡목과 연주자만 소개하는 게 깔끔하고 적절하다. 멘트 속도도 긴 곡은 천천히,

또박또박. 짧은 곡은 그 반대다.

곡의 분위기도 살펴야 한다. 가령, 매년 봄의 시작 무렵에 잘 선곡되는 음악 중에 멘델스존 교향곡 4번 A장조 '이탈리아'가 있다. 그 1악장은 밝고 빛나며 활기차다. 이걸 무거운 톤으로 무심한 듯 소개하면 곤란할 것이다. 반면 모차르트 교향곡 23번의 2악장은 슬프고 쓸쓸하다. 이럴 땐, 소개멘트도 어느 정도 감상적일 필요가 있다. 말러의 아다지에토adagietto를 해맑게 소개한다는 건 더한 어불성설語不成說이고 말이다. 이런 걸 '멘트가 음악을 탄다'라고 표현한다. 마치 판소리 가창에 추임새를 넣는 고수의 역할이랄까. 단, 너무 감정에 치우쳐 일일이 곡마다 그 장조情調를 살릴 필요는 없다. 그건 오히려 음악을 듣는데 방해가 된다. 영화의 스포일러처럼 말이다. 적정선을 찾는 게 중요하다.

'요·죠'와 '-다' 등 종결어미 사용도 따져볼 문제다. 어미의 변화를 주는 건 필요하다. 모노톤monotone, 즉 단조로움은 진행자가 피해야 할 중요 덕목 가운데 하나임에 분명하다. 그러나 되바라져 보이거나 건방져 보이는 건 더 큰 문제다. '자연스러움'에 대한 각자의 시각과 주관에 달린 문제겠으나, 어떤 이는 '요·죠'를 너무 많이 쓰는 걸 목도하게 된다. 이건 비례非禮, 즉 예의가 아니다. 특히 소개멘트 '들으시죠'는 어느 정도 양해가 되나, 곡 듣고 난 후 '들었어요'는 무례해 보인다. '들어보시죠'는 제한적으로 써야만 한다. 이건 말 그대로 시도試圖다. 그러니 가령 비발디 '사계'를 플루트로 편곡한 곡이라든지, 성악곡을 기악곡으로, 또는 클래식 음악의 크로스오버화라든지 이런 경우가 해당할 것이다.

내가 이 당시 가장 즐겨 들었던 음반 중 하나는 다니엘 바렌보임이 지휘와 피아노를 겸한 모차르트 협주곡 전집이었던 것으로 기억한다. 27곡을 다 듣고 나면 벅찬 환희가 밀려온다. 번호의 숫자가 커질수록 그 생성·발전·변환·완결의 묘미를 느끼게 된다. 후기 20번부터의 8곡이 갖는 미학적 완성의 의미가 해설서 없이도 다가오는 것이다. 난 협주곡이 특히 좋았다. 음악 감상의 일반적 수순이기도 하다. 교향곡은 너무 장대하고 실내악은 밋밋하다. 중간 지점에 협주곡이 자리하며 오케스트라와 독주악기의 밀고 당김이 재미를 주기에 콘체르토, 협주곡은 지루함이 한결 덜하다.

오이스트라흐의 중후함과 강건함, 하이페츠의 날렵함과 날카로움으로 대개 20세기 바이올리니스트 계보를 나누지만, 나는 벨기에 출신의 명인 아르튀르 그뤼미오Arthur Grumiaux(1921~1986)를 제일 좋아한다. 반듯하고 깨끗하고 빈틈이 없으며 기품이 있다. 그의 모차르트는 마스터피스로 정평이 나 있다. 바흐·브람스·멘델스존·차이콥스키에 특히 브루흐 협주곡과 스코틀랜드 환상곡은 더 이상의 명연은 없다 할 것이다. 클라라 하스킬과의 모차르트 소나타 전집 역시 아직도 더 이상 능가할 자가 없는 명불허전名不虛傳에 속한다.

피아노는 마우리치오 폴리니Maurizio Pollini(1942~)를 가장 좋아했다. 차갑고 영롱하고 재바른 스타일. 물론 루빈스타인, 호로비츠, 박하우스, 기제킹, 제르킨, 길렐스 등도 각자 영역에서 빛났던 거장들이다. 첼로는 폴 토르텔리에르Paul Tortelier(1914~1990)가 내겐 으뜸이다. 거칠면서도 음량이 큰 스타일을 선호한다. 카잘스, 로스트로포비치, 장드롱, 슈타커, 푸르니에, 요요마, 마이스키 등도 물론 훌륭하지만.

성악은 압도적으로 프리츠 분더리히Fritz Wunderlich(1930~1966). 36세로 요절한 불세출의 독일 테너다. 이 가수 이상은 전에도 지금도 내겐 없다! 이이는 목소리에 희로애락이 다 있다. 맑고 씩씩하고 거침없고 슬프고 애절하다. 분더리히를 여태 모른다면 조금 불행한 사람이다. 꼭 한번 접해보길. 여성은 군둘라 야노비츠Gundula Janowitz(1937~)다. 청아한 순백의 목소리. 영화 '쇼생크 탈출'의 유명한 '편지 이중창'에서 백작부인을 노래한 소프라노. 베를린 태생으로 올해 83세다.

나는 도합 10년 정도를 FM클래식 프로그램을 진행했다. '음악의 산책' 'KBS음악실', 그리고 '정다운 가곡'이다. 아직까지도 남자 아나운서로서는 깨지지 않은 기록. 그만큼 내게는 아주 각인된 영역이 클래식 DJ로서의 정체성이다. 페이스북이나 혹은 오프라인 모임에서 나를 클래식 프로그램 아나운서로 기억해 주는 이들이 가장 반갑다. 나를 좋게 봐주는 분들의 평가를 종합하면 외국어 발음을 정확하고 명료하게 해서 신뢰가 간다는 점이 가장 많고, 그다음이 음악 외적인 이야기를 안 해서 좋았다고들 한다.

첫 번째는 그저 감읍할 따름이고, 두 번째는 내가 그동안 지향한 바를 애청자들이 그대로 간파해 줘서 고맙다는 생각이다. 나는 음악 전공자가 아니고 단지 애호가 신분이었기에 음악에 대한 호불호나 과도한 상찬을 방송에서는 의식적으로 삼갔다. 아는 음악이 나오고, 꽤 많은 지식이 담보되어 있더라도 주관적 평가를 극도로 자제했던 것이다. 그것을 정통 클래식 프로그램을 임하는 진행자의 자세로 여긴다. 그동안 만났던 선배PD들도 의견이 일치했다.

'너무 좋은 곡' '제가 생각할 때 최고의 연주' '개인적으로 제겐 사연이 있는 음악' 등의 멘트를 프로그램 내에서 함부로 하면 안 되는 것이다. 이런 건, 아무리 선한 의도였다 할지라도 감상자, 청취자에게 선입관이나 편견을 주기 십상이다. 진행자는 모름지기 공정성·객관성·중립성을 담보해야만 한다. 튀는 개성과 나름의 퍼스낼리티는 그다음이요 무엇보다 그것이 자연스럽게 음성·리딩·인터뷰·태도 등에서 묻어 나와야 바람직하다.

나의 클래식 편력은 대강 이렇다. 90년대와 2000년대 초반까지 음악을 무던히도 들었고, 연주회 실황 중계도 숱하게 했다. 무엇보다 화제의 공연을 직접 보고 들은 게 커다란 수확이요 기쁨이 아닐 수 없다. 지휘자 주빈 메타·발레리 게르기예프·유리 테미르카노프·로린 마젤·이르지 벨로흘라베크·겐나디 로제스트벤스키·마리스 얀손스·클라우디오 시모네 등을 보고 접했다. 황홀지경이었다. 피아노는 스비아토슬라브 리히터·스타니슬라프 부닌·당 타이 손·파울 바두라-스코다·라자르 베르만·앙드레 와츠·안드라스 시프 등이 기억난다. 바이올린은 요제프 수크·이차크 펄먼·슐로모 민츠. 첼로는 야노시 슈타커·미샤 마이스키·므스티슬라브 로스트로포비치 연주를 만났다. 그 밖에 제임스 골웨이·페터 루카스 그라프·볼프강 슐츠의 플루트, 기타Guitar에 줄리언 브림, 더블베이시스트 케리 카 등을 잊을 수 없다.

성악은 파바로티와 도밍고는 못 보았다. 하지만 호세 카라카스는 가까이서 들었다. 홍혜경 귀국 독창회가 엄청났고 조수미, 신영옥은 자주 접했다. 인터뷰도 자주 했다. 정경화·정명훈·이강숙·김 민·장일남·김만복·강동석·백건우·윤학원·이경숙·이방숙·장혜원·박정자·손국임·강충모·김대진·박영민·정치용·황병덕·남덕우·박세원·김청자·박수길 등 국내 웬만한 작곡가, 지휘자, 연주자 등은 거의 다 섭렵한 것 같다. 유일한 클래식 전문 채널인 데다가 그때는 미처 못 느꼈지만 90년대와 2000년대 초엽 KBS와 KBS-제1FM의 힘이 특히나 막강했던 덕을 보았다.

그러나 무엇보다 가장 강렬한 추억은 '정오음악회'다. 당시 정오에 방송하던 프로그램 'KBS음악실'은 우리 작곡가, 연주자만으로 꾸미던 특색 있는 프로그램이었다. 2000년대 초반이었나, 나는 최고의 음악PD 홍순덕 선배를 만난다. S대 음대 출신에 음악 지식, 선곡 감각, 추진력, 섬세함 등 모든 능력을 갖춘 에이스와 조우하게 된 것이다. 어느 날 홍 선배는 야심찬 기획을 내놓는다. 실연實演에 목말라하는 청취자들을 불러 모아 한 달에 한 번 저녁이 아닌 낮에 음악회를 제대로 열어보자는 것. 홀 대관에 연주자 섭외에 청취자 관리에 엔지니어링 쪽의 음향 협조까지 난제의 연속이었다.

그러나 독일 뒤셀도르프 음대 음향 전공에 빛나는 당시 AD, 김영동PD의 헌신마저 보태져 우리는 여의도 영산아트홀에서 'KBS음악실 정오음악회'를 라이브로 개최하게 된 것이다. 대성공이었다! 최현수 독창회를 따로 열기도 하고, 기타의 숨은 귀재 안형수가 무대를 빛내주기도 했다. 결국 이 기획 프로그램은 방송대상 라디오 부문 작품상을 수상하기에 이른다. 지금 생각해도 뿌듯한 순간이다. 또한 이때 해설을 맡았던 저명한 작곡가이자 당시 한국예술종합학교(한예종) 음악원 원장이던 이영조 교수님과는 아직도 인연을 이어가고 있다.

퀴즈MC로 살다

 나는 90년대 초 리즈 시절을 맞는다. 난데없이 TV프로그램을 두 개씩이나, 그것도 최고의 인기 교양 프로그램 MC를 덜컥 떠안게 된 것이다. 당시 MC로 주가를 한창 높이던 L선배는 프리 선언을, W선배는 휴직을 하게 되었는데 약간의 시차를 두고 둘의 프로그램을 다 내가 맡게 되었다. 일약 스타덤에 오르며 나는 졸지에 아나운서실에서 가장 바쁘고 유명한 아나운서가 된다.

 우선 '퀴즈 탐험 신비의 세계'다. 올드팬들은 월요일 저녁 7시 2TV를 호령하던 이 프로그램을 기억하리라. 동물들의 진기하고 신비한 생태를 의인화하기도 하고, 각종 정보를 제공하면서 출연자들과의 문답을 버무리는 형식이었다. 당시 시청률 20%를 가뿐히 넘기던 남녀노소 시청자들이 애정하던 프로그램. 나는 지식과 정보를 체화하고 패널들과의 토크는 강점이 있었으나 이전 MC의 구수한 캐릭터와 상반되는 데다 너무 큰 프로그램을 떠안은 부작용을 드러내고야 말았다. 한마디로 역부족, 경험 미달이었다.

 선배 L은 공사 1기생으로 상징적 의미가 컸고, 후배들에겐 비전을 제시해 주는 롤모델 같았는데 갑자기 회사를 떠나 충격이 컸다. 프리랜서라는 개념도 생경하던 시절이었으니 더 말해 무엇 하랴. 나는 그에게서 프로그램 노하우를 전수傳受할 시간과 기회도 얻지 못했다. 또한 TV피디들과의 인맥도 채 형성되지 않아 누가 간부인지도 몰랐고, 그저 담당PD와 작가하고만 밤늦게까지 대본을 조몰락거리기만 했다. 물론 녹화 프로이긴 했지만, 엄연히 패널들과 방청객이 버젓한 까닭에 창피 안 당하기 위해 귀가해서도 대본을 붙들고 골 싸매고 전전긍긍하기 일쑤였다.

여러모로 어리고 미숙했다. 내 현재 상황과 주변의 분위기를 대비해 보고, 무엇이 선후로 해결해야 할 과제며, 그걸 위해서는 무엇을 목표로 매진해야 하는가, 이런 이해가 부족했다. 30분 내외의 조그만 녹화 프로그램부터 시작했어야 옳았다. 그러면서 경험도 쌓고, PD들과의 자연스러운 교류를 텄어야 했다. 그렇게 성장해야 무리가 없는데 한꺼번에 너무 벅찬 행운이 밀어닥쳐 사달이 난 것이다. MC의 잘하고 못함은 가장 큰 기준이 되는 것이 롱런, 즉 오래가는 것이다. 그것이 빛나는 증빙이다. 더 이상 확실한 건 없다. 나는 그걸 몰랐다. 쓰디쓴 교훈이다. 그래도 나보다 어린 여성PD와 작가는 1년 만에 떠나는 나를 아쉬워했다. 마지막 방송을 마치고 통음을 했던 기억이 오롯하다.

'퀴즈 탐험 신비의 세계'의 때 이른 하차는 사실 '중학생퀴즈'와 'KBS음악실'을 함께 진행한 데서 온 과부하도 한몫했다. 90년, 91년, 92년엔 제대로 휴가도 못 갔던 것으로 기억한다. 녹화·녹음이 서로 엉켜 겹쳤기 때문이었다. 프로그램이 많은 아나운서는 주중 공휴일이 끼면 나머지 스케줄은 더욱 빡빡해져 옴짝달싹 못하는 법. 사실 '중학생퀴즈'는 전부터 새 MC 후보에 늘 오르곤 하던 차였다. 그러나 당시는 W선배의 위상에 가려 30대 초·중반 후배들이 기를 못 폈다. 그의 말에 따르면, 자신이 한창 때 TV프로만 6개까지도 해봤다고 했으니 상황을 짐작하리라. 그는 요즘 말로 치면 '넘사벽'이 확실했다.

어느 날 그가 집에 우환이 생겨 프로를 쉬게 되었을 때, 만년 후보 신분에서 드디어 정통 퀴즈 프로그램에 입성한 나는 정말 열심히 신명나게 일했다. 퀴즈MC의 가장 중요한 조건은 일단은 뛰어난 암기력이라고 생각한다. 나는 아직도 분하고 억울하고 괴로운 기억이 있는데 중3 까까머리 때 일이다. 학년 내내 학급 2등을 했다. 1등을 못한 까닭은 수학과 물상 과목 때문이었다. 라이벌 H를 상대로 국어·영어·국사·사회, 심지어 음악·미술의 이론·실기를 모두 앞섰지만, 그 차이가 근소한 반면 수학·물상 과목에서 큰 편차로 졌기 때문이다. 상대적으로 암기에는 귀신이었다는 얘기다. H는 그 후 S대 상대를 나와 J일보와 JTBC의 핵심 간부를 역임했고 나와는 현재 40년 지기다.

퀴즈MC의 멘트

이야기가 잠시 딴 길로 샜다. 다시 말하지만, 퀴즈MC는 대본에 적혀 있는 문제를 암기하는 게 필요충분조건이다. 왜 아니겠는가. 퀴즈란 출제자가 상대에게 묻고는 맞히면 상찬을, 틀리면 'No' 하고 그에 대한 답과 설명을 하는 원리에서 비롯한다. MC는 출제자를 대변하기에 그 문제를 마스터하고 있다는 인상을 주지 않으면 안 된다. 그리고 관건은 문제의 난이도와 문제 개시 이후 출연자가 언제쯤 맞히거나 틀리느냐다.

우선 쉬운 문제를 장황하게 해설하면 안 된다. 그렇다고 '정답입니다, 아닙니다'로 무심히 지나가서도 곤란하다. 관련된 핵심 코멘트를 가볍게 치거나, 그 즈음 시사나 화제로 짧게 매조지는 게 요령이다. 점수가 높은 중·상급 문제가 바로 MC의 능력을 좌우한다. 준비한 문제의 어느 부분에서 출연 학생이 버저를 눌렀고, 그것을 틀렸느냐 맞혔느냐에 따라 멘트에 다양한 변화를 주어야 한다.

틀리면, "아, 아니죠? 그건 (정답과) 거리가 있죠. 안타깝습니다" 등의 멘트로 아쉬움의 리액션과 추임새를 넣어야 한다. 맞힐 때도 그냥 덤덤히 놓아두어서는 안 된다. 그 문제가 선두를 상대로 역전을 일으킬 수 있는가, 아니면 현재 1위가 선두를 굳힐 수 있는가, 중·하위권이 선두권으로 발돋움할 수 있는 계기가 되는가에 따라 멘트가 달라져야 함은 물론이다. 문제를 맞혔을 때는 관련 영상이 나갈 때도 있다. 이른바 ENG화면이라는 것으로 제작진은 이걸 찾고 준비하느라 수고를 들인다. 따라서 MC는 영상의 흐름을 살려 관련 멘트 중 핵심을 축약해 마무리해야 하는 것이다.

인터뷰를 빼놓을 수 없다. 퀴즈MC는 문제에 대한 완전한 숙지로 일종의 지성미를 뽐내야 한다. 또 하나, 인터뷰로 따스함과 배려, 그리고 기분 좋은 긴장의 밀도를 높여야 하는 숙제가 주어진다. 상대는 어린 학생들이다. 방송국 구경을 그저 좋아라 할 나이에 피 말리는 승부를 펼쳐야 한다. 물론 말 그대로 참가의 의의를 두고, 연신 벙글대는 부류도 있으나 극소수다. MC는 일단 참가자를 다독여야 한다. 선두에게는 칭찬과 놀라움을 아끼지 말아야 하고, 2, 3등에게는 추격의 의지를 북돋아 주어야 옳다. 또한 하위권에게는 용기와 투지를 주문해야 한다. 그게 MC의 역량이고 실력이다. 말 없는 시청자는 이 모든 걸 한 묶음으로 평가해 저 MC는 '잘한다, 좋다'와 '못한다, 싫다'로 나눔을 기억해야 할 것이다.

만약 2위가 부저를 눌렀다 치자. 이 문제를 맞히면 역전해 1위를 따라잡는다. 이럴 땐, "자, ○○군(양)이 눌렀어요. 문제가 이제 막 시작됐는데 글쎄요. 이 문제를 맞히게 되면 선두로 나섭니다. 정답은?" 이렇게 긴장을 조성하고, 톤도 드라마틱하게 펼쳐야 한다. 문제를 내면서 플레이하는 ENG화면을 이제 막 틀고 음악마저 깔리는데, 이때 버저를 누르는 학생은 제작진에게는 미운(?) 존재다. 흐름이 끊기기 때문이다. 이럴 때, MC는 의구심 어린 톤으로 "자, 벌써 아시겠어요? 정답은?" 바로 쳐야 한다. 그래야 어울린다. 결국 오답일 경우 나는 이런 멘트를 자주 구사했다. "아닙니다. 조금 더 들으세요" 더 들어봐야 기회가 없지만, 이건 궁극적으로 시청자를 포함, 누구나 퀴즈를 즐기기 위한 마당임을 이런 대목에서 강조해야 한다는 생각에서다. 또한 문제를 틀린 학생에게도 성급함에 대한 성찰을 줄 수도 있다. 요약하면 누군가 버저를 눌렀고 정답을 맞혔다고 하자. 그러면 MC는 그 상대에게는 칭찬을 하되, 반면 틀린 학생에게는 급한 결정에 대한 아쉬움, 무언가를 착각하지 않았는가에 대한 물음도 던져 배려심을 표해야 한다.

판세 읽기도 필요하다. 중간 점수를 일러주고 상기시키면서 시청자의 관심을 추동하고, 학생들에게 문제가 많이 남아 있음을, 특히 하위권에게 위로와 독려를 쏟는 게 필요하다. 방청객, 가족, 친지들에 대한 반응도 이따금 살펴보면서 인터뷰를 유도하는 것도 PD와 사전 협의 전제 아래 바람직하다. 또한 방청객의 특이 동향도 모니터를 봐가며 캐치하되 카메라워킹을 주시하면서 한두 번쯤 짚어보는 여유를 가져도 좋다.

장학퀴즈 기장원을 거머쥐었던 나

사실 내가 퀴즈 프로와 인연이 닿은 건 우연이 아니다.

1970~80년대 당시 고교생의 로망은 'MBC장학퀴즈' 프로그램에 출연하는 것이었다. 1978년 어느 날 나는 친구를 따라 정동 문화방송 공개홀에서 예심을 보고 있었다. 한데 그는 떨어지고 내가 붙었다. 아직도 기억난다. 어둠 속 그 땀내 그득한 방청석에서 자신의 이름이 불리기를 애타게 기다리던 장면을. 나는 놀랍게도 거기 온 학생들 중 5명 안에 들었으며 친구는 나를 응원해 주었다. 얼떨결에 녹화에 참가해 결과는 2등.

그때는 2위에게 차점자 진출전이라 해서 메리트를 주었는데 몇 주 후 주장원 타이틀을 놓고 차점자끼리 다시 맞붙게 했다. 어쨌든 나는 기본 상품인 선경 직물의 학생 복지와 2등 선물로 선경스마트 자전거를 받았다. 이후 주 장원전에서 1위인 장원을, 주 장원자끼리 대결하는 월 장원전에서 다시 1위를 기록한 나는 마침내 최고의 영예인 기장원전에 출전할 첫 번째 후보가 되어 있었다. 그야말로 파죽지세였다. 이게 웬일인가 말이다.

나는 잡학다식형 인간이 맞는다. 어려서부터 세계 여러 나라 수도首都 이름 외우는 걸 좋아했고, 막내삼촌 방에 몰래 들어가 LP판 위에 적힌 미국 가수 이름을 멋대로 읽어보고, 오물오물 소리 내 혼잣속으로 기억하곤 했었다. 또 신문에 나오는 한자라든지, 스포츠를 잘하는 학교 이름, 각종 지명地名의 유래, 그 고장의 특징 등 이런 걸 어른들께 채근하며 물었던 기억이 있다. 모두 퀴즈 친화적 소양의 예비 행태에 다름 아닐 것이다.

다시 장학퀴즈로 돌아와서, 내 경우 5명의 후보 중 첫 번째 월장원자이었기에 나머지 네 명의 실력을 확인할 수 있는 기회가 있었다. 한마디로 기가 질리는 쟁쟁한 실력파들이 득시글거렸다. 당시 여학생 한 명이 나보다 약간 약체라는 생각이 들 뿐, 나머지 셋은 요즘 식으로 표현한다면 '괴물'이었다. 과장이 아니라, 나는 200점 기본 점수에서 대개 400~450점 안팎에서 승리를 거두었는데 이들은 500점 이상이 둘, 한 친구는 600점을 넘기고 있었다. 문제 난이도가 좀 다를 수 있다손 치더라도 어쨌든 원사이드하게 게임을 리드하는 별종들이었던 것이다.

나는 지금도 스스로 기특한 게, 그 경쟁자들을 보고 나름의 전략을 세웠다는 데 있다. 도저히 정면 대결로는 승산이 없다고 봤다. 퀴즈는 대개 오답을 말하면 감점을 당한다. 그러니 아는 문제라고 섣불리 버저를 눌러 감점을 자주 당해서는 안 된다고 여겼다. "차분함을 유지하되 확실히 아는 것만 버저를 눌러 실점을 최소화하자" 이런 구상을 장착했다. 그러곤 당시 열심히 다니던 혜화동 성당에서 미사 갈 때마다 기도했다. "주님, 꼴찌만 면하게 해주십시오. 어머니 아버지께 너무 송구하고 창피하며, 친구들이 놀릴까 봐 두렵습니다".

1979년 4월 말로 기억한다. 바야흐로 기期 장원전. 장원은 대학 4년 등록금 전액, 차석에게는 입학금이 걸려 있었다. 당시만 해도 거금에 해당했다. 보통 사립대학 학비가 40만 원 남짓, 서울대 등 국립대는 25만 원 정도였던 걸로 기억한다. 참고로 1985년 KBS서 첫 월급이 23만 원이었다. 프로그램이 시작되자마자 아니나 다를까 몬스터들(?)의 향연이 펼쳐졌다. 여학생과 나, 둘은 버저를 누를 겨를조차 없었고 그들은 서로 할퀴고 물어뜯고 상처를 입혔다. 중간쯤 되니, 점수가 비등해졌다. 왜냐하면 이 3인이 서로 물고 물리는 와중에 득점을 많이 하고도 또한 실점도 따르니 상대적으로 조용했던(?) 우리 둘과 점수가 엇비슷해진 것이다. 이제 40점, 50점 등 어려운 문제들이 남아 있으니 신경을 집중해야 했다. 승부수를 띄워야 하는 것 아니겠는가.

나는 이 고비에서 결정적 행운을 만난다. 기 장원전 며칠 전 우연히 신문을 보는데 특집기사가 났었다. 당시 TV에서 인기리에 방영되던, 미니시리즈 '뿌리'에 관한 것. 미국 작가 알렉스

헤일리Alex Haley(1921~1992)의 원작으로 소위 '쿤타킨테 신드롬'을 일으켰었다. 그 이야기의 배경은 바로 아프리카의 갬비아 Gambia라고. 지금은 표기가 '감비아'로 바뀐 서부 아프리카의 작은 나라다. 차인태 아나운서의 목소리를 타고 문제가 흐르자 탁 감이 왔다. 50점을 거머쥐었다.

다른 하나는 라 캄파넬라La Campanella였다. 파가니니의 초절기교 연습곡으로 음악을 들려준 후 이게 어떤 사물, 물체를 표현하느냐를 맞히는 문제. 아름다운 선율과 리듬이었지만, 모르는 곡이었다. 당시 고교생이 이 정도 난도의 클래식 음악을 듣는다는 건 상상하기 어려웠다. 지금으로 따지면 일종의 자유연상自由聯想(free association)을 테스트하는 문제라고 할 수 있겠다. 몰라도 유추할 수 있는 감성과 센스를 알아본다고나 할까.

다급해진 괴물들이 연거푸 버저를 눌러댔다. 자신의 감感과 머리를 믿고 달려든 것이다. 결과는 모두 틀리고 나만 남았다. 모든 힌트를 다 들은 여유 끝에 나는 '종소리'라는 50점짜리 월척을 또 건진다. 40년이 지난 지금도 라 캄파넬라, 이 음악을 못 잊는 이유다. 그리고 또 한 문제. 승부를 가른 결정적 한 방으로 답은 '하키'. 역시 비슷한 과정을 거쳐 득점했다. 마침내 나는 강자들을 다 제치고 기장원에 등극했으며 선경그룹의 약속대로 대학 4년을 공짜로 다녔다.

이런 남다른 인연의 MBC장학퀴즈를 바로 같은 시간대인 일요일 오전 상대하는 KBS중학생퀴즈의 MC가 나였으니, 어찌 보면 얄궂은 운명. 더구나 '중학생퀴즈'는 후발 주자였고, 인지도도 훨씬 떨어졌던 터라 내가 맡을 때만 하더라도 시청률에서 한 번도 이긴 적이 없었다. 그러나 장학퀴즈 기장원 출신 아나운서가 MC를 맡은 '중학생퀴즈'는 화제성이 있었다. PD 진용도 에이스급이 왔고, AD도 붙었으며 작가들도 의욕을 갖고 임했다. 우리 스폰서가 공교롭게도 '에리트' 학생복의 제일합섬이었는데 선경합섬의 브랜드 '스마트'와 여러모로 대결 구도가 흥미롭게 펼쳐지기도 했었고 말이다.

나는 솔직히 '중학생퀴즈', 이 프로그램에 열과 성을 가장 많이 쏟았다. 그러던 차, 어느 날 시청률을 앞섰다는 소식을 듣는다. 6%대 올라서며 5% 후반을 기록한 '장학퀴즈'를 앞섰다는 것이었다. 우리 팀은 쾌재를 불렀고, 이후에도 엎치락뒤치락하는 시소게임을 펼쳤다. 더구나 M 쪽의 진행자도 나의 대학 후배면서 아나운서 기수도 비슷한 K여서, 은근한 선의의 경쟁심이 기분 좋게 불타오르곤 했다.

하지만, 나의 젊을 적 프로그램 운運은 역시나 길지 못했다. 대대적인 프로그램 개편이 있었고 '중학생퀴즈'는 폐지되기에 이른다. 얼마나 아쉬웠던지. 프로그램이 한창 힘을 얻고 뻗어가는 참이어서 더더욱 마음이 아렸다. 2년 반인가 3년을 정말 열심히 임했었는데 어쩔 수 없는 노릇이었다. 차제에 우리 방송문화의 일단을 짚어보려 한다. 단도직입적으로 말해서 시청자 참여 프로그램이 너무 적다. 고만고만한 연예인들이 나와 잡담하는 프로그램은 너무 과하게 많은 것과 비교된다. 그러다 보니 프로그램의 차별화가 두드러지지 않는다. 종편에 케이블까지 더해 가히 지겹고 어지러운 수준 아닌가.

평범한 시민과 학생들을 주인공으로 건전한 프로그램을 만드는 것을 심심하고 재미없고 진부하게 여기는 제작진의 풍토가 안타깝다. 따지고 보면, 보통 사람들을 대상으로 풀어가는 프로그램 만들기가 힘들고, 더 구체적으로는 그걸로 시청률을 높이기가 매우 어렵기 때문에 그렇다. 품은 많이 들어가는데 폼은 안 나기 때문이기도 하다. 이런 쪽으로의 분투나 노력이 제대로 인정받지를 못한다. 물론 세태가 경박하고 강퍅해진 것과도 무관치 않으리

라. 꼰대적 사고의 발로라 비난받을지도 모르겠다. 어쨌든 나로서는 이런 세태가 아쉽기만 한 것이다.

농어촌을 두루 다니다

 확실히 과욕은 금물이다. 나는 이때, FM클래식 프로그램을 놓았어야 할는지 모른다. TV프로그램 녹화를 둘이나 하다 보니, 두 시간짜리 라디오 프로그램은 일주일에 두 번이나 녹음을 해야만 했다. 지금처럼 디지털 편집이 가능한 시대가 아니고 리니어linear, 즉 선형적인 디바이스인 LP나 8mm테이프, 릴reel이 음원의 주종이었기에 녹음시간은 최소 두 시간 반을 넘기기 일쑤였다. 라디오 녹음을 마치면, 지친 상태에서 TV 쪽 교양국으로 이동해 대본회의를 하고, 편집실에 가서 인서트 화면 내레이션을 맞춰보고, 문제를 익히고 외워야 했다. 과부하란 바로 이런 것이다.

 본인은 열심히 한답시고 이리 뛰고 저리 뛰고 프로그램에 임했으나, TV는 TV대로 허겁지겁, 라디오는 라디오대로 집중을 못하는 사태가 벌어진 셈이다. 결국 라디오도 그 이후 얼마 못가 하차하는 최악의 사태가 오게 되었고, 나는 졸지에 주말에 짧은 TV 스트레이트뉴스로나마 인지도를 유지하는 신세가 되었다.

 90년대 중반은 그래서 농어촌 프로그램을 하게 된다. 1~2주에 한 번 출장을 갔던 프로그램. 난도가 쉬운 편인 15분짜리 보도물이었다. 내게는 자연을 만끽하며 스트레스도 풀고, 또한 농어민들의 일상·고민·보람 등을 엿볼 수 있는 소중한 기회였다. 그때 익혀둔 고장들을 나중에 여행을 통해 가보기도 했었고,

몇 년을 꾸준히 교분을 갖고 지낸 분도 계셨다. 도시 생활만 익숙했던 내게 새로운 인간관계와 농촌 문제에 관심을 가지게 된 의미 있는 3년여 시간이었다. 마치 리스트의 음악 '순례의 해'처럼 전국을 다녔던 흔적들을 일별하면 이렇다.

물산 풍부한 맛과 멋의 고장 남도南道의 해남海南. 보성寶城의 고즈넉한 율포 바닷가. 경상도 하동河東 땅 섬진강과 쌍계사와 기막힌 재첩국. 따스한 엄마 품 같은 실개천 마을 충북 옥천沃川, 그 푸른 올갱이국. 강원 횡성橫城의 코스모스 밭, 한겨울 봉평蓬坪의 이효석 마을. 전라도 완주完州 봉동鳳東의 애틋한 사설우체국. 충청도 땅 강경江景 황산벌의 아득한 정취와 그 튼실한 복어. 서산瑞山 해미海美의 개심사開心寺와 마애삼존불, 보원사지 절터, 그 맛난 새조개와 대조개.

경남 밀양密陽의 불같던 여름, 거기 우뚝한 표충사와 사명대사의 발자취. 쌀과 밥이란 무엇인가 일깨워준 풍요로운 남도 고장 김제金堤. 멋스런 남원南原의 풍류와 광한루. 부안扶安 곰소의 짠 내음과 당당한 개암사. 서울을 꼭 닮은 고도古都 진주晉州의 기상과 고상한 아우라, 그 의젓한 육전냉면. 장마철 범람하던 강원 평창강平昌江의 무시무시한 굉음소리. 충남 금산錦山의 인삼밭과 돌이뱅뱅의 친근함. 드넓은 경상 해안 통영統營·고성固城의 쪽빛 바다.

군산群山 땅을 바라보는 충청 장항長項의 쓸쓸한 바다 풍경. 밀썰물 갈마들던 개펄 홍성洪城의 남당리와 어사리, 그 질박한 어촌의 왕새우와 광천 토굴의 젓갈. 붉은 땅의 색깔, 흙빛의 엄중함을 일깨우는 경상도 고령토高嶺土. 장단콩과 자운서원의 기억이 오롯한 파주坡州. 철원鐵原 갈말葛末의 을씨년스럽던 검은 겨울. 꼭 알프스 같던 전라도 고지高地 장수長水와 무주茂朱의 위엄. 조선시대 지형이 살아 있는 충남 서천舒川 오천항 언덕과 키조개. 아낙들의 침방울이 빚어내는 한산韓山모시와 새벽녘 우시장의 소 울음소리.

전라도 고흥高興 앞바다 금산면의 점성어와 삼치. 그저 '고기' 두 글자만 적힌 경북 영양英陽의 헌걸찬 고깃집, 더불어 그 고아한 고추장 맛. 짱뚱어의 존재감 서린 남도南道 장흥長興. 따갑던 집어등의 추억, 강원도 고성高城 아야진我也津 항구의 새벽과 오징어 배.

향긋하고 쌉싸래한 예산禮山 창소리 쪽파밭. 빛나는 바위 늠름한 전라 월출산의 영암靈巖. 충청 아산牙山 방조제와 공세리 성당의 위용. 새빨간 사과밭에 시리도록 아름다운 자태의 경상도 영주榮州, 경이로운 소백산 자락 부석사浮石寺까지.

나 같은 서울 촌놈이 이 강토의 구석구석을 언제 다시 완상玩賞하고 음미할 수 있을까 생각하면, 참으로 고맙고 소중한 시간이었음이 아닐 수 없는 것이다.

PD 노릇 하며 독일을 가다

 리멘시타L'immensita라는 칸초네가 있다. 원래는 무수·광대·영원이라는 뜻이지만, 의역해 '눈물 속에 피는 꽃'이라는 제목으로 통용되며 이탈리아 가수 밀바Milva의 노래로 유명하다. 낙심, 실의, 마음고생을 잘 견디면 반드시 보상이 따라오는 법. 지방을 돌아다니며 여관에서 잠자기가 습관이 되어 생활 리듬이 파괴되고 피폐해진 어느 날, 1994년 늦여름이었을 게다. 나는 당시 실장이던 고故 이창호 선배의 콜을 받는다.

 "자네, 독일을 좀 가야 할 것 같아" "네? 무슨 말씀이신지" 89년 해외여행 자유화 조치 이후 90년대 들어 회사 내에서도 해외취재가 봇물 터진 듯한 상황이었다. 기자들과 PD들은 앞다투어 특집물을 기획하고, 현장 취재 명목으로 프로젝트를 만드느라 바빴다. 아나운서들은 이럴 때 소외되고 서럽다. 우리는 방송 현장의 첨병이요 최종전달자이고, 마이크 앞에서는 제왕이지만 어디까지나 지원 부서이고, 협업 조직이다. 일을 먼저 꾸미고 만들고 앞서 나아가는 주체들이 아닌 것이다. 따라서 아나운서들은 올림픽이나 월드컵, 혹은 세계선수권대회 정도의 큰 스포츠 이벤트가 아니면 해외에 나가는 일이 극히 드물었다.

 93년쯤이었을 거다. TV피디에 비해 상대적으로 해외 출장 기회가 적었던 라디오PD들이 '세계를 달린다'란 시리즈 기획물을 만들었다. 당시 라디오본부장 S씨가 경영진 실세 그룹에 속했었고, 예산 상황이 좋았던 것도 한몫했다. 2~3주 정도 세계 각국의 이슈와 화제를 현지 취재하고, 15분짜리 프로그램을 12회 방송하는 형식이었다. 주제는 자유롭게 정하되 혼자 가는 출장. 사전 기획에 시사성 있는 소제목을 붙이고, 각종 자료를 준비해야 하는데다 다녀와서는 인터뷰 편집과 내레이션 원고를 직접 쓰고 방송까지 하는 결코 만만치 않은 작업이었다. 왜 아니겠는가, 회삿돈 쓰고 가는 출장은 대개는 편한 게 별반 없다. 나라 밖을 가본다는 값을 치러야 하는 것이다.

그런데 그즈음 어떤 피디가 펑크를 낸다. 몸이 아팠는지, 지레 포기를 했는지는 분명치 않다. 어쨌든 이 실장이 정보를 일찌감치 접하고, 아나운서들도 제작에 참여해야 한다며 본부장·실국장 연석회의 때 강력히 주장하고는 우리 방으로 이 기회를 따왔다. 그러곤 실 자체 회의를 열어 나를 점찍고 부른 것이다.

사실 이 실장과 나는 여러모로 결이 다른 사람이었다. 그는 MC계의 스타 출신에 대표급 미남 아나운서, 당시 최고 인기 운동 종목 중 하나인 탁구 중계의 1진 캐스터이기도 했었다. 나는 MC를 했다지만 경력이 짧았고, 그저 뉴스와 의식중계, 그리고 남들이 안 하는 클래식FM DJ가 고작. 공통점이라고는 거의 없는 이질적 관계였다고나 할까. 그런데 이런 일이 벌어진 것이다. "우리 방에 똑똑한 친구 하나 있다고 했어. 너를 염두에 뒀었다고. 독어도 좀 하잖아. 잘 만들어 와봐".

나는 사실, 독일과 인연이 좀 많은 편이다. 고교 시절부터 영어 아닌 독일어가 좋았다. 그 정직한 울림과 우직한 철자가 마음에 와닿았다. 결대로 독일어 선생님도 잘 따랐다. 입시 과목에 포함되지 않아 영어·수학으로 수업이 대체되는 날이면 우울했다. 대학에서도 전공은 교육학이지만, 당연히 부전공은 독어독문학이었다. 괴테·헤세·니체·토마스 만 등에 빠졌었고, 당시

학교 어학실 테이프에서 들리던 독일 말과 노래가 귀에 꽂혔다. 나중에 독일로 유학해 교육철학을 공부하리라 마음먹고는 없는 돈에 남산 괴테인스티투트Goethe-Institut 어학코스를 다니며 꿈을 키우기도 했었다.

그러나 상사맨을 거쳐 방송국으로 진로를 틀었고, 입사 때 상대적으로 쉬웠던 제2외국어시험 독일어에서 만점을 받은 이후로 좀처럼 쓸 기회가 없었는데 가끔 클래식 원판 뒷면의 독어 원어 해설을 훑어본다든지, 혹은 국제방송국 독일어반 원어민과 가벼운 대화 정도 하는 것으로 아쉬움을 달래곤 했었다.

그러다 꿈에 그리던 독일 출장이 실현되기에 이른 거다. 테마는 '통일 이후 독일의 사회상'. 나는 바빠졌다. 도서관에서 살다시피 하며 꼼꼼히 자료들을 챙기고, 신문·잡지 등을 뒤져 스크랩북을 만들었다. 대사관, 지인 등을 통해 인터뷰 사전 섭외를 서둘렀다. 그때만 해도 이메일이 없던 때라 모든 게 전화나 팩스로 이루어진 시절이다. 7~8시간의 시차는 큰 방해물이었다.

그러구러 준비를 마치고 1994년 9월, 나는 프랑크푸르트 공항에 다다른다. 일본도 미국도 못 가본 나의 첫 해외 출장이 그리던 독일 땅이라니, 감개가 무량했다. 더구나 역사 속 신성로마제국의 제관식이 열리던 곳으로, 괴테의 탄생지이며 차범근이 분데스리가를 누비던 아인트라흐트Eintracht(단결)팀의 프랜차이즈인 프랑크푸르트. 유럽을 누비던 비즈니스맨들은 친숙한 도시인지 모르겠으나, 내겐 신천지였다. 아직도 처음 묵었던 호텔과 그 거리 이름을 기억한다. 얀스트라세Jahnstraße에 위치한 바이세스 하우스Weisses Haus, '하얀 집' 호텔. 아래층 중국식당은 봉성루鳳城樓. 아직도 있나 모르겠다.

본격 취재 전날, 보행자 전용 다리인 아이제르너슈테크Eisernersteg에 올라 마인Main강을 바라보며 슈테들Städel미술관을 비롯한 박물관 투어를 했다. 뢰머Römer 광장으로 돌아와 프랑크푸르트 산 헤닝거Henninger 맥주를 마셨던 기억이 새롭다. 그러나, 이런 낭만의 시간은 잠깐. 다음 날 오전에 세계적인 유력지 프랑크푸르터 알게마이네 차이퉁(FAZ)의 정치부장과 통일 독일 4년 개관槪觀 인터뷰가 잡혀 있었다. 이름은 다니엘 데커스Daniel Deckers. 위키피디아를 찾아보니, 아직도 재직 중이며 자회사 시사전문지의 대표로 있는 걸 알게 됐다. 그의 똘망똘망했던 눈빛이 선연하다. 당일 오후 나는 당시 수도 본Bonn으로 올라간다. 프랑크푸르트에서의 하룻밤 추억이었으나 언젠가 꼭 다시 오리라 마음먹었고, 훗날 그 꿈은 다시 실현된다.

미션은 생각보다 혹독했던 것이 무엇보다 몸이 부대꼈다. 독일인 인터뷰이들에게 이방인으로서 예의를 갖추어야 하기에 정장 차림에 한쪽 어깨엔 만만치 않은 무게의 중형 녹음기, 다른 쪽은 끔찍이도 무겁던 배터리 여럿을 짊어지고 다녀야만 했으니까 말이다.

본Bonn에 도착했다. 베를린 이전 자유 독일의 수도. 본은 무엇보다 베토벤의 탄생지 아니던가. 또한 독일의 국부國父라 불리는 콘라트 아데나워(Konrad Adenauer, 1876~1967) 전 총리의 고향이다. 시내 곳곳의 벽에는 'Umzug ist Unfug!움추크 이스트 운푸크!' 뒤의 각운脚韻을 맞춘 슬로건이 적힌 스티커가 곳곳에 나붙어 있었다. '천도遷都', 즉 "수도 이전은 허튼소리"라는 뜻. 당시 본 시민들의 상실감과 허탈감을 상징하는 문구였다. 본 시청 공무원과 바로 이 문제를 알아봤고, 그녀의 도움으로 시민들 인터뷰를 땄다. 모니카 회리히Monika Hörig 공보과장. 커트 머리에 안경을 쓴 지적인 여성으로 기억한다.

그 외에 본에서 동독인의 재산은 어떤 절차를 밟게 되는지, 신탁관리청(Treuhandanstalt) 관리들을 만나고, 통일세 문제, 그리고 '오씨와 베씨' 문제를 짚었다. 베씨Wessi는 구 서독인을 일컫는 속어. 잘난 체하고 무례하다는 의미로 동독인이 쓰던 말이다. 반면 오씨Ossi는 게으르고 칠칠치 못한 당시 동독인을 폄훼하던 구 서독인의 멸칭이다. 이 두 그룹 간의 알력·다툼·오해를 살펴보고 이른바 내적 통합(Innere Einheit)의 가능성을 타진하는 게 핵심 주제. 남북통일을 염원하는 우리에게 무척이나 시사성 높은 아이템이었다.

본에서 4~5일 체류했었고, 중간에 휴일을 맞았던 것 같다. 원고를 정리하고, 녹음테이프에서 내용을 점검하고 일련번호를 매긴 것으로 기억한다. 그러고 나서 라인강을 하염없이 바라보고 박물관이 된 베토벤 생가를 둘러보며 우체국 옆 동상에서 경의를 표했다. 내친김에 본 외곽 엔데니히Endenich에 있는 슈만하우스도 찾아 묘지를 참배했다. 시내 한복판 본 대학 구내를 어슬렁거리다 아늑한 호프가르텐Hofgarten 잔디밭에 앉아 마음으로나마 회사에 감사를 표했다. 그리고 본을 떠나기 전 마지막으로 대성당에서 기도를 올렸다. 이 아름다운 도시에 다시 올 수 있으면 한다고, 그런데 몇 년 후 이 바람은 그대로 현실화된다.

베를린과 파리, 그리고 제작

본 중앙역에서 이체에ICE 열차를 타고 베를린에 다다랐다. 프로이센 제국의 황도皇都, 독일제국의 심장인 베를린 땅을 밟은 것이다. 94년만 하더라도 흔히 하우프트반호프Hauptbahnhof, 즉 중앙역으로 불리는 역이 아이러니컬하게도 수도 베를린에는 없었다. 동서 베를린이 갈려져 있었기에 그렇다. 그래서 그때까지만 해도 모두 초Zoo, 즉 동물원 역이 그 역할을 수행하고 있었다.

빌머스도르프Wilmersdorf 지역, 시내 복판 그곳에 교통이 편리한 숙소를 구한 덕을 톡톡히 봤다. 이동 거리가 짧아 취재가 쉬웠다. 당시에 물론 통역이 있었다. 나는 웬만한 생활 회화는 가능했지만 전문적이고 예민한 주제를 다룰 만큼의 실력은 못 됐던 터. 한국어로 질문하고, 그걸 통역이 받아 다시 인터뷰이를 상대하는 그 과정이 몹시도 겸연쩍고 부끄러웠다. 이 독일인이 나를 어떻게 보겠는가. 한국의 최대 방송사에서 나온 저널리스트가 독어나 영어를 제대로 구사하지 못해 이런 이중의 프로세스를 벌이는 장면에 불편을 느끼리라 여겼다. 그래서 다짐하길, 나는 독일어와 독일의 정치·경제·사회·문화 등 독일에 관한 모든 것에 정통한 아나운서·저널리스트가 되겠노라고. 적어도 회사 내에서 독일에 관한 것이라면 나한테 모두 자문하는 최고의 스페셜리스트로 자리매김하겠노라고 마음먹었다. 돌이켜 보면 그때의 꿈과 다짐에 어느 정도 부합했던 것으로 자부한다.

베를린에서도 일정대로 일이 착착 진행되었다. 시市의 도시건설국장을 만나 수도로서 어떤 준비를 하고 있는지 물었고, 경찰청 쪽 인사를 만나 통일 이후 나빠진 치안 문제를 짚었다. 극우주의자는 그때도 여전했다. 당시 미디어에서 한 독일 청년이 아프리카계 여성을 지하철에서 레일로 밀어뜨려 숨지게 한 뉴스도 나왔었다. 동독 출신 공무원의 재교육 문제, 서독 마르크화와 동독 마르크화의 화폐 등가 교환에 따른 혼란 등을 짚었다.

베를린은 또한 잊지 못할 추억을 내게 안겼다. 운 좋게도 취재를 마친 금요일 저녁 코미셰오퍼Komische Oper, 오페라코믹 극장에서 모차르트 오페라 '돈조반니'를 본 것이다. 참으로 기막힌 타임 스케줄. 여긴 구 동독 관할 구역이어서 사회주의 좌석 배열이라 가로줄로는 중간 통로가 없는 게 특징이다. 연주 수준은 역시 너무나도 높았다. 나는 특히 2막에 나오는 오타비오의 아리아 '일 미오 테소로Il Mio Tesoro나의 보석, 그대여'를 좋아하는데 지금도 테너의 목소리가 귓전에 쟁쟁하다. 공연 후 극장 문 앞에서 관람객들을 상대로 관악기를 불며 버스킹을 하던 가난한 대학생들의 순박한 모습, 그리고 그 수수한 동전통의 찰랑 소리도 함께 말이다.

독일의 라이벌 프랑스의 생각과 의견, 불안, 기대 등을 알아보기 위해 이번엔 파리로 떠나야 했다. 그런데 일주일간의 베를린 체류를 마치고, 역에서 노선표를 보니 벨기에 브뤼셀이 눈에 들어왔다. 그때 불현듯 보도국 신일信一 선배들이 손에 쥐여 준 쪽지가 떠오르는 게 아닌가. "동철이 형이라고 있어. 무역협회 브뤼셀 주재원인데 연락해 봐. 따뜻한 분이니까" 아무리 고교 선배라도 초면에 연락해 신세를 지는 건 유난한 일이라고 생각했다. 그러나 지친 심신을 빌미로 그 꼬깃꼬깃한 메모지를 지갑서 꺼내 공중전화 다이얼을 돌렸다. "대환영! 강 후배. 연락받았어. 우리 집에서 묵고 가. 영양 보충도 하고" 왈칵 눈물이 났다. 나는 옷은 신사복이었으되 거의 거지꼴이었다. 기름진 서양 음식에 질렸고, 프로그램 제작 스트레스는 극에 달한 데다가 녹음기에 배터리에 캐리어에 짐은 무겁고, 입술은 다 부르터 터져 있었다.

동철 형님 덕분에 브뤼셀을 넘어 벨기에의 명소란 명소는 다 가보았다. 그중에는 29금도 물론 있다. 형수님은 이틀 내내 거의 한식 잔칫상 식탁을 차려주셨다. 두고두고 못 잊을 환대다. 나는 브뤼셀에서의 그 주말 이틀이 아니었으면 파리 취재는 십중팔구 망쳤으리라 추측한다. 인생은 예기치 않은 때와 장소에서 귀인貴人이 꼭 나타난다. 정말이다.

브뤼셀에서의 예기치 않는 힐링 덕에 가뿐히 파리에 도착,

시내 르몽드Le Monde 신문사를 찾았다. 외신 기사로만 접하던 프랑스 저널리즘의 정수精髓. 그곳은 의외로 주택가에 소박하게 자리하고 있다. 독일 트라우마를 어떻게 극복하려고 미테랑 대통령은 통독에 찬성한 것인가? 헬무트 콜(Helmut Kohl, 1930~2017)에게 혹시 속은 건 아닌가? 미국·영국·러시아와 비교할 때, 프랑스 대對 독일 이해관계는 어떻게 다른가? 미래에 대한 전망은? 등을 물은 것 같다.

지금은 이름을 잊은 여성 편집국장은 미래의 독불관계를 긍정적으로 보고 있었다. 결국 그녀의 말대로 되었다. 굴지의 연구 기관인 프랑스 정치사회연구소 소장에게도 이리저리 질문을 쏟아냈다. "이제 본격 가동되는 유럽연합EU(1994년 1월 출범) 속에서 독일이라는 파트너가 있는 게 프랑스로서도 유리하다. 러시아·미국과의 힘의 균형 측면에서도 유럽이 뭉쳐야 한다는 대명제가 통독을 지지하는 계기로 작동한 것이다" 등의 인상적인 답변을 도출했다. 파리를 떠나며 샤요 궁Palais de Chaillot에서 야경으로 에펠탑 관람을 대신하고, 퐁네프 다리·노트르담 대성당·몽마르트르·오르세 미술관을 주마간산 격으로 보았다. 서울 향발 드골 공항의 밤하늘은 예뻤으며, 나는 놀랍게도 나를 알아본 남성 승무원의 호의를 받고 코냑을 연거푸 들이키고는 죽은 듯한 숙면 끝에 김포공항으로 돌아왔다. 18일 만이었다.

진짜 고생은 다시 시작되었다. 원고 쓰기, 녹음 스튜디오 잡기, 인터뷰이 역할별 목소리 출연자 구하기 등. 열흘 말미를 줬었던가, 방송 날짜가 다가오면서 입이 마르고 애가 탔다. 그럭저럭 가까스로 녹음, 편집을 마치고 첫 방송이 나갔다. 시그널이 울리면 조금 상기된 톤의 내 목소리가 나왔다. "세계를 달린다. 통독 4년, 통일독일을 가다" 클로징에는 "지금까지 취재·제작에 아나운서 강성곤이었습니다"가 또렷이 전파를 탔다. 그때처럼 뿌듯했던 순간이 별로 기억에 없다. 아침 8시와 저녁 8시, 하루 두 차례 프라임타임에 제1라디오로 방송되었다. 사내외 모두 뜨거운 반응은 불문가지. 나는 상찬賞讚의 한가운데에 있었으며, 적지 않은 신문들이 나를 인터뷰했다. 한국일보 김관명 기자는 '최초의 아나듀서(아나운서와 프로듀서 합성어) 탄생!'이라는 타이틀을 올려주었다. 아울러 사내에 '독일 전문-강성곤 아나운서'라는 각인효과를 주기에 이르렀고, 라디오PD들한테는 "아나운서한테 제작 퀄리티를 질 수는 없잖나?"라는 일종의 '메기 효과'를 불어넣었던 걸로 후일담에서 들었다. 요즘 말로 치면 시나브로 '선한 영향력'을 발휘한 셈이다.

모든 프로젝트가 완료된 어느 날, 이창호 실장은 내게 말했다. "수고했네. 사장한테도 칭찬받았어. 역시!" "실장님 덕분입니다" 우리는 서로 환대하고 감격해했다. 그런 이창호 실장이 3년 전 작고했다. 여기서 그를 추억하고자 한다. 아나운서 이창호는 누구인가?

아, 이창호 선배!

그는 명실공히 KBS의 대표 아나운서였다. 쾌남快男이란 말 들어보았는가? 풍운아風雲兒는 어떤가? 그를 상징하고 표현하는 낱말이리라. 할리우드의 옛 명배우 타이런 파워Tyrone Power와 가수 딘 마틴Dean Martin을 섞은 듯한 외모. 짙은 눈썹, 풍성한 머리숱, 괄괄하고 우렁찬 목소리, 천생 남자였다. 당신이 기억하는 최고의 미남 아나운서가 누구냐고 만약 내게 묻는다면, 난 주저 없이 이창호 선배를 꼽겠다. 그는 교양·예능·스포츠를 모두 섭렵한 거의 유일한 인물이다. 대표 프로그램은

'무엇이든 물어보세요'지만, 내가 높이 사는 진짜는 '행운의 스튜디오'다.

MBC '명랑운동회'에 자극받아 만든 프로그램. 기업 두 곳의 직원들이 출연해 게임·운동·퀴즈로 친목을 도모하고, 회사 소개도 하고, 걸물 직원들이 나와 장기자랑도 했다. 매주 일요일 오전 생방송이었다. 아나운서는 보통 일반인 대상 프로그램이 더 어려운데, 모르는 사람들을 어르고 달래고 같이 몸 쓰고 하는 건 최고 난도의 진행력進行力을 요한다. 몸에 밴 친화력과 카리스마 없이는 겉돌기가 십상이다. 그 어려운 걸 그는 아무렇지도 않게 그토록 오래 했다. 방송 욕심이 원체 많았다. 스포츠 중 탁구는 천영석 당시 탁구협회장을 해설로 두고 최고의 케미를 이끌어냈다. 탁구 레전드 이에리사와 정현숙도 바로 그와 인터뷰함으로써 빛이 났다.

80~90년대 당시 이창호·이계진·송지헌·원종배 선배 같은 이들은 숙직을 빼주었다. TV프로그램이 많은 아나운서들에 대한 일종의 배려였다. 숙직조는 한밤에 을씨년스러운 아나운서실을 지키며 많고 많은 라디오뉴스를 하던 시절. 당연히 숙직 면탈자들은 조 근무자들의 입에서 단골로 씹히기(?) 일쑤였다. 우리를 무마하는 스킬과 공력이 필요했을 터. 이 선배가 단연 강력했던 걸로 기억한다. 그 부리부리한 눈을 부라리며 호기롭게 사무실 문을 꽝 열어젖히고는, "자, 밥 먹으러 갑시다! 다 먹고 살자고 하는 짓 아냐?" 하며 호기롭게 행주산성 장어집 같은 델 데려갔다. 그때는 여의도 KBS본관 주변에 식당은커녕 건물도 몇 없었던 시절이라 회식을 하면 차를 타고 나가야만 했다. 그러나 끽해야 별관 주변이나 영등포, 신길동 정도. 그러나 이 선배는 달랐다. 그는 보통 교외로 나갔고 비싼 데를 안내했다. 그렇게 통이 컸다.

그는 불행히도 술을 너무 많이 마셨다. 꼭 3차까지 가야 직성이 풀렸다. '오늘 신나게 마시고 내일 멋지게 죽자' 딱, 그 콘셉트였다. 후배들을 아꼈으되 경우에 어긋나면 각오해야 했다. 어쭙잖게 주사 부리고 선배한테 대들면 뒤통수를 예사로 맞았다. 실장이 되고 나서도 당시 2인 1조로 바뀐 시스템의 숙직이었는데 자정 넘어 방으로 쳐들어왔다. 숙직조가 소주 몇 병씩은 냉장고에 쟁여놓아야 했던 이유다.

악명 또한 높았다. 10명 정도의 실원을 타 부서로 발령 내기도 했다. 조직의 슬림화가 필요하며 실력이 뒤지는 아나운서는 전사적으로도 다른 일을 하는 것이 낫다는 주장을 폈다. 그때 눈물을 쏟은 이가 적지 않다. 너무한다고 비난했고, 그 자의적이고 극단적인 결정에 분노했다. 그러나 후에는 조직 전체를 위해 내려진 힘든 용단으로 귀결됐다. 선례가 있으니 후임들의 어깨를 가볍게 한 면도 있었고. 나는 그때 용케 살아남았다.

참 호방豪放했던 이창호 선배. 총알을 맞아도 '뭐야 이거? 까짓것!' 할 것만 같던 사나이. 고질적인 당뇨·폐렴 합병증에 그는 스러지고야 말았다. 서울 풍납동 아산병원. 그의 웃는 얼굴 영정을 보고 나는 많이 흐느꼈다. 그럴 수밖에 없었다. 금방이라도 "야, 성곤아! 이리 와봐. 요 앞에 가서 딱 한 잔만 더 하자, 어때?" 이럴 것만 같았다. 아나운서 李昌浩, 향년 75.

나, 까칠한 노조꾼

　나는 이때쯤 아나운서실 노조 중앙위원이라는 직함을 얻게 된다. 90여 명 아나운서실 노조원의 대표가 된 것이다. 이미 그 전에 언론노조가 출범했는데 KBS노조가 태동하던 88년, 한 차례 파업 직전까지 간 상황에서 공교롭게도 아침 6시 TV뉴스를 맡게 되는 바람에 '검은 리본 달기 저항 운동 캠페인'의 첫 주자가 되었고, 사측의 회유에 굴복하지 않았다는 그 순박한(?) 이유만으로 제1회 모범 조합원 상패를 받은 터였다. 따라서 나의 노조 간부행은 어쩌면 자연스러운 수순.

　90년 방송민주화운동 영향으로 노조도 서서히 구색을 갖추어 나가고 있을 때였다. 그렇더라도 5~6년의 짧은 역사. 월 한 차례 열리는 중앙위원회와 지역국 지부장도 참석하는 집행위원회는 논의가 겉돌기 일쑤였고, 중구난방 자기주장만 하다 끝나는 경우가 태반이었다. "정권의 방송장악을 단호히 분쇄하며~" 이런 대목에서는 다들 혈기방장했지만 말이다. 나는 당시 활발히 논의되던 연합노조나 산별노조 같은 거대 담론엔 별 관심이 없었고 임금 등 단체협약에도 시큰둥했다. 공정한 인사를 위한 노조 차원에서의 견제, 그리고 무분별한 연예인 MC 기용 문제에 대한 노조의 역할에 주목하는 입장이었다.

　그때만 하더라도 본사에서 방송 사고를 내면, 다음 날 바로 지방발령을 받는 일이 심심치 않게 벌어졌다. 한마디로 실·국장 마음대로 인사권을 휘둘러도 이를 탓하거나 하는 분위기가 아니었다. 아나운서실에서도 그런 일이 있었다. 숙직 근무자가 아침 7시 FM방송을 펑크 낸 후배의 대타를 해야 했는데 사달이 난 것이다. 곧 오기로 한 아나운서는 도착하지 않고 피디는 일단 오프닝 시그널 테이프를 걸었다. 그런데 대타인 그가 뛰지 않고 터덜터덜 걸어서 스튜디오로 오는 게 아닌가. 피디는 육두문자를 썼고, 그는 자기한테 욕을 했다고 도로 뒤돌아갔다. 그때 막 TV MC를 꿰차고 물오르던 후배라 거만해진 탓. 진노한 당시 K실장은 즉시 강원도 오지로 발령을 냈다.

물론 이런 건은 아주 예외적인 경우지만, 인사권을 남용하는 실·국장들을 대상으로 인사의 명분과 타당성을 따지고 억울한 사항은 없는지 살피는 역할, 그리고 소정의 절차와 소명 기회를 제도적으로 마련한 것은 노동조합의 존재 이유로 맨 앞줄에 놓일 만한 것으로 여긴다.

MC 선정의 불투명성과 무분별한 연예인 및 정체불명 전문가 기용은 좀 더 복잡하고 미묘한 성격의 문제다. 이건 설명이 필요하다. 크게 보면, PD들의 제작자율권과 충돌하기 때문이다. "수신료를 재원으로 하는 공영방송으로서 국민의 돈을 아끼며 양질의 프로그램을 생산하는 게 KBS 구성원의 신성한 책무다. 우리가 어떻게 상업방송과 똑같은 사람들을 무분별하게 쓰는 게 가능하단 말인가. 이러면 직무 유기 아닌가" 이런 게 아나운서·기자·경영 직군 쪽의 대략적인 생각이다.

반면 제작 쪽은 "프로그램의 생명은 경쟁력이다. 경쟁력의 지표는 시청률이다. 아무리 공영방송이라도 시청자가 보지 않는 프로그램이라면 무의미한 것이다. 프로그램이 빛나려면 PD들의 창의성과 자유로운 제작 환경이 담보되어야 한다. 교양·예능 프로그램에서 좋은 진행자의 확보는 빼놓을 수 없는 부분이며 프로그램 캐릭터를 살리기 위해서는 필수 불가결한 것이다. 이걸 외부에서 특정 조건을 담보하고 수행하라 요구하는 건 제작권에 대한 부당한 간섭이요 침해다. 크게 보면 언론자유 침해다. 우리에게 입맛에 맞는 프로그램만 제작하라는 권력·정권의 태도와 뭐가 다른가" 이런 입장인 셈이다.

사실 방송국은 묘한 조직이다. 일반 기업은 크게 관리와 영업 부문으로 나누어지지 않던가. 여기에 대개 연구개발이 추가되는 형식이다. 그리고 매출과 영업이익의 극대화, 사회적 이미지 제고 등을 목표로 한마음이 되어 일한다. 신분과 직업은 회사원이다. 그러나 방송국은 직종이 우선 다양하다. PD·기자·아나운서에 경영·엔지니어·카메라가 있고, 그 밖에 컴퓨터·조명·그래픽 등 매우 세분화되어 있다. 이 다종다양한 직렬들의 협업으로 굴러간다. 더구나 KBS는 공영방송이라 '시청자가 주인'이라는 매우 추상적이고 불투명한 CEO를 의식하는 시스템으로, 그래서 회사 이름도 Korean Broadcasting System이다. MBC처럼 Corporation이 아니다. 내 기억에 90년대까지만 하더라도 흑자를 내려 아등바등하지도 않았다. 정권의 압력과 간섭만이 화두였지 자본의 무서움은 생각지도 못하던 시대다.

싸움은 그래서 항상 내부에서 일어났다. 직종 간의 이해가 첨예하고 자주 충돌한다. PD는, '모름지기 방송사는 신문사와는 다른 존재며 돈은 우리가 벌어온다' 이런 주인의식이 강하다. 기자는 언론사의 본령은 보도요 따라서 스스로 으뜸이라 여기는 프라이드가 역시 있다. 이 두 강자 사이에 아나운서가 끼여 있다. KBS가 가장 강성할 때 5천 명 전 사원 기준으로 피디가 천 명, 기자가 촬영기자까지 합쳐 6백 명, 아나운서가 지역까지 통틀어 2백 명 정도였다.

아나운서 노조 중앙위원은 거대 담론 때나 사내 문제일 경우나 중립적 캐스팅보트를 쥘 때가 많았다. 집행부나 피디, 기자들이 명분을 잡을라치면 지역대표나 엔지니어 쪽은 실리를 찾다가 주로 아나운서나 경영에 협조를 구하고, 그 역도 성립했다. 외부MC 문제는 항상 피디들과의 대결이었다. 기자는 사안에 따라 아나운서를 거들었고, 지역은 대체로 우리에게 우호적이었다. 언제나 내 편은 경영 쪽, 아무래도 예산을 아끼고, 내부 인력을 활용하자는 대의에 찬동했을 터, 내 기억엔 엔지니어들도 나를 거의 도왔다. 그래서 그런가, 나는 지금껏 경영·엔지니어 사우와의 교유가 활발한 편이다.

언제부턴가 사측 노무 파트에서 우리를 항시 주시하는 걸 눈치챘다. 단단한 보안 상태에서 작성된 회의록이 며칠 안 가 유출되는 일이 잦아졌다. 사측 프락치가 활개를 친다는 방증 아니던가. 서로를 의심하는 분위기가 눈에 띄게 늘었다. 연장선에서 나도 두 가지 해프닝이 기억난다.

하나는, 사원증도 안 달고 외부인인 듯한 사람을 자꾸 엘리베이터에서 마주치는 거다. 거기다 어떤 때는 슬쩍 미소도 짓는다. 누굴까? 어느 날, 복도에서 정면으로 그와 맞닥뜨렸다. "우리 서로 알던 사이인가요?" 그는 나의 중학 동창이었으며 놀라운 사실을 접하게 된다. 안기부의 KBS 담당 파견 요원. 직급은 기억이 안 난다. 그와 커피숍에서 대화 중 나는 이런 이야기를 듣게 된다. "내가 A본부장 잘 알아. 너 원하는 프로그램이 있다면, 도와줄 수도 있어". 나는 마음 써주어서 고맙다고 하고 아무개 본부장, 그에 대해 외려 안 좋은 감정을 품게 되었다. 물론 동창인 그가 다른 이와도 교류하고 비슷한 얘기를 했는지는 모르겠다. 하여튼 그런 시절이었다.

다른 하나는, 90년대 후반 실물 경제가 좋았던 덕에 시청료의 통합공과금화에 성공한 사측이 부사장직을 신설하기에 이르렸다. 한데 노보에 난데없이 A본부장을 칭송하는 듯한 뉘앙스의 글이 실렸다. 나는 회의 발언에서 노보 편집국장에게 경위를 캐물었다. 그는 내가 행간을 잘못 이해했다는 식으로 눙치려 했고 격분한 나는 속에 있는 발언을 토해내기에 이른다. "사장도 PD, 노조위원장도 PD, 노보 편집국장도 PD, 이런 와중에 부사장도 PD가 맡는다는 건 어불성설이다. 대통령도 친인척 관리를 하는데 이게 무언가. 그리고 지금 공영방송 아나운서의 문해력을 문제 삼겠다는 거냐?" 파장은 의외로 컸다.

가장 희한했던 건, 당시 PD 쪽 K국장이 차 한잔하자고 부른 것이다. 그러곤 의외의 말을 꺼냈다. 그는 나보다 10년 선배. "강 위원에게서 큰 감명을 받았소이다. 누구와 연대하고 있소?" 그는 과거부터 A와 사이가 안 좋아, 상대가 부사장에 오르면 입지가 곤란해지려던 참. 그런 상황에서 엉뚱하게도 이상한(?) 아나운서 하나가 통렬한 펀치를 날리는 바람에 자신을 도운 셈이 된 것이다. 내 발언은 일파만파로 번져 사내 합리적·상식적 다수 구성원의 지지를 얻게 되었고, 결국 부사장엔 평판 좋은 기자 출신 C본부장이 발탁되기 이른다.

그러나 대가는 컸다. 모난 돌이 정 맞는다고 하지 않던가. 이 사건으로 나는 PD 사회로부터 점점 기피 인물로 찍히게 된다. 실세 본부장을 본의 아니게 건드린 꼴이 되었고, 이는 조직의 이익을 침해한 결과로 이해되기에 충분했다. 그가 PD 제작 파트의 정점에 있는 이상 내가 TV프로그램을 다시 진행하는 일은 난망하게 된 것이다. 그리고 그건 그가 민방으로 옮길 때까지 오래도록 변하지 않았다.

한국어 연구에 발을 담다

아나운서실에 변화가 왔다. 가장 크게 달라진 건 한국어연구부로, 그 주역 K부장의 낙마였다. 우선 배경지식이 필요하다. 한국어연구부는 말하자면 KBS의 자랑거리이자 아나운서실의 대외 창구 역할을 톡톡히 하고 있었다. 원래는 1986년 아나운서실 내의 국문학·국어교육 전공 아나운서들이 주축이 된 공부 모임이었으나, 전 아나운서실 구성원이 회원이 되는 방식으로 확대됐다. 곧 KBS아나운서실 소속 아나운서는 당연직으로 KBS한국어연구회 회원이 되는 구조로 바뀌었다. 그 정신은 공영방송 아나운서들이 우리 말글을 갈고 다듬는 노력을 게을리하지 말아야 한다는 다짐으로, 이를 위해 표준어규정 및 한글맞춤법, 외래어 표기와 발음 등 이론적 지식을 무장하자는 차원이었다.

마침내 부部 단위의 독립적 부서가 되었고, K선배가 빼어난 전문성을 인정받아 차장에 이어 부장으로 고속 승진을 거듭하기에 이른다. 그러나 실원들은 거의 모두 한국어연구부에 배치되는 걸 꺼렸다. 그의 아래에 들어간다는 건 고생문을 스스로 열고 들어가는 것과 마찬가지였으니 말이다.

무엇보다 아나운서로서는 껄끄러운 행정 업무, 문서 작업을 수시로 해야만 했다. 매년 두 차례 한국어연구논문집을 발간해야 하기에 시의성 있게 적절한 주제를 잡아야 하고, 관련 교수와 학자들을 섭외, 원고를 받아야 한다. 국어순화자료집도 해마다 내야 하기에 심의 모니터 등을 취합하고 관련성을 따져 일별해 놓아야 한다. 또한 1년에 한 번씩 최고 권위의 한국어자문위원회를 개최했다. 국어학계의 원로와 저명한 교수들, 그리고 국립국어원장이 당연직 위원으로 참석하는 회의로 한두 달 전부터 이것저것 준비할 게 많았다. 이 회의에는 사장도 함께하는 게 상례였기에 더더욱 그러했다.

K부장은 한국어연구부의 총아였으나, 공功을 독식한다는 비판에 직면했다. 한 가지 일을 오래하면 그리될 수 있다. 평가는 갈린다. 나는 그에게서 일을 배웠던 터라 당혹스러웠다. 사실 나는 과거 독립기구였던 언어순화위원회 멤버였다는 원치 않는 경력 때문에 발목을 잡혀 진즉 한국어연구부에서 일하고 있었다. 노조 일이 겹쳐 방송은 거의 못 할 정도. 엎친 데 겹친 격으로 FM클래식방송도 그즈음 손을 놓았고, 라디오뉴스나 간간이 하는 신세였다. 그러다 K가 낙마하고 새 부장으로 P선배가 왔다. 진압군이 물러가고 반란군이 득세했다고나 할까? 복싱 전문 캐스터로 잔뼈가 굵은 그는 한국어연구 쪽은 문외한이나 다름없었다. 관심사는 오직 복싱, 그리고 스포츠 관계자와의 공사다망한 점심 약속이었던 것으로 기억한다. 그러나 대신 그는 따뜻했다.

독일 최고의 바이올린은 햇볕과 양분이 풍부한 저지대가 아니라, 수목樹木 한계선 바로 아래 척박한 땅에서 자란 가문비나무로 만들어진다. 우리 한국어연구부가 마주한 현실이 그랬다. 수장이 경험이 없으니 아랫사람이 나서야 했다. 나와 후배 P, 그리고 J는 C차장과 함께 말 그대로 열심히 일했다. 월 1회 한국어 포스터 만들기 등 루틴한 업무와 더불어 당시 아나운서가 제작에 관여하는 유일한 TV프로그램 '바른 말 고운 말'의 검수와 진행서부터 각종 국어 관련 토론회·세미나·포럼 등에 활발히 참여하고, 학회 투고 및 국어 전문지에 글을 실을 수준의 전문성을 키워나갔다.

특히 표준발음 분야는 국립국어원 연구자들도 우리의 경험과 노하우를 인정하는 분야로 여러 기관과 단체들의 강의나 교육 주문이 쇄도했다. 한국어연구회는 이때부터 사외에서 더 인정받는 기틀을 마련하기에 이른다. "KBS에는 아나운서실 내에 한국어연구회가 있고, 전문적인 방송언어를 다루는 인력들이 갖추어져 있다" 이런 인식이 퍼진 것이다. 한국연구회는 MBC의 '우리말연구회' 발족을 도와 그 태동에도 기여했으며, 후에 '한국어능력시험'을 주관하는 동시에 'KBS한국어진흥원'의 모태가 된다.

파업, MBC, 손석희

1997년 김영삼 정부 시절, 노동법 파동이 있었다. 그 영향은 KBS와 MBC에도 영향을 미쳐 결국 파업에 이르게 된다. 나는 아나운서실 노조를 이끄는 중앙위원이었기에 대의원 셋과 함께 선봉에 서야 하는 운명. 우리는 매일 조합원들과 함께 본관 지하 아나운서실 교육장에 모여 행동 계획을 세우고 본부의 지침과 활동 범위를 조율했다. 파업 때가 되면 아나운서실은 갑자기 회사에서 스포트라이트를 받는 조직이 된다. 다른 직종은 누가 파업에 참여했고, 누가 동조하지 않는지 잘 파악하기 어려우나 우리는 만천하에 노출된다. 방송에 안 나오면 자동으로 파업 참가자가 되고, 방송을 여전히 계속하면 파업 불참자가 되기 때문이다.

시민 대상 파업 당위성 홍보가 노조의 미디어 활용 제1전략이므로 전단 배포부터 시작된다. 이건 으레 노조 간부들과 가장 인지도 높은 아나운서가 나선다. 노조 본부는 행동지침만 전달하고 누구를 섭외해 거리로 나서느냐는 내 몫이었다. 여기서 중앙위원의 카리스마와 리더십이 관건이 된다. 강온 전략을 잘 활용해야 함은 물론 조합원 개개인의 성향을 고려해 시간과 참여

강도 등을 적절히 배분해야 했다. 우리는 이 와중에 큰 상처를 입는다. 엊그제까지만 해도 우리 구성원들이 주인인 프로그램들을 연예인이나 프리랜서들이 아무렇지도 않게 버젓이 진행하는 모습을 목격하게 되는 것이다.

회사 고위층의 활약(?)도 가동된다. 보도 쪽의 간부들은 시한을 정해주면서, 파업이 끝나더라도 뉴스 복귀는 불가할 것이라고 각개로 압력을 넣는다. PD 쪽도 국·부장들이 적극 나서 절대 명예로운 컴백은 없을 것이라고 단언한다며 아나운서들을 옥죈다. 나는 노조 집행부에게 이런 작태를 막아달라고 수시로 주의를 환기시키고 혹여라도 그런 일이 벌어지면, 아나운서들의 파업 참여는 끝일 것이라는 겁박을 해야 하는 부담을 안았다. 또한 심적으로 흔들리는 해당 아나운서들과는 개인적으로 접촉해 안심시키는 역할을 떠안아야만 했다.

그저 조용히 앉아 음악이나 듣고 한국어·방송언어 연구나 하던 소심한 내게 사뭇 어울리지 않는 일. 어쨌든 줄곧 내가 견지한 것은 노조를 위한 아나운서가 아닌, 아나운서를 위한 노조였다는 사실이다. 사측의 부당한 압력에 맞서 노동자의 소중한 권리를 담보하는 게 노동조합의 숭고한 정신이지만, 그게 아나운서의 정체성正體性과 충돌하거나 소수 직종으로서 아나운서의 희생과 불이익을 요구하는 장면이면 나는 집행부에 초지일관 반기를 들었다.

어찌 보면 이때가 내겐 리더십 비슷한 걸 체험하고, 그 필요성을 실감하게 된 계기가 되기도 했던 것 같다. 또한 노사관계의 길항拮抗과 관계성, 회사 내 주요 간부들의 고민과 애환, 그리고 타 직종의 많은 동지들을 두루 알게 되었다. 파업이라는 홍역을 치르고 나면 사람이 부쩍 성장한다. 이때 또한 잊지 못할 추억은 MBC아나운서들과의 우정과 연대다. 파업이 한창이던 무렵, 우리는 당시 KBS별관 뒤 '베세토'라는 클럽 겸 카페에 모여 서로를 위로하며 세를 과시했다. 내 기억으로는 두 방송사에서 80여 명이 모였던 전무후무한 모임이었다. 당시 MBC 노조 아나운서 대표가 바로 '열혈용사' 손석희 씨다. 우리는 당시 삐삐로 매일 소통하던 사이였다.

파업은 상흔을 남긴다. 말끔히 이전과 같이 회복되는 파업이란 내가 알기론 없다. 6년 후배 하나가 끝이 안 보이고 길어지는 그 기간, 평소 흔들리던 결심을 실행에 옮긴 게 그 예다. 그때 한창 잘나가던 그는 파업 기간 중 CF를 찍었고, 파업이 끝나자마자 사표를 썼다. 회사에서 만류했으나 옥신각신하는 승강이를 원천 차단한 아주 영리한 결정이었다. 공영방송 직원은 상업광고를 할 수 없으니까 말이다. 아주 씁쓸한 기억으로 남아 있다. 더 고약한 것은 이 같은 방식이 프리를 염두에 둔 다른 아나운서들에게 후에 일종의 매뉴얼 역할을 하는 전례前例로 자리 잡게 된 것이었다.

공부는 필요하다

파업이 끝나자, 여러모로 지치고 상심하고 허탈해진 나는 대학원에 등록하는 선택을 하게 된다. 특정 요일에 검은 서류 가방을 들고 황급히 퇴근하는 C선배를 눈여겨보다 말을 건넸더니 언론대학원을 다닌다는 것이었다. 그는 나에게도 공부를 권유했다. 사실 아나운서는 프로그램의 최종전달자라는 자부심은 있으나, 방송환경이나 미디어 업계를 조망하는 시야 같은 것은 타 직종에 비해 부족한 게 사실이다. 그저 인기 좋은 프로그램, 대중들에게 소구력이 큰 프로그램에만 매달리게 되고, 회사나 전체 미디어 업계에 대한 현안 파악에 어둡다. 미디어 시장에서 아나운서 출신 셀럽이나 구루들을 보기 힘든 이유이기도 하다. 나는 모교 언론대학원에 입학하기로 마음먹는다.

그즈음 주위에서 다들 내 경력 정도면 특별전형으로 합격할 것이라고 덕담을 건넸다. 90년대 후반만 하더라도 신촌의 Y대와 S대, 그리고 모교 K대 외에는 언론대학원이 개설된 데가 거의 없었다. 그러나 웬걸 면접장에서 만난 거물급 선배들을 보고 어두운 예감이 들더니 탈락했다. 상심하고 포기해야겠다고 맘먹은 내게 용기를 준 이가 있었으니 숙명여대 P교수였다. 그와는 전에 숙대에서 방송언어·아나운싱 특강을 할 때 인연이 있었다. 대학 1년 후배로 여러모로 타인에 대한 배려가 몸에 밴 친절한 사람. 소식을 듣고는 필기시험을 치라며 독려했다. 영어와 미디어개론을 일주일 안에 어떻게 공부하느냐는 내 하소연에, 영어는 평소 실력으로 보고 후자는 소위 '족보'라는 걸 자신이 어떻게든 구해보겠노라고 했다. 나는 그걸 달달 외워 간신히 합격할 수 있었.

문제는 또 있었다. 비싼 학비. 그때는 왜 그렇게 돈이 없었는지 경제적으로 쪼들렸다. 나는 초등학교 동창으로 주유소 둘을 경영하던 친구에게 등록금 뭉칫돈을 빌리고 무이자 할부로 매달 갚아나가는 방법을 썼다. 그도 참 고마운 친구다. 대학원 교수진은 지금 생각해도 막강 멤버. 몇몇 분을 제외하곤 수업이 그다지 힘들지 않았다. 돌아가면서 주제를 하나씩 발표하는 세미나식 수업이 특히 신선했고 유익했고 재미있었다. 낯선 이들과의 교유, 무엇보다 미디어 분야 교수님들과의 네트워크가 흥미롭고 왠지 모르게 힘이 되었다.

아나운서라는 직종은 이상하게 밖에서 더 대접을 받는다. 목소리, 외모 등에서 왜 그이가 아나운서일 수밖에 없는지 끊임

없이 상상력을 자극하나 보다. 대학원 구성원들은 나를 인정하고 대우해 주었다. 좁은 아나운서 세계에서 벗어나 새로운 인적 연대를 맛볼 수 있는 소중한 기회였음에 틀림없다.

이 기회에 자기 계발 대목을 언급하고 싶다. 언론사나 방송사 종사자들은 세간의 인식과 달리 의외로 시야가 좁다. 이유는 자기가 하는 일에 대한 자부심이 상대적으로 크다고 여기기 때문 아닐까 싶다. 이게 역설이다. 대학원이나 그 밖의 공부를 한다는 일을 시간 낭비나 혹은 일을 하기 싫어 한눈을 파는 일 쯤으로 치부하기도 한다. 그러나 멀리 봐야 한다. 연차가 높아질수록 외부 강의·세미나·포럼·칼럼·교육 등의 기회나 요구가 늘어난다. 자의든 타의든 말이다.

이럴 때 꼭 필요한 건 자신의 프로필·커리어·이력서다. 그 공란 안에 최소한 석사 학위 정도는 있어야 경력 관리를 게을리하지 않았음을 증명하는 경우가 자주 발생하는 것이다. 달랑 학사 학위 하나로 학력 란 양식을 채우는 것은 중견사원이 될수록 초라하고 부실한 자기 계발 이력으로 다가오며, 그때 인식하면 이미 시기적으로 늦다. 저술 지원 등의 응모를 한다든지, 어느 기관에 공적서 등을 제출할 때도 석사 학위는 그 사람의 지식과 노력의 최소 바로미터로 여겨진다. MCN(Multi Channel Network)이 활성화된 세상, 1인 미디어가 각광받는 요즘 시대의 가치로 봤을 때는 더더욱 그러하다.

스치듯 바라본 선배의 책가방에서 언론대학원 진학을 결정한 90년대 말 나의 선택은 아주 잘한 결정으로 자부하고 싶다. 꼭 언론대학원이 아니라도 좋다. 국제대학원도 좋고 경영대학원도 근사할 것 같다. 기술·엔지니어링·코칭·그래픽 등 자신의 직종 관련 분야 어느 것이든 40대 안에 석사 학위 하나 정도는 확보하는 게 장기적 포석으로 바람직하다는 생각이다. 그리고 공부가 적성에 맞으면 박사까지도 노려볼 수 있을 것이다. 회사에 적을 둔 채, 박사를 딴 이들이 제일 부러운 건 비단 나뿐만이 아니리라.

독일 본Bonn으로 가다

 98년 3월, 나는 새로운 계기를 맞는다. 독일 본Bonn으로 연수를 떠나게 된 것이다. 4년 전 '세계를 달린다' 통독특집 제작이 결정적 유효타요 선순환이었다. 내겐 1983년 괴테인스투트 Goethe-Institut, 즉 남산 독일문화원 어학코스 중급 증빙이 있었고, 이걸로 될까 반신반의했으나 그나마 어학증명을 낸 사람이 독일 쪽은 아예 없어 어렵지 않게 관문을 통과했다.
 연수자는 자기가 연구할 주제에 대한 기획안을 내야 하고, 학교나 기관과 미리 컨택트해 입학과 이수를 확정 짓고, 학업계획표를 작성해 제출해야 한다. 또한 중간 보고서를 최종안 수준처럼 내야 하는 까다로운 조건이 붙어 있었다. 그만큼 어려웠다. 아나운서 중에는 당시 언론재단을 통해 해외연수를 다녀온 C선배가 있었으나 사내 전형을 거친 이는 내가 최초였다. 내 연구주제 제목은 '독일 통일 후 나타난 동·서독 언어 이질화 연구를 통한 남북한 언어 통합 문제 고찰'. 한국어연구 활동이 결정적 방점을 찍어주었음은 물론이다.
 라이프치히와 드레스덴을 중심으로 하는 독일 동부지역은 대표적인 독일 지성의 산실. 특히 옛 작센공국Sachsen公國은 그 중심이었다. 그러나 2차 대전 종전으로 공산정권이 수립된 후 급격한 문화적 쇠퇴를 겪는다. 독일은 본디 민족적·정서적으로 볼 때 남북의 차이가 동서보다 심하다. 한자Hansa동맹 도시 함부르크와 브레멘의 북부와 뮌헨을 필두로 하는 남동쪽 바이에른 일대, 그리고 슈투트가르트 중심의 슈바벤Schwaben은 서로 앙숙지간이다. 그래서 혹자는 독일이 동서로 갈렸기 망정이지 남북으로 분단되었다면 통일은 요원했을 것이라는 주장을 펴기도 한다.

어쨌든 나는 우리 남북언어의 이질성과 서독·동독이 분단 시절 겪게 된 변화 추이를 연구하러 4년 전 다시 오마 다짐했던 본Bonn으로 갔다. 베토벤하우스를 다시 만났고, 대성당 뾰족탑을 마주했고, 99첸트(Ce)짜리 커피를 마시며 벤치에 앉아 다시금 라인강을 바라볼 수 있게 되었다. 논문 미션은 책자나 자료 등을 번역하고, 국내 저작물을 참고하고, 내 지식·상상력·통찰을 보태야 하는 수순이었다. 그러나 강의를 독일어 원어로 듣는다는 막연한 두려움이 밀려오던 차, 놀랍게도 서울 떠나기 전 은인을 만난다. 독일 내의 한국어·한국학 권위자 알브레히트 후베Albrecht Huwe 박사를 알게 된 것.

이메일 활성화 전이라 국제전화나 팩스로 연락을 해야 했던 시절. 시차도 8시간이나 차이가 나 서울서 독일 대학 당국의 실무자와는 통화하기가 만만치 않았다. 팩스로 간신히 일의 진척이 있었는데 고대하는 입학허가서는 요원하기만 했다. 심지어 그냥 포기하고 다니던 대학원이나 다닐까 생각도 할 정도. 그러다 '한글맞춤형타자기 연구하는 푸른 눈의 외국인'이라는 기사를 석간신문에서 본 것이다.

지금은 없어진 남대문 도큐호텔서 후베 교수를 만나 저간의 사정 이야기를 했다. 그가 독일로 귀국하자 입학허가 등 절차가 일사천리로 진행되었으며, 나는 마침내 본 대학 동양어학부 한국어학과 학생이 되었다. 독일 문학 작품은 한국어로, 한국 문학 작품은 독일어로 번역하는 수업을 들었고, 놀랍게도 한글 자모의 이해에 대한 새로운 접근 방법을 접했다. 머나먼 독일서 말이다. 또한 나는 한국어발음법 특강을 하게 되는 학생 겸 선생으로 변신하는 호사를 누린다.

본Bonn 대학은 본래 이름이 '라이니셰 프리드리히-빌헬름스-우니베르지테트 본Rheinische Friedrich-Wilhelms-Universität Bonn'이다. 풀면, '라인강의 프리드리히 빌헬름 대학'. 독일 대학들은 자기네 도시와 인연이 깊은 역사적 인물들을 대학 이름에 넣는 전통이 있다. 가령 프랑크푸르트 대학은 괴테대학, 마인츠대학은 구텐베르크 대학, 베를린의 제1대학은 훔볼트 대학이다. 본 대학은 1818년 프로이센 왕국의 프리드리히 빌헬름 3세가 창설한 데다 라인강에 연한 대학들은 라인Rhein을 꼭 앞에 넣기에 이름이 이토록 길다. 시내 중심에 위치하며 횡으로 기다란 황갈색 옛 궁전, 호프가르텐Hofgarten을 대학본부로 쓰고 있고 그 앞에 커다란 잔디밭이 있다. 여기가 본 시민들의 대표 휴식처다.

굵직한 독일 정치인들을 많이 배출했고, 의과대학과 법과대학이 특히 유명하며 국내에도 이 대학 출신 교수들이 적지 않다. 한국어과는 별도의 허름한 건물에 세 들어 있다. 아데나워 알레Adenauerallee 다리 바로 옆 흑회색 집 2층. 안으로 들어서면 나무판자에 '세종학당'이라고 새겨 넣은 작은 간판이 보인다. 그 안에 낡은 초·중·고등학교 국어 교재·그림책·동화책·한국문학선 시리즈들이 꽂혀 있다. 학생들은 독일인, 교포 3세 자녀, 제3국인 등 다양했다.

나는 이펜도르프알레Ippendorfallee라는 도시 북쪽의 교환교수를 위한 게스트하우스에 살았다. 농과대학 부설 숲과 맞닿아 있어 전원주택 분위기가 났고, 양과 말을 기르는 초원도 5분 거리에 있었다. 가끔씩 여우들이 출몰해 '여우 주의Warnung!

Fuchs'라는 팻말이 비현실적으로 느껴질 정도로 공기가 맑은 동네로 버스를 타고 학교에 다녔다. 기숙사에 같이 있던 오스트리아인 라데마허 교수와 동경대 연구원인 일본인 하이다와 친하게 지냈는데 분데스리가 빅게임이나 A매치 축구 경기가 있는 날이면 TV가 있는 휴게실에서 함께 맥주를 마시곤 했다.

본에서 자유를 만끽하다

본에서 혼자 지내던 나는 물론 외로웠고 생활이 불편했지만 자유라는 공기를 쐬어 좋았다. 동경하던 독일문화를 삶 속에서 속속들이 누렸다. 인상적인 여행을 몇몇 소개한다. 그 하나는 독일 북쪽 국경을 거쳐 덴마크 코펜하겐과 스웨덴 말뫼를 갔던 것. 유명한 아우토반Autobahn을 벤츠 렌터카에 몸을 실은 채 시속 200km로 달려봤다. 오레순트 교橋라는 무시무시한 현수교가 있는데 거대한 북해와 발트해를 연결한다. 교각 한가운데쯤 자동차가 당도하면 대양의 물보라가 내리쳐 와이퍼를 최고속도로 놔야 하고, 갑자기 물안개가 자욱해지면서 시야를 가려 머리털이 쭈뼛 서고 다리가 후들거린다. 실로 아찔한 경험이었다.

다른 하나는 여름방학을 이용해 거창한 플랜을 짰었다. 로마에서 베로나와 베네치아, 이어 이탈리아 반도가 부츠 모양이라면 그 굽에 해당하는 남동쪽 땅끝 브린디시Brindisi까지 열차여행을 하는 것. 그리고 동경하던 그리스 아테네까지 유람선을 타고 가는 낭만! '유레일패스 하나면 이 모든 게 가능해요'라고 유로철도는 날 유혹했다. 이름 하여 '바다도 건너는 유레일패스' 그러나 이게 이탈리아에서 그리스까지 가는 가장 비루하고 비참한 방법일 줄이야.

출발은 창대했다. "크루즈를 타는 거야. 아테네여 기다려라" 배에 올라 푸른 아드리아해를 바라보며 선원에게 물었다. "바람이 거센데 밤이 되면 어디에 있어야 하나요?" "당신 티켓은 방이 따로 없고 그냥 갑판 위에 있는 거네요". 그제야 플라스틱 의자를 포스트에 끈으로 묶고 잠을 청하는 청년들이 눈에 들어왔다. 그렇게 차가운 바닷바람을 맞으며 뜬눈으로 배 위에서 밤을 새워야 했다.

날이 밝으면 코르푸Corfu 항구에 닿는다. 그리스 땅, 서양문명의 자궁! 그러나 이 기쁨도 역시 오래가지 않는다. 다시 배를 타야만 한다. 그리스 안쪽 항구인 피레우스Pireus까지 이제껏 온 만큼 다시 가는 길, 걸인 차림의 내가 보였다. 마침내 수도 아테네로 가는 열차. 꼭 예전 우리의 완행 비둘기호다. 아저씨들은 빠진 치아에 아랑곳하지 않고 연신 담배를 피워대고, 아낙들은 포대기에 아기를, 바구니에 잡동사니를 부둥켜안고 지친 모습, 그리고 건강한 닭들이 온 힘을 다해 줄기차게 울어댔다. 차창 밖 에게해는 무심하게 시리도록 아름답고.

우리 돈으로 만 원짜리 4인실 여관에 남미 콜롬비아 출신 모녀와 함께 잠을 잤다. 아무리 여름이라도 그렇지 얇은 속옷 차림. 고향이 알바니아인 청년이 아무렇지도 않다는 듯 심드렁해하니 나도 자연스럽게 그런 스탠스를 갖추는 게 어렵지 않았다. 그래도 볼 건 봐야 하지 않겠는가. 그리스 시내를 말이다. 리카비토스 언덕, 파르테논 신전, 신타그마 광장, 고대 그리스 박물관, 그중 가장 인상적이었던 건 수니온 곳, 거대한 절벽이다. 의도치 않게 시간을 잘 맞춰 빛나는 노을과 도도한 바다를 마주했고, 오는 길 버스 뒤 유리창으로 붉게 저무는 거대한 태양을 대면한 경험, 그건 정말 아직도 잊히질 않는다. 돌아갈 바닷길이 두렵고 끔찍해 편도로 독일 슈투트가르트행 비행기를 지금을 투여한 끝에 간신히 부킹에 성공했다. 마침내 본으로 향하는 열차 안에서 바라본 라인강은 눈물겹도록 고마웠다. 그리스는 반드시 항공편으로 갈 모두에게 당부한다.

나머지는 본에서 가까운 곳들로 소풍 간 기억이다. 우선 쾰른Köln은 열차로 30분만 북으로 가면 나온다. 인구 100만이 조금 넘는 독일서 네 번째로 큰 도시. 한국 유학생들은 맥도날드밖에 없는 심심한 본이 답답할 때 버거킹을 먹으러 가는 곳이기도 하다. 쾰슈Kölsch라는 이름의 달달한 특산 맥주가 맛나고, 특히 발라프-리하르츠Wallraf-Richartz 미술관은 숨겨진 보석 같은 곳이다. 장대한 쾰른 대성당 바로 뒤에 있는데 레전드 급 화가들의 작품이 망라되어 있어 프랑스·스페인·이탈리아의 1급 박물관에 결코 뒤지지 않는다. 나폴레옹이 반했다는 오데콜롱 Eau de Cologne 향수. 원래 뜻이 '쾰른의 물'이다. 이 지역 물이 그만큼 향긋했다는 증거다.

남쪽으로는 2차 대전 영화로 철교 폭파 장면이 유명한 레마겐Remagen이 있고, 이 소읍이 롤란즈에크Rolandseck라는 마을을 품고 있는데 소박하니 아름답다. 풍경이 우리 가평·청평을 똑 닮았다. 카를 마르크스의 고향 트리어Trier도 포르타 니그라Porta Nigra라는 로마시대 검은 석문石門이 볼 만하고, 라인강과 모젤강이 만나는 코블렌츠Koblenz도 근사한 도시다.

본 내부도 볼 만하다. 남쪽의 바트 고데스베르크Bad Godesberg. 우리로 따지면 서울 강남 같은 깨끗한 부자 동네. 여기서 독일 정치사에 큰 획을 그은 사건이 있었다. 1959년, 순수 사회주의 정당을 표방하던 사회민주당SPD이 국민정당·대중정당으로 변신, 정강 정책을 바꾸는 '바트 고데스베르크 강령'을 채택하고 재탄생한 역사적인 전당대회가 열렸다. 골자는 시장경제 체제를 지지하기로 한 것. 빌리 브란트, 헬무트 슈미트, 게르하르트 슈뢰더 등의 총리를 배출시킨 모태가 되었다고도 볼 수 있다. 라인강이 바로 접해 있고, 보행자 거리가 예쁘다. 본의 명문가들이 목가적인 분위기를 즐기며 사는 곳이기도 하다. 키노폴리스Kinopolis라는 콤플렉스 형태 극장이 그즈음 새로 생겨, 거기서 영화 '타이타닉'을 본 기억이 새롭다.

쾨니히스빈터Königswinter, 풀이하면 '왕의 겨울'이라는 뜻의 지역도 명소다. 독일 전설에 나오는 드라헨펠스Drachenfels, 우리로 따지면 '용바위'가 이 언덕에 함께 있다. 같은 이름의 성도 붙어 있으며, 이게 이때까지만 해도 대통령궁으로 쓰였다. 지금은 베를린의 슐로스 벨뷔Schloss Bellevue궁으로 대통령 집무실과 처소를 옮겼다.

나의 본 체류 시절은 1998년. 해외에 있던 한국인은 누구나 어려움을 겪던 때였다. IMF 직후 상황. 유로만 하더라도 원화로 1,600~1,800원 환율을 기록하고 있었으니, 요즘의 1,300원 선과 비교해 볼 때 생활이 빡빡할 수밖에 없었다. 물론 체류비가 나왔고 독일은 학비가 없으니 사정이 낫다고 하지만 여러모로 부대끼고 심적 부담이 컸다. 결국 나는 6개월 만에 귀국길에 오르게 된다. 상대적으로 짧았던 기간. 그러나 날마다 학업과 연구로 규칙적인 생활을 꾸렸고, 독일 사회 구석구석을 맛보고 탐구하려 꽤나 부지런했었노라고 자부한다. 연구논문도 시의성에 부합하고 의미 있었다는 평가와 함께 좋은 반응으로 마무리했다.

숙명의 도약에 뛰어들다

귀국 후 바로, 나는 FM클래식을 다시 맡게 된다. 우리 작곡가와 연주자의 음악으로 꾸미는 프로그램 'KBS음악실'로 복귀하게 된 것이다. 사실 그전에는 노조 활동의 여파와 당시 FM의 실세였던 B부장과의 갈등으로 프로그램을 놓을 수밖에 없었다. 그것이 해외연수 쪽으로 방향을 튼 한 원인이기도 했다. 그는 차장 시절 방송 마치고 나온 나를 향해 이런 말을 한다. "왜 바하Bach를 바흐라고 하는 거야? Mozart는 모짜르트지, 왜 모차르트라고 하고 말이야" "외래어표기법이 바뀌었어요. 아나운서가 틀리게 발음할 순 없잖습니까. 원어 발음에 가깝게 하거나, 아니면 표기에 준해 발음해야지 과거 표기에 매달리거나 표기와 동떨어진 발음은 안 된다고 생각합니다".

그의 얼굴이 붉으락푸르락했다. "관행대로, 시키는 대로 해."라고 했다. 나는 내 담당PD가 아닌 데다, 아무리 선배지만 그건 아니라고 봤다. 그러나 결국 그는 부장이 되자마자 석연치 않은 이유로 프로그램에서 날 하차시켰다. 바흐와 모차르트 사건이 발단이 된 건 의심의 여지가 없었다. 이게 지금도 FM라디오 쪽에서 회자되는 '바흐 사건'이다. 이젠 모두가 모차르트, 바흐 하는 안전한(?) 세상이 됐지만, 그때는 이런 웃지 못할 씁쓸한 일이 있었다. 그런데 그가 보직에서 내려오고, 내가 따르던 S부장이 나의 독일 연수 기간 사이 부임한 것이다. 심지어 그는 내 귀국 날짜에 맞춰 그 이튿날 MC 자리를 주었으니 신나게 프로그램에 임했음은 불문가지. 대학원에도 날짜 맞춰 매끄럽게 복학했고 말이다.

한국어연구부는 일이 넘쳐났다. 사내 방송언어 교육이 특히나 엄청나게 늘어났는데 성우·리포터·기상캐스터 교육에다 보도국과 제작 파트에서도 신입 및 경력 기자·PD들을 위한 우리말, 표준발음 연수에 관심을 보였고, 사외에서도 말하기 관련 강의에 아나운서 요청이 많았다. 철도·항공·홈쇼핑 등 마이크를 통해 고객을 상대하는 직종 등이 주요 대상. 그뿐인가 각종 기획안, 보고서, 사내 문서 교정 등 글쓰기와 관련된 업무도 폭주하는 형국.

특히 한국어연구부 소속 아나운서들은 이론적 공부를 할 수밖에 없는 구조에 노출되었고, 어느덧 평직원 가운데 당시 제일 고참이 된 나는 특히 표준발음 관련해서는 학회·세미나·포럼 등에 자주 불려가 발표도 하고, 토론·기고도 하는 위치가 되었다. 국어학·언어학·음성학·스피치·글쓰기 관련 책자와 논문을 자주 접하고, 시민단체 등이 주최하는 방송언어 관련 단골 패널로 자리 잡게 되기에 이른다. 그러는 사이에 시나브로 나의 강의력은 온축의 시간을 갖게 되었다.

1999년 늦여름, 한 통의 전화를 받는다. 숙명여대 정보방송학과 P교수. 내게 대학원 진학을 권하고 도움을 준 그이. 2학기에 숙명여대에서 대대적으로 겸임교수를 공개 전형으로 선발하니 응시해 보라는 권유였다. 제의는 고맙지만, 박사학위도 없고 한 학기 강의를 채울 만한 콘텐츠가 부족하다며 나는 사양했다. 당시에도 그렇고 지금도 여전하지만 대개 초빙·석좌·겸임교수는 학교 재단 관계자나 보직교수들과의 인연으로 알음알음으로 맡게 되는 게 보통이다.

P는 그러나, 이번엔 성격이 좀 달라서 실무 능력 위주로 뽑고, 대학 차원에서 대대적으로 공개전형 방식으로 투명하게 선발한다

는 걸 강조했다. 권유에 못 이겨 응시했고, 총장님과 보직교수 면접까지 거쳐 나는 운 좋게 숙명여대 공채 겸임교수가 되었다. 법학과·경영학과·정보방송학과가 주요 타깃이었는데, 서울시장을 역임한 오세훈 전 의원이 이때 나와 함께 숙명과 인연을 맺었다. 어느덧 22년 전 세월 속 이야기다.

숙대의 과감한 시도는 요약하면 단 하나였다. 당시 힘세고 추진력 있던 L총장이 강력히 드라이브를 건 것으로 소위 엘리트 직업군 배출에 있어 E대를 겨냥한 경쟁력을 제고하자는 취지. 그래서 법조인·회계사·언론인 합격생을 우선 획기적으로 늘리겠다는 야심찬 발상이었다. 학문도 학문이거니와 실용적 지식과 경험, 노하우를 전수하는데 필드, 즉 현업 인력이 겸임교수로 최적이라는 인식의 결과였다.

그러나 다른 쪽은 모르겠으나 정보방송학과 사정은 열악했다. 우선 당시 수도권 대학의 학과 증설 제한 조치로 우리는 그때까지 야간학과 형태였으며, 따라서 학생들 분포는 지금으로서는 상상하기 어려운 구성인데 3분의 2가 직장인, 나머지가 가정 형편상 주간 학습이 어려운 학생들이었다. 직장에 다니는 학생들은 내 기억에 은행원이 대다수였고, 기혼자도 있었으며, 임신 상태에서 수업을 들은 학생도 기억난다.

그러다 몇 년 후 드디어 주간이 되고 과 이름도 언론정보학과로 바뀌었다. 심기일전해야 하는 즈음, 과의 2인자 K교수가 식사자리에서 해준 이야기가 가슴을 쳤다. "책을 하나 쓰시죠" 나는 그럴 능력이 못 되며, 그게 꼭 필요한 일이냐고 되물었다. 그때는 내가 이 학교에서 무려 16년을 있을 줄 몰랐던 탓이다. 그러나 나는 이때부터 나만의 책, 그 새로운 목표를 늘 의식하게 된다.

그동안의 투고나 소논문, 발제문 등속의 자료 등을 모으기 시작한 게 아마도 이 무렵부터였던 것 같다. 이렇게 얼기설기 추린

나의 글 모음과 남의 좋은 글 등을 합쳐 정리한 간이교재를 시험 삼아 만들었다. 교재를 복사집에 맡기고 학기마다 내용을 보충해 수업을 이끌었다. 2000년 봄 나는 마침내 언론대학원을 졸업하고 석사가 되는데 괜스레 수업하는 데 힘이 붙었다. 최소한 석사 학위는 있어야 겸임교수로서 학생들 앞에서 체면이 서는 느낌이었다고나 할까.

나는 이상하리만큼 숙대가 좋았다. 방송국에서 파김치가 되어 저녁 때 학교로 가는 찻길은 고단하기 일쑤였으나, 막상 청파동 숙명 교정의 장미 언덕을 걸어 오를 때면 없던 힘이 솟았다. 자투리 시간에 명신관 3층 강사휴게실 긴 의자에 몸을 뉘면 졸음이 스르르 왔어도, 수업시간이 다가오면 일견 설레며 정신이 맑아졌다. 내가 가진 지식과 노하우를 효과적으로 전달해 어떻게든 숙명의 딸들을 PD·기자·아나운서로 만들어야 한다는 사명감에 불탔다.

숙명은 이즈음 획기적인 광고와 마케팅을 펼친다. 2000년대 초, 상아탑이라는 고답적이고 폐쇄적인 이미지에서 벗어나 신선하고 적극적인 홍보를 펼친 최초의 대학은 숙명이라는 걸 알 만한 사람은 다 안다. 기업의 이미지 통합(CI: Corporate Identity) 전략을 도입해 '세상을 바꾸는 부드러운 힘' '울어라, 암탉아' 등 기발한 슬로건으로 대학 사회에 센세이션을 일으켰다. 재학생을 홍보 모델로 선발해 대학을 알리는 전략도 세간의 화제를 낳았다. 모두 언론정보학과 교수들이 주축이 되고 홍보팀과 광고업계의 숙명 졸업생들이 힘을 합쳐 이루어낸 쾌거였다.

나는 공정성·객관성·중립성을 모토로 하는 공영방송의 아나운서와 대학의 현장 중심 교수요원 사이에서 약간의 정체성 혼란이 오기도 했으나, 어쨌든 숙명의 신선한 패기와 절절한 열정에 흠뻑 빠져들었다. 학과 전임교수님들의 분투는 정말로 눈물겨운 것이었으며, 뚜렷한 목표의식이 충만했다. 거기다 이들은 부담스러울 정도로 나에게 신뢰를 보냈다. 명언재明言齋라는 이름의 언론고시반이 탄생한 것도 그 즈음이었는데 나는 아나운서 스터디그룹을 맡았다. 방학 때 한 주에 한 번씩 모여 뉴스리딩과 말하기 애드리브를 연습하고 논술·작문 실력을 벼렸다.

중문과 학생 하나가 인상이 좋았다. 발음이 취약한 부분이 있었으나, 늘 밝게 웃는 얼굴이 고무적이었는데 마침 학교 홍보모델로도 활동하고 있었다. 스포츠에서 시소게임일 때 약팀이 막판에 강팀한테 지는 건 스스로에 대한 자기 확신의 부족, 즉 자신감 탑재 실패라고 생각해 왔다. 난 무엇보다 일종의 패배 의식, 다시 말해 "아마 잘 안 될 거야. 과거에도 그랬잖아" 이런 의식부터 불식시키는 게 중요하다고 강조했다. 당시 내 느낌엔 숙대 학생들에게 일깨워 주어야 하는 대목은 이것이라고 느꼈기 때문이다.

윤현진, 그는 2000년 가을 당당히 SBS아나운서로 합격한다. 숙명 구성원들이 힘을 모아 1년 만에 이루어낸 쾌거라고 생각하고 싶다. 우리 모두 그렇게 자부하고 축배를 들었다. 그 자신도 그렇게 생각했으리라 믿는다. 수업에 충실했고, 스터디에도 열심이었고, 무엇보다 늘 긍정적인 사고를 하고 낯빛을 밝게 가졌던 사람의 성공이었다. "인간적 매력을 유지하고, 성실함을 포기하지 않으면 성공은 누구에게나 운명처럼 다가온다". 어느 책에선가 본 금언이다. 윤현진이 바로 그랬다. 그녀는 SBS주말 8시 뉴스 앵커를 역임했고, 교양 프로그램 MC로 여전히 활약 중이다.

다음은 정미선 아나운서. 2002년 학과 A교수가 홍보실장 시절이던 어느 날, 그와 통화를 했다. 이상하게 올해는 홍보모델로 눈에 띄는 학생들이 드물다는 것. "강 교수님 수업에서 혹시 떠올릴 만한 학생 있나요?" 무슨 예감이었을까, 좀 소극적이고, 자리도 중간에서 뒤편 정도에 앉는 참한 분위기의 누군가가 뇌리를 스쳤다. 숙명의 곱고 단아한 전통적 이미지와 오버랩되는 마스크의 소유자. "우리 과는 아니고요. 소비자아동학과였나? 이름이 뭐더라?" 바로 정미선이었다.

그는 그때 스포츠신문의 학생 인턴기자로 어느 날 수업 전에 겸임교수실로 나를 찾아왔었다. 자기가 탈고한 기사를 보여주며 잘 썼느냐고 물었다. 솔직히 평범했으나 잘 썼다고 용기를 주었다. 그때 그 일이 아니었다면 나는 그를 기억하지 못할뻔했다. 미선에게 A교수와 통화하고 홍보모델 지원서를 넣어보라고 귀띔했다. 2002년 월드컵이 있던 해. 그는 단독으로 숙명 홍보모델로 발탁된다. 보통 3~4명이 복수로 선발돼 여러 버전의 포스터가 신문광고 면을 장식했었는데, 그해는 단독으로 숙명여대의 간판으로 부상한 것이다. 필시 언론사와 광고계에서 진즉 주시했을 듯싶다.

나는 미선을 언론고시반 명언재에 입실시킨 후 방학 때 그룹으로 묶어 지도하고 그해 가을, 차장으로 승진해 춘천KBS 아나운서부장으로 발령받아 서울을 떠나게 된다. 그러나 전화가 우리를 연결시켜 주었다. 내 기억에 SBS는 5차까지 시험을 치렀다. 3차부터 문답에 대한 피드백 등을 듣고 상담을 해주었고 함께 심층 면접 전략을 짰다. 어떤 질문이 어려운지, 왜 그런지, 그것을 위한 대답의 방향성은 어때야 하는지 등 시뮬레이션과 이미지 트레이닝을 통해 나름대로 대비책을 세웠던 것 같다.

그는 참 무덤덤했다. 전형이 계속되고 전화가 올 때마다 난 떨려서 "어떻게 됐니?" 물어보면 노상 "된 것 같아요" 혹은 "됐나 봐요" 이런 식이었다. 지금도 잊지 못하는 것은 5명의 최종 후보 중 E대생이 있었다는 거다. 불어불문학과 재학. 분명코 그 학생과의 경쟁이 승부를 좌우할 것이라 믿었다. 결과는 S대 음대생과 숙명인 정미선 합격. 나는 그때 일화를 이후 수업 내내 써먹었다. 기쁨 두 배였노라고. 불문과 E대생에겐 미안한 마음이지만.

정미선은 전형적인 대기만성형 아나운서다. 원래부터 빼어난 뉴스리딩은 아니었는데 입사하고 나서 일취월장했다. 주말 앵커를 거쳐 평일 메인 종합뉴스를 꽤나 오래한 것으로 알고 있다. 별명은 아나운서계의 이영애. 마음씨도 외모처럼 착해 각종 기부에도 적극적이다.

아, 이명용 실장!

여기서 숙명 이야기를 잠시 멈추고 춘천 시절 이야기를 해야 할 것 같다. 그건 KBS승진 제도를 짚는 데서부터 시작해야 한다. 지금은 많이 바뀌었지만 당시 기준 아나운서로서, KBS직원으로서 15년 이상 근무하면 차장 시험을 본다. 말하자면 초급 간부가 되는 관문이다. 직급으로 따지면 평사원 4급이 3급으로, 여기서 2급 을이 되면 차장 대우, 이어 차장의 직위는 2급 갑의 직급을 다는 걸 의미한다. 2000년 초반만 해도 이 2급 갑, 차장이 되는 게 상당히 어려웠다. 사규를 보는 필기가 있으나 그건 다분히 형식적이며 최소 5년 내지 8년간의 고과를 종합하는데 면접이 당락을 가른다. 그 사이 실·국장이 대개 바뀌기 때문에 일관되게 성실하고 능력을 인정받아야 하는 것이다.

부서장과 마음이 안 맞거나 사이가 안 좋으면 치명타다. 시험이 있는 그즈음 객관성을 담보한다는 명분으로 면접위원들이 서울·지방·타 직종을 망라해 꾸려지지만 대개는 실·국장의 사인sign과 결정을 기다리는 수순이다. 결국은 실·국장 의중대로 되는 것이다. 가끔 정치권의 압력을 동원하는 경우도 있었지만 말이다.

나는 그즈음 노조 중앙위원을 마치고, 1999년 이번엔 아나운서협회장이 되었다. 회사의 계선조직이 아닌 직종 베이스의 직능단체장이다. 노조 수장에 이어 또다시 가시 면류관을 쓴 셈이었다. 실의 간부들과 꼭 척을 지라는 법은 없지만, 대개 노조 중앙위원이나 협회장은 부서장의 전횡에 대한 견제 역할을 맡기에 나는 고과가 좋을 리가 없었고, 성정性情 자체도 할 말 하고, 다소 뻐딱한(?) 편이라 차장은 기대난망이었다.

더구나 아나운서협회장은 각종 미디어 관련 시민단체 등의 포럼·세미나에 자주 불려나간다. 다루는 내용은 주로 마구잡이 연예인 MC 기용 문제, 방송언어 오용 문제, 수신료의 바람직한 운용 문제 등이라 이래저래 회사 쪽과 대척점에 놓이게 되는 발언을 자주 하게 되기 마련. 거기다 나는 문제나 현안을 다룸에 있어 좌고우면하지 않고 통점을 짚어 후비고 파는 스타일이라 사측 집행부로서는 눈엣가시였을 터다. 나 스스로 그래서, 간부 체질이라 생각해 본 적이 없고, 애써 그런 데 관심을 두지 않았다.

그러나 이것도 몇 번 떨어지자 부아가 나고, 심리적으로 위축되는 건 사실이었다. 90년대 중반부터 하나 둘 지방에서 올라온 지방 기수들의 놀라운 적응력도 위협적이라서 해가 갈수록 승진이 불리해진 상황. 결국 5회 차 마지막까지 오게 되었다. 여기서도 탈락이면 당시 회사 규정상 퇴사 시까지 평사원으로 남는 절체절명의 순간이 다가왔다. 나이도 마침 40을 넘기고 있었다.

이때 나는 필생의 은인을 만난다. 고 이명용 실장. 농구·테니스를 좋아하는 올드팬이라면 그의 이름을 기억하리라. 농구대잔치, 점보시리즈라고도 불렸던 인기 만점의 스포츠 마당의 메인캐스터가 바로 그다. 이정부 선배와 함께 에이스로 활약했으며 KBS 독점 중계로 겨울 스포츠를 달구었다. 이충희·김현준·허 재·유재학·현주엽·전희철 등이 활약하던 80년대 중반부터 90년대 말까지 농구의 인기는 하늘을 찔렀고 이명용이라는 이름도 각인되었다. 바로 그가 모두의 예상을 깨고 2002년 봄, 실장이 된 것이다.

춘천이 좋았다

그는 믿을 수 없게도 나의 파이터(?) 기질을 높이 샀다. 실室의 주류가 될 조건을 두루 갖추었는데 늘 가시밭길로 가더라나? 물론 그만의 판단이다. 하긴 그도 나와 비슷한 길을 걸었었다. 아나운서 초년병 시절 저 멀리 남도 여수로 임지를 배정받아 갖은 고생을 하다 본사로 왔고, 다시 선배들로부터 따돌림을 당한 끝에 잠시 라디오PD로 전직을 하는 아픔도 겪어야 했다. 의사의 아들로 유복하게 자란 그가 감당하기에는 벅찬 노정들이었으리라.

아나운서실로 복귀해서는 심기일전, 농구대잔치의 메인캐스터로 이름을 날렸고 테니스 중계는 도맡아 하던 그였다. 스포츠부장으로 있던 이명용 선배가 실장이 되면서 고과가 엉망인 나를 그 알량한 차장으로 만들기 위해 면접위원들을 설득했다는 사실을 전해 들었다. 나는 그래서 KBS의 차장으로 초급간부가 되었으며, 춘천KBS의 아나운서부장 보직을 받는다. 그때는 본사 차장은 지방의 부장으로 가는 것이 통례였다. 물론 아주 배경이 좋거나 재주(?)가 월등한 이들은 열외인 경우도 있었다.

현재 에이스급 아나운서가 된 애정하는 후배 김재원이 이런 말을 한 적이 있다. "형은 참 운도 없어. 남들에겐 쉬운 일이 형한테는 늘 어려운 일이더라" 나를 끝으로 차장 시험은 폐지되었고, 지방에 더 이상 내려갈 일도 없게 된 걸 두고 한 말이다. 사장이 새로 오고 인사시스템이 바뀌어서 그렇게 되었다. 2급 갑은 더 이상 의미가 없어졌으며 그 되기 힘들던 차장은 선임先任이라는 이상한 이름으로 절하된다. 따지고 보면, 내겐 전부터 그런 일이 많았다. 대입 예비고사·본고사를 치른 것도 마지막 세대였고, 입학정원제도 나 다음부터는 졸업정원제가 되었다.

연·고대 특차전형도 그때가 유일해 유례없는 경쟁률로 일반전형 필기를 치렀다. KBS가 공무원 방식의 시험과목으로 채용한 마지막이기도 하고, 공포의 아나운서실 4교대 숙직 근무도 나를 끝으로 6교대, 8교대로 완화됐다. 어쨌든 그래서 나는 두 번째 지방 근무를 하게 된다.

캠프 페이지Camp Page 미군 부대 망루가 방송국 앞마당에서 보이는 구 춘천KBS. 70년대 세워진 남루한 건물, 승강기는 없다! 낙원동이라는 비현실적 이름의 주소가 무색했으나 이런 순박한 기운이 난 좋았다. 적산가옥 같던 마산의 단층짜리 목조 건물보다는 훨씬 낫지 않은가. 무엇보다 소박한 중앙시장과 고즈넉한 죽림동, 그리고 조양동 구 시가지가 붙어 있어 안온했다. 석사동 원룸촌. 나의 거처는 그러나, 초라하고 열악하기 이를 데 없었다.

4층 편성제작국 아나운서부. 나는 7명 아나운서의 수장. 그래도 24명 강원도 내 모든 아나운서의 현업과 인사를 책임져야 했다. 춘천을 비롯해 원주·강릉·태백·속초·영월, 6개 방송국이다. 나는 모두 그곳에 가봤으며 그 기억 또한 새롭다. 강릉KBS는 영화 '봄날은 간다'의 배경, KBS영월은 '라디오 스타'에 스튜디오가 나왔다. 이런 말이 있다. '대한민국은 좁아도 강원도는 넓다'. 나는 듬직한 강원도를 사랑했고, 왠지 애틋한 분위기의 춘천이 좋았다.

경영 직군의 총국장은 '센 놈'이 온 걸 의식한 눈치였다. 노조 중앙위원·협회장 경력자들은 대개 그런 시선을 받는다. 반대로 노조지부장은 나를 동지로 여기고 내내 환대했다. 나는 아침 7시 '뉴스광장' 로컬을 맡았다. 총국장과 보도국장이 뭐든 프로그램을 하라고 지시해 이른 아침 프로를 자원했다. 천생 아침형 인간인 데다 오후 시간을 좀 자유롭게 보내고자 한 계산도 작용했다. 결과는 반은 성공, 반은 실패. 오후와 저녁은 내 것이었으되 늦은 시간 모임과 술자리가 잦아 아침이 늘 위험했던 것이다.

춘천에서 업무적으로 기억나는 것은 크게 두 가지다.

하나는, 소프라노 조수미 씨에 관한 얘기다. 평창올림픽 유치 분위기를 타고 온통 평창 평창 하던 시절, 그녀가 평창올림픽 홍보대사를 맡았다는 기사를 보았다. 해외에 있던 터라 관련 TV 보도는 미처 나오지 않았던 때. 나는 구성작가를 시켜 인터뷰를 시도했다. 강원도의 대표성을 띤 춘천KBS, 평창과의 연계성을 강조하는 내 지시에, 총애하던 작가 L은 부응했다. 본사보다 먼저 조수미 씨의 평창올림픽 기원 목소리가 우리 춘천KBS 라디오 전파를 탔고. 도내 신문은 1면기사로 화답했다.

지역에선 라디오 제작의 경우 아나운서가 PD 노릇을 겸하기에 이룬 작은 쾌거였는데, 나는 다시금 내 안의 PD적 기질에 박수를 보냈다. 인터뷰 후 조수미 씨와 따로 통화할 기회를 가졌다. 화통하고 가식이 없고 배려심이 넘쳤다. 나는 지역방송국 섭외에 이렇게 응해주어서 너무나 감사하다고 연신 고마움을 표했다. 나중에 알게 된 사실이지만 그는 나의 초등학교 후배이기도 했다. 어려선 그 사실을 몰랐었다.

다른 하나는 평창 대관령음악제다. 본격 시작을 대개 2004년으로 꼽지만 사실 그 전해인 2003년 용평에서 막을 올렸다. 그때는 이렇게 세계적으로 이름난 음악축제가 되리라고 상상하기 힘들었다. 강 효 음악감독이 미국의 명문 줄리아드 음대 출신 음악인들로 구성한 세종 솔로이스츠가 주축이 되었던 그 음악제에서 첫 MC를 맡은 이가 나였다. 본사 클래식 음악 프로그램 DJ로서, 사상 최초 애청자 초청 공개방송 음악회인 '정오 음악회' 진행자로서 잔뼈가 굵은 공력을 발휘한 순간이었다. 지금 생각해 봐도 참으로 영광된 기억임에 틀림없다.

춘천은 묘한 곳이다. 뭐랄까, 어떤 북국北國의 정서가 풍긴다. 그리고 뜨거웠다가 식어버린 대륙의 면면한 정체성正体性이랄까, 그런 게 남아 있다. 그러나 현실은 커다란 강원도의 소규모 도청소재지. 원주에는 인구와 세력에서 밀리고 강릉한테는 전통과 역사에서 못 미친다. 강원도란 이름부터가 강릉과 원주에서 한 글자씩 따온 게 아니던가. 나는 이렇게 멀쩡하면서도 좀 수세적인 이미지의 춘천을 사랑했다. 큰 체구에 무심한 소양강, 거칠고 묵직한 눈송이, 무심하게 예쁜 카페들, 습습하지만 당기는 음식, 무엇보다 속정 많고 순한 사람들.

춘천은 꼭 독일 같다. 지금은 좀 달라졌다고 해도 아마도 여전히 비슷할 거다. 심심하고 적적하며 자연과 친하다. 하지만 놀랍게도 아기자기하고 소박한 콘텐츠들이 이 도시를 생기 있게 만드는데 애니메이션이 그중 하나다. 소양호 쪽으로 가다보면 왼편에 애니메이션 박물관이 자리하고, 해마다 애니타운 페스티벌이 열린다. 그뿐인가 세계적인 마임 축제의 본고장이기도 하다.

닭갈비와 막국수. 이제 전국화되었다고는 하나, 역시 원조 춘천의 맛은 다르다. 우선 닭갈비는 사각의 양은 철판에서 익히는 방식은 진화한 것이고, 숯불에서 굽는 게 진짜다. 춘천 명동 닭갈비 골목의 몇몇 식당은 서울로 진출한 것으로 알고 있다. 기막힌 궁합은 의외로 레드와인이다. 2002~2003년만 해도 우리 부원들은 저녁나절 나의 진두지휘로 식당 주인장의 양해를 구하고는 그 둘을 함께 즐길 수 있었다.

막국수는 '3대 천왕'이 있다. 우선 '단우물막국수'. 내 취향엔 서울을 비롯한 외지인 취향은 여기가 맞는다. 가장 합리적인 맛을 자랑하며 감자전도 최고다. '샘밭막국수'는 특히 편육을 잘하고 이것과의 어울림으로서의 막국수를 지향하는 느낌이랄까,

편육이 막국수를 누를 정도다. 마지막 '유포리막국수'는 가장 토속적인 맛. 춘천인들은 보통 여길 최고로 친다. 일반 가정집 스타일의 집에 들어가 옹기종기 모여 동치미 국물 속 막국수를 즐긴다.

시내 주택가 퇴계동 '퇴계막국수'. 빈대떡과의 조합이 위력적인 노포老舗다. 그 밖에 외곽 동면의 우체국 옆 '가보자 순대국'과 중국집 '옥미관'의 통만두, 짜장면도 생각난다. 서부시장 쪽 내리막길, 주먹고기 갈비탕집 '봉운장'과 맞은편 '실비막국수'는 가장 춘천적이라고나 할까. 정직하고 소박한 맛이 우뚝하다.

내 일과는 낮 2시에 공식적으로 끝났다. 오전 6시에 나오는 자의 특권이다. 나는 자전거를 하나 사서 춘천 시내 여기저기를 둘러보기도 하고, 멀리는 동면과 남춘천까지 가보기도 했다. 누군가에게 모질게 굴거나 스스로 부끄러운 짓을 해 괴로운 날이면 시장서 오르막길을 타고 죽림동성당을 찾았다. 묵묵히 키보드를 울리던 수수한 모습의 소녀가 여태 아른댄다. 영화는 한사코 변치 않는 나의 미더운 벗. 이때만 해도 영화는 서울과 시차가 있는 상영이었는데, 시장통 시민극장서 봉준호 명작 '살인의 추억', 언덕배기 육림극장서 니콜 키드먼 리즈 시절의 '디 아더스The Others', 시청 옆 피카디리에서 최애 감독 페드로 알모도바르의 '그녀에게'를 보았다. 이런 인생영화를 춘천서 함께한 건 축복이다.

춘천 생활이 내게 미친 가장 큰 영향은 스스로 애사심을 북돋운 것이다. 입사 18년 만에 철이 든 셈이랄까. 그전까지는 회사에게 바라는 바는 산더미요, 회사를 위해 일한다는 생각은 좀체 갖기 어려웠다. KBS의 구성원으로서 누리는 혜택이 얼마나 많고, 보통의 시민들이 얼마나 KBS인들을 질시, 선망하는지 잘 깨닫지 못했었다. 열악한 조건 밑에서 지방 인력들이 나날이 방송을 위해 준비하고 노력하는 과정들이 숭고하게 느껴졌다. 그도 그럴 것이 지역은 상대적으로 규모가 작아 각 직종들이 하는 일을 한눈에 보고 관찰할 수 있기 때문이다. 더 보태면, 어쭙잖은 간부의 시각을 탑재하고, 회사를 좀 더 통시적인 시선으로 바라본 시간이었다고나 할까. 아무튼 그랬다.

KBS는 네트워크의 힘이 남다르고, 그게 주요한 정체성이다. MBC나 SBS가 서울과 지방이 각기 다른 법인인 것과 다르다. KBS는 본사와 지역국이 원팀으로 움직인다. 급여·직급·복지의 차이가 없다. 공영방송의 특징이기도 하다. 지방의 희생 속에 서울이 있다. 본사 직원들은 늘 고마움과 애틋함을 갖고 근무해야 한다. 지방 근무를 한 번도 안 하고 정년까지 마치게 됐다고 자랑하는 이가 있던데 못난 부류다.

나는 지금도 KBS직원이라면 반드시 한 차례 이상은 지방 근무를 해야 한다는 소신을 갖고 있다. 그런 사람이 간부를 해야 마땅하고, 그런 직원이라야 회사를 발전시킬 수 있고, 공영방송 구성원으로서 당당한 자격이 있다. 연전에 K사장은 지방 근무 경험이 전혀 없었다. 비정상적인 것이었고, 따라서 회사 전체를 조망하는 능력이 부족했다. 정치적 이유가 아니더라도 도중하차할 수밖에 없는 운명이었다고 여긴다.

그럭저럭 약속했던 1년이 흘러 늦가을 인사철이 되었는데 서울 복귀 발령 기미가 없어 초조해졌다. 본사 인사부는 사장이 바뀌고 조직 개편, 인사시스템을 혁신한다며 조금 더 기다리라고 했다. 대팀제, 소팀제 운운하며 회사 전체가 뒤숭숭했다. 나는 망설이다 이명용 실장에게 전화를 걸었다. 그렇잖아도 연락할 참이었다나? 한 달 후쯤 올라올 것이며 사장실에서 중요한 미션이 떨어졌다고. 그는 내가 꼭 필요하다고 말했다.

한신평PD와 제바스티안

여기서 시간을 약간 거슬러 올라가야 할 것 같다. 공간도 다시 본사로 바꾸고 말이다. 본Bonn 대학 연수를 마치고, 1998년 가을 돌아와 얌전히 FM클래식 채널의 'KBS음악실'을 진행하고 조용히 충전 중이었다. 객석·음악동아·뮤직플라자 등 음악잡지에 관련 기고를 하고 CD 해설지를 쓰기도 하며 짐짓 우아한(?) 시간을 보냈다. 음악을 무척 많이 듣던 때다. 세종문화회관과 예술의전당을 한 달에 서너 번씩은 간 것 같다. 그러고 보니 잊히지 않는 인물이 한 분 떠오른다.

고故 한신평PD. 1990년대부터 2000년대 초반까지 KBS-FM에서 신작 가곡과 신작 국악 음반 시리즈를 탄생시킨 주인공이다. 이분이 없었다면 우리는 홍난파·현제명·이흥렬·조두남·김성태·박태준 등 1세대 가곡들만 여태 듣고 있었을 가능성이 농후하다. 관심의 사각지대에 놓여 있던 국악계를 지원하고 움직여 새로운 작품을 탄생시킨 공헌은 더 크다. 모두 KBS라는 브랜드의 힘이 버텨주어 가능했던 일이다. 그는 KBS-1FM을 우뚝 세우는 데 그치지 않고, 정보플랫폼으로서 지금의 제1라디오 정체성을 구축한 주인공이기도 하다. KBS 공채 1기 PD로 라디오국장과 센터장을 역임했다.

그는 KBS라디오가 배출한 불세출의 PD라고 해도 과언이 아닐 것이다. 그가 활약할 때 KBS는 최고로 힘이 셌다. 조선시대 선비를 연상시키는 외모에 늘 조용한 언행, 화를 내는 모습을 한 번도 본 적이 없다. 그러나 일에서만큼은 강철같이 단단한 추진력을 발휘했다. 특유의 못 말리는 청렴성은 아직도 회자된다. 매달 나오는 소위 업무추진비를 꼭 남겨 반납하는가 하면 출장비도 아껴 회사에 귀속시킨 일화는 유명하다. 나는 그의 후광으로 오래 라디오 진행자석에 앉아 있을 수 있었음을 고백한다. 65세 아까운 나이에 암으로 세상을 뜬 그의 영정 앞에서 나는 한참을 울었다.

독일어 공부를 놓지 않고 지속한 건, 탁월한 선택이었다. 어디선가 본 기억이 난다. '외국어 공부는 입체적으로 하는 것'이라는 말. 텍스트와 사전을 접하는 정적이고 고요한 것부터 인터넷 방송을 통한 듣기, 외국인과 직접 만나서 부딪쳐 보는 말하기, 어렵지만 이메일 같은 것을 직접 해보는 쓰기, 즉 작문까지. 이런 기능언어적 행위를 골고루 수행해야 외국어가 지루하지 않고 실력에 균형이 잡히며 수준이 유지된다는 주장이다.

나는 전적으로 동감하고, 98년 가을부터 실행에 옮겼다. 독어문법책을 다시 꺼내 들고, 틈만 나면 '독일어 단어와 표현' 등 교재·참고서를 손에서 놓지 않았다. 무엇보다 아침마다 독일 제2공영방송 ZDF의 메인뉴스와 1분 뉴스, 제1공영방송 ARD 100초 뉴스, 해외방송 도이칠란트풍크Deutschland Funk 뉴스를 들었다. 이 습관은 내 스스로도 대견케 여기는 대목으로 벌써 20년이 넘었다. 그리고 국제방송국 독일어 요원과 정기적으로 만나서 점심을 함께하며 대화 겸 회화 연습을 한다. 무슨 거창한 목표의식까지는 아니다. 단지 독일이라는 나라를 이해하고, 그러기 위해서는 독어를 잘하고 싶어서였을 따름이다.

제바스티안 라처Sebastian Ratzer, 2000년에 KBS 국제방송에 와서 여태 근무하는 최장수 독일인 요원. 어느새 그와는 독어를 넘어 우정을 나누는 동료 사이로 발전했다. 20년을 넘게 만나고 있으니, 흔치 않은 인연이 아닐 수 없다. 6.25 전쟁과 88 올림픽만 알고 우리나라에 왔으나, 여기서 결혼도 하고, 딸 둘을 낳은 쾰른 출신 인텔리다. 나와 똑같은 잡학다식 유형에다 축구와 갈비탕을 좋아하는 것까지 어찌나 유사한지 알다가도 모를 일이다. 그는 이제부터 다룰 나의 독일 집중취재 시절에 많은 도움을 주었다.

1999년, 나는 흥미로운 제안을 받는다. 90년대 초반 나와 아쉽게 '퀴즈 탐험 신비의 세계'와 이별한 홍성민PD가 날 찾았다. 그는 그해가 괴테 탄생 250주년임을 알고는 어떻든 현지 취재를 하고 싶어 하던 차, 나를 떠올렸다고 했다. "독어 가능하다고 들었는데, 출장 어때요? 제작비가 적으니까 AD하고 둘이 가시죠. 대신 코디·통역은 따로 없어요. 괜찮죠?" 그래서 괴테 탄생 250주년 특집 '괴테의 도시들', 그리고 '북독일 도시 특집'이 세상에 나왔다.

괴테의 도시, 한자Hansa의 도시

　　괴테(Johann Wolfgang von Goethe, 1749~1832) 생가와 무덤은 까다로운 사전 섭외가 필요했다. 나는 이메일과 전화로 일정을 알리고 촬영허가를 얻었다. 이때가 8밀리에 이은 소위 6밀리 DV카메라(6밀리는 녹화테이프의 폭. DV는 Digital Video의 약자)가 붐이었던 시절이다. 10kg이나 되는 ENG(Electronic News Gathering)카메라 없이 가볍게 출장을 떠나는 추세. PD, MC, 카메라맨, 현지 코디 및 통역, 때로 섭외 담당 및 내레이션 원고작가 등 보통 5~6명이 필요하던 해외취재 및 제작이 단출해지기 시작한 무렵. 물론 호흡이 길고, 완성도 높은 화면과 내용을 위해서는 여전히 전통 방식이 필요했지만 말이다.

　　밀레니엄 한 해 전 가을. 프랑크푸르트 뢰머광장Römerberg을 5년 만에 다시 찾게 될 줄이야. 이래서 사람 일은 모르는 것이다. 낭만파였던 C피디는 지금은 준수한 중견간부로 변신했지만, 그때만 해도 치기 어렸다. 대뜸 여긴 '밤 문화'가 어떻게 되느냐고 물었다. 다음 날 일찍 괴테 생가를 찍고 바이마르로 떠나야 했기에 주저했지만 그 호기심을 이해 못 하는 바 아니어서 남쪽 작센하우젠 지구로 갔다. 비교적 건전한 식당에서 그 시큼한 사과주 아펠바인Apfelwein을 연거푸 들이켠 기억이 오롯하다. 아침 8시, 술기운을 뒤로하고 우리는 방문객들이 오기 전 한 시간을 할애 받아 구석구석 괴테의 집을 찍었다. 귀족의 자제답게 호화로운 방들이 많았다. 독일 문학의 최고봉일 뿐만 아니라 세계의 지성, 그 산실을 한껏 들여다본 흔치 않은 경험이었다. 괴테 신봉자들은 반드시 거쳐야 하는 코스인데 프랑크푸르트에서 이걸 놓치는 한국인이 의외로 많다.

열차가 2시간 정도 동쪽으로 달리면, 튀링겐 주 바이마르 Weimar에 도착한다. 우리가 3.1운동을 일으켰을 때, 독일은 공화국이 탄생했다. 이름 하여 바이마르 공화국. 제국주의의 폐해에서 떨쳐 일어나 민주와 자유를 꿈꾸었으나 나치에 의해 소멸된 아픈 이름이기도 하다. 그 역사가 어린 곳에 괴테의 기념관과 묘가 있다. 우리 둘은 여기서 최고의 성가와 쾌거를 올린다. 괴테하우스 지하의 5개 나란한 관棺, 그중 괴테의 관과 그와 우정을 나눈 극작가 프리드리히 실러(Friedrich Schiller, 1759~1805)의 것이 나란히 있다.

이 희소하고 귀중한 걸 안 찍고는 의미가 없다고 여겼다. 안내원은 그건 불가능하며 섭외 약속에도 없다고 했다. 나는 명백히 취재 계획 이메일에 그걸 적시했었다고 눙치고는 10시간 걸려 동방에서 날아온 우리를 배려하라고 뻗댔다. 난감한 표정을 짓던 갈색머리 중년여인은 아주 잠깐이라는 조건으로 촬영을 허락한다. 우리는 30분 넘게 실컷 찍어 방송 사상 첫 그림을 건져냈다.

바이마르는 광장에 괴테와 실러 동상이 나란히 서 있다. 독일의 대표적 문화도시로 헝가리 음악가 리스트(Liszt Ferenc, 1811~1886)가 여기서 활약해 리스트 음악원이라고도 불리는 바이마르 음대가 있고, 실용과 예술을 결합한 최초의 건축물 바우하우스Bauhaus의 본고장이기도 하다. 또한 바흐가 과거 궁정악장으로도 일했다. 통일이 없었다면 보기 힘들었을 구 동독 튀링겐Thüringen 주의 자랑스러운 도시다.

이번엔 북으로 가야만 했다. 함부르크, 독일 제2의 항구도시를 만나기 위해서다. 프라이에운트한제슈타트 함부르크Freie und Hansestadt Hamburg가 풀네임이다. '자유로운 한자동맹 도시 함부르크'다. 한자·한제/Hansa·Hanse는 중세 북해를 중심으로 하던 상인들의 동맹을 말한다. 그 전통을 자랑스러워해 꼭 '한자 도시'라는 이름을 앞세운다. 뤼베크·킬·브레멘·브레머하펜 등이 아울러 속하며 루프트한자Lufthansa항공도 여기서 따온 이름이다.

나는 98년 덴마크·스웨덴 여행 때 그냥 지나친 이 도시를 꼭 취재해 보고 싶었고 꿈을 이룬 것이다. 알스터 호수의 시원한 분수, 뮌헨 못지않은 아름다운 시 청사, 겐제마르크트 거리, 성 미카엘 교회, 브람스 생가, 007 영화를 찍은 아틀란티크 호텔, 무명 시절의 비틀스 발자취로 유명한 레퍼반, 장크트 파울리의 란둥스브뤼케Landungsbrücke 등을 담았다. 특히 우리말로 하면 '하선下船 다리'인 란둥스브뤼케, 여기서 C와 나는 새벽시장 정경을 찍고, 상인과 시민들을 인터뷰하는 미션을 감행했다. 새벽 4시 춥고 어두웠으나 그 활기찬 현장, 오직 북독일인만의 특유한 정서를 느낄 수 있었다. 특히 게로이히터알Geräuchter Aal, 즉 훈제장어와 곁들인 쌉싸래한 예버Jever맥주 맛은 잊을 수 없다. 요즘은 2017년 엘베Elbe 강변에 새로 들어선 엘프필하모니Elbphilharmonie홀이 함부르크의 랜드마크로 새롭게 각광받고 있다. 공사비 8억 6천6백만 유로, 1조 1천3백억 원짜리다.

이어 뤼베크. 도심 전체가 유네스코 문화유산이다. 노벨상 작가 토마스 만(Thomas Mann, 1875~1955)의 생가가 있고 명저 『부덴브로크Buddenbrook 가의 사람들』의 배경인 소설 속 그 집이 그대로다. 그 옛날 한자동맹 대표도시답게 선원조합 건물이 우뚝하며 너무나도 맛난 마르치판Lübecker Marzipan 과자가게

가 한 집 건너 하나씩 있다. 속에 하얀 아몬드가 들어 있는 초코볼로 커피와 더없이 어울리는 세계적 명성의 뤼베크 명물이다. 출장을 마치고는 함부르크 공항에서 루프트한자를 타고 프랑크푸르트를 거쳐 서울로 향했다.

방송 일이 전문적이라는 건 사전 사후 작업이 많다는 의미로 읽혀야 한다. 아나운서에 비해 PD는 고되고 외롭고 궂은일이 많다. 대표적인 게 편집이다. 기획하고 섭외하고 출연시키고 현장에서 카메라맨과 함께 찍고 담아올 땐 폼난다. 그러나 돌아오면 편집이라는 거대한 암초가 떡 하니 버티고 서 있는 것이다. 타격하고 안타치고 냅다 달릴 땐 기분 좋지만, 공격이 끝나면 어김없이 맨땅에서 수비를 펼쳐야 하는 야구선수의 모습이라고나 할까.

심야에 PD들이 편집실 편집기 앞에서 조그셔틀을 이리저리 돌려가며 리와인드·포즈·스타트를 수도 없이 돌리고 누르고 편집점을 찾는 모습은 마치 고독한 정복자의 모습처럼 위엄이 서린다. 옆에서 화면 길이에 맞게 원고 분량을 맞추던 작가들과의 로맨스가 발전해 부부가 된 커플이 그리 많은 것도 우연은 아니리라. 지금은 디지털이다 난 리니어Non-Linear(비선형)다 해서 편집이 과거에 비해 편리해졌지만 말이다.

그러나 그 편집실에 내가 앉아 있는 모습이라니. 이런 걸 상상하지는 않았었다. 수많은 독어 인터뷰들, 명소에서 찍힌 간판·목록 등 하염없이 긴 철자조합들. 모두 나를 기다리고 있었다. 그래도 좋았다. 프로그램의 진정한 주역이 된 기분이라고나 할까. 대본을 들고 맞춤법 오류나 체크하고, 말맛에 맞춰 표현 같은 것이나 수정하고, 즐겁고 기쁜 척 표정 연출하는 우리 아나운서들의 업에서 일보 전진하는 느낌? 그 기분은 묘한 쾌감으로 다가왔다.

바흐의 발자취를 헤집다

2000년은 바흐의 해, 서거 250주년이었다. 6밀리 카메라 제작 붐은 교양국과 기획제작국을 지배했으니, 해외취재 러시와 함께 도도한 흐름을 형성했다. 그즈음 카메라국과 카메라협회는 비상총회를 자주 연 것으로 기억한다. 그림과 영상에 대한 전문성을 위협받는 대목이 뼈아팠을 터. 이해가 가는 측면이 적지 않았다. 마치 아나운서가 최소한 언어 훈련도 받지 않은 정체불명의 연예인들로부터 진행이라는 노하우와 스킬을 강탈당하는 느낌과 비슷했을 것이다. 그러나 그 도도한 추세는 막을 도리가 없었다.

당시 나는 '문화탐험 오늘'이라는 심야 문화 프로그램을 하고 있었다. 외주제작 프로그램이었는데 관리 책임이었던 동기생 PD가 제작 회의 도중 운을 뗐다. "바흐 이거 하면 참 좋은데 돈이 있어야지 원. 강 형, 혹시 협찬 따올 수 있나요?" "아나운서가 무슨 재주로?" 하고 돌아와 가만 생각해 보니 떠오르는 이가 있었다. 어느 모임에서 만난 독일관광청 M이사. 그이한테 큰 기대 없이 전화를 했다. 그는 독일상공회의소 본사에 문의하겠노라고 했다. 그러곤 베른하르트 포겔Bernhardt Vogel 한국 담당 소장의 결정이 금세 떨어졌다. 외주제작사 정PD와 나는 어느새 열차표를 두둑이 갖고 있었다. 프랑크푸르트–라이프치히–에르푸르트–아이제나흐–아른슈타트–뮐하우젠–바이마르–쾨텐. 바흐가 태어나서 죽을 때까지 그의 발자취가 담긴 곳. 모두 구 동독 작센·작센안할트·튀링겐 주에 속한 도시와 마을들이다. 환승을 비롯한 모든 열차권을 한국서 미리 받고 호텔 싱글룸이 제공되는 최고의 조건이었다.

바흐가 태어난 아이제나흐Eisenach는 현재 외곽에 폴크스바겐 등 자동차 공장들이 즐비하지만, 역사적 명소는 그대로 잘 보존되어 있다. 바흐의 생가에 더해 언덕 위에 바트부르크Wartburg성이 있는데 여기가 바로 루터가 교황청으로부터 피신해 독일어 성경을 쓴 장소다. 루터의 초상화가 걸린 그 다락방을 최초로 찍었다. 관리인이 독어를 하는 동양인인 내가 신기하다며 굳게 닫힌 문을 따고는 5분간 보여주었다. 그 감동이 여태껏 생생하다.

튀링겐의 주도州都 에르푸르트Erfurt에 가면 카논Kanon으로 유명한 파헬벨의 집, 그 밖에 바흐의 일족들 가옥이 즐비하다. 아른슈타트Arnstadt는 청년 바흐의 날씬한 조각상이 인상적이며, 뮐하우젠Mühlhausen은 독일 국토의 정중앙 마을로 도서관에 바흐의 흔적이 있다. 중세 때부터 간직해 온 철제 열쇠꾸러미를 풀어 굳게 닫힌 철문을 열면 유리 안의 바흐 친필 악보와 만난다. 쾨텐Köthen에는 그 사랑스러운 둘째 부인 안나 막달레나와 결혼한 하얗고 조그만 교회가 있다. 정말 아름답다.

그리고 라이프치히, 전독全獨 8대 도시로 프랜차이즈 축구단 RB Leipzig팀이 발군의 실력을 발휘한다. 분데스리가 2~3위권의 신흥 강팀이다. 그러나 그 이전에 독일의 지성들을 가장 많이 배출한 도시다. 괴테·슈만·멘델스존도 인연이 있지만 누구보다 27년간 성 토마스 교회에서 봉직한 칸토르(음악감독), 바흐의 위세가 당당하다. 구 시청사 2층에 걸려 있는 유명한 바흐의 초상화로도 증명된다.

통일운동의 성지이기도 한 성 니콜라이 교회, 거대한 악기박물관, 실내악 콘서트도 영상으로 담았지만, 가장 큰 사건은 우선 제16대 칸토르인 게오르크 크리스토프 빌러 씨와의 인터뷰. 그러니까 바흐의 직계 후배인 셈이다. 벽난로 온기가 은은한 그의 널찍한 방에서 나는 행복했다. 물론 전무후무한 일이었다.

그와는 2012년 내한공연 때 다시 만나는 감격의 재회를 했다. 다른 하나는 라이프치히가 자랑하는 오케스트라홀인 게반트하우스Gewandhaus의 시설과 장비를 구석구석 마음껏 찍은 일이다. 역시 방송 최초이며 그 후론 없었다.

바흐 취재 파장은 컸다. 신문과 방송 통틀어 최초로 현지 제작을 한 이유로 여기저기서 관심을 보였다. 신문은 조선일보 음악담당 김용운 기자가 기사를 크게 실어주었다. 후배 김재원이 진행하는 프로그램 '세상은 넓다'에서도 연락이 왔다. 외주에서 문화·음악 위주로 편집했으니 도시·사람 쪽으로 포커스를 맞추어 내보내면 좋을 것 같다며 테이프 원본의 양을 물었다. 분량이 넉넉하지 않을 리가 있는가? 미친 듯 찍어댔는데. 윗선의 허락을 받고 내부 출연자의 신분으로 마이크 앞에 다시 앉았다. 원래 '세상은 넓다'는 시청자가 직접 찍은 영상을 갖고 나와 감상과 뒷이야기를 전하는 콘셉트다. 그러나 가끔 특집 형태로 전문방송인도 나온다고 해서 선례에 묻어갔다. 그런데 그게 다시 깊숙한 인연을 맺는 단초가 되어주었다.

이후 '세상은 넓다'와 나는 전속계약을 맺은 거나 다름없었다. 미덥고 고마운 후배 김재원이 적극 다리를 놓은 게 주효했다. 그는 키가 1m84cm 장신에다 타고난 말꾼. 아주 섬세하고 성정性情이 고운 친구다. 딱 교회 오빠 스타일. 나는 왜소한 편으로, 반항적이고 괴팍하며 외곬에다 주제에 자존심은 센 타입. 그런데도 한동안 우리는 거의 매일 붙어 다녔는데 언제부터 친해졌는지 기억은 잘 나지 않고, 어쨌든 같이 다니면 주위에서 참 안 어울리는 조합이라고 놀리기도 했다.

제작 쪽에서 예정된 아이템이 펑크 나 급히 아이템이 필요하거나, 독일 쪽 취재로 화제가 돌거나, 아니면 AD가 새로 와서 해외취재를 처음 간다 싶으면 '세상은 넓다'는 어김없이 나를 찾았다. 붙박이 고참 작가 K도 힘을 보태고 말이다. 나는 시나브로 한국 내 독일 인맥이 훨씬 넓어져 있었다. 관광청은 물론 대사관에 지인도 생겼고, 기민당CDU 계열의 아데나워 재단, 사민당SPD 쪽의 프리드리히 에베르트 재단, 자민당FDP의 프리드리히 나우만 재단, 기사당CSU의 한스 자이들 재단, 그리고 한독 협회 등에도 이름이 퍼졌다. 또한 앞서 기술했듯 국제방송국Radio Korea 독일어반에 제바스티안 라처라는 든든한 친구가 생겨 수시로 대화하면서 회화의 감각과 실력을 유지할 수 있었다.

라인을 품은 도시들, 그리고

대작 '라인강 유역의 사람들' 편은 그렇게 해서 탄생했다. 스위스 그라우뷘덴Graubünden에서 발원해 독일 서부를 종단하고 네덜란드를 거쳐 북해로 흘러드는 긴 강, 라인강이다. 1,232km 길이에 6천만 명이 이 일대에 산다. '라인강의 기적'을 비롯해 라인강 하면 우선 독일부터 연상된다. 남쪽 카를스루에Karlsruhe를 시작으로 뒤셀도르프Düsseldorf까지 죽 훑어가는 출장 여정. 라인강의 자식들이라고 불리는 지류인 아르Aar, 네카어Neckar, 마인Main, 모젤Mosel, 나에Nahe 강까지 빠짐없이 훑었다. 적어도 라인강에 관한 한, 이런 기획은 우리 방송사에 없다.

독일에서 가장 아름다운 곳 하나만 꼽아달라는 질문을 받을 때가 있다. 난감하지만 역시 오버레스미텔라인탈Oberes Mittelrheintal, 즉 로렐라이 주변 라인강 풍경이라고 말할 수밖에 없다. 대략 뤼데스하임에서 코블렌츠 사이 빙겐·코헴·장크트 고아하우젠 등의 마을들을 이야기한다. 빙겐은 11세기 활약한 의사이자 작곡가인 힐데가르트 수녀Hildegard von Bingen가 태어난 곳이다. 20개 정도의 크고 작은 성들이 유유히 보이는데 그중 고양이 성Burg Katz 앞에 로렐라이 언덕이 우뚝하다. 이건 일종의 바위산이라 할 수 있다. 뱃사람을 유혹해 급류에 휩쓸리게 만드는 요정 로렐라이 이야기로 너무나도 유명하다. 취향 차이가 있겠으나 유람선에서 바라보는 로렐라이 풍경이 내겐 최고인 것 같다.

뤼데스하임Rüdesheim은 대표적 관광지다. 좁은 골목길에 예쁜 카페와 와인하우스가 즐비하며 곁들여지는 아코디언 반주 독일민요가 흥겹다. 잘못 알려진 것 가운데 하나는, 여기 보행자 도로를 여행서적 같은 데서 티티새·지빠귀 골목이라 부르는데 오류다. 독어로 디 드로셀die Drossel은 새 이름도 있으나 그보다 앞서 '후두·목구멍'이란 뜻이 보편적이다. 길의 폭이 2m가 채 안 돼 마치 사람의 목구멍처럼 좁고 길다 해서 붙여진 돌길의 이름이 정확하다. 보통 관광객이 놓치는 또 하나의 재미는 자일반Seil Bahn이라 불리는 간이 케이블카다. 둘이 간신히 들어가는 함석통에 몸을 실으면 아래로 포도밭이 펼쳐지고 언덕 높은 데까지 올라간다. 거기에 니더발트뎅크말Niederwalddenkmal이라는 거대한 조각상이 높이 서 있고, 멋진 카페가 있는데 라인강이 한눈에 내려다보인다.

독일제국 빌헬름 1세가 만든 라인과 모젤의 합류점, 도이체스에크Deutscheseck의 기념물과 요새가 유명한 코블렌츠Koblenz를 거쳐 내가 살던 본에서 후베 교수님을 재회했다. 쾰른의 유명한 쾰슈프뤼Cölner Hofbräu Früh맥주를 소개하고, 뒤셀도르프에서 벤라트 성과 하인리히 하이네의 와상을 만났다. 백남준이 다닌 뒤셀도르프 미술대학을 빼놓지 않았음은 물론이다. 에센Essen은 뭐니 뭐니 해도 세계문화유산 촐페어라인 Zoll Verein이 보배롭다. 1986년까지 백 년 넘게 탄광으로 기능한 광산인데 지금은 산업박물관으로 변신했다. 그 거대한 수직갱은 에센의 트레이드 마크다. 여긴 또한 폴크방 예술대학Folkwang Universität der Künste으로 알려진 곳이기도 하다. 내친김에 부퍼탈Wuppertal까지 달려가 명물 공중전철Schwebebahn을 탔다. 레일이 아래가 아닌 위에 달려 이름이 이런데 독일에서 유일하다. 거기서 무용의 전설 피나 바우슈(Pina Bausch, 1940~2009)의 탄츠테아터Tanztheater까지 살뜰히 접하고 왔다.

독일은 특히 사전에 꼼꼼한 섭외가 필수적인 곳이다. 이게 부실한 채, 현지 코디가 알아서 해주겠지 떠났다가 낭패를 당하는 사례가 부지기수. 대략 출국일 기준 달포 정도의 여유를 두되 취재 조건·목적·기대 효과 등을 이메일로 상세히 적어 보내면, 웬만한 요구사항은 해결되며, 일단 오케이가 떨어지면 독일인은 특유의 국민성대로 일을 칼같이 수행한다. 게르만인의 특성인 철저함·검소함·깨끗함·고집스러움 등이 여실히 묻어난다.

국내 방송 사상 처음으로 6mm카메라에 담은 독일 관련 소중한 아이템이 몇몇 더 있다. 하나는 1945년 7월 26일 2차 대전 종전 직전, 미국·영국·구소련 수뇌부가 전후 독일의 국체國體를 합의한 포츠담 선언 회담장을 찍은 것이다. 이 회담은 일본의 무조건 항복과 한국의 독립을 결의했는데 일본은 당시 이를 거부했으며, 후에 원자폭탄을 얻어맞고 나서야 이를 수용한 걸로 알려져 있다. 그 역사적 장소가 바로 체칠리엔 호프Cecilienhof이며 일반에게 비공개였다. 하펠강 위의 글리니케 다리는 역사적인 동서독 포로 교환 장소. 톰 행크스 주연의 '스파이 브리지'가 이를 다룬 영화다.

독일 분데스리가 축구팀 SC프라이부르크의 훈련장 모습과 프런트·코치 등을 골고루 인터뷰한 것도 최초다. 폴커 핑케 당시 감독, 국가대표 선수 토비아스 켈리, 그리고 안드레아스 레티히 단장이 기억난다. 특히 레티히 단장은 2013~2015년까지 독일축구협회 사업단장을 맡는 등 독일 축구계의 유명인사로 발돋움했다. 핑케 감독은 이제 고희를 넘겼는데 8년 전 카메룬 국가대표 감독직을 마지막으로 은퇴했다. 아울러 프라이부르크에서는 시내 가장자리에 설치된 순환 수로水路인 베힐레Bächle, 즉 작은 도랑을 방송에서 처음으로 다루었다. 서울시가 이 베힐레를 벤치마킹해 도심에 조성하는 걸 검토하기도 했었다.

독일 자유민주당(FDP, Freie Demokratische Partei) 전당대회 취재도 인상에 남는다. 지금은 5% 내외의 지지율에 허덕이지만, 어엿한 연립내각의 캐스팅보트를 자주 쥐었던 만만치 않은 정당이다. 벤츠자동차의 도시 슈튜트가르트가 아성으로 그 예술극장에서 매년 연초에 전당대회를 치른다. 국립발레단 강수진 단장이 서던 무대가 바로 그곳. 나는 거기서 독일 정치인들의 포효를 들은 유일한 한국인일 게다. 고인이 된 귀도 베스테벨레 당 대표와 클라우스 킨켈 전 외무부 장관과 인터뷰도 했다.

독일와인과 테디베어

절대로 빼놓을 수 없는 가이젠하임Geisenheim. 독일와인의 본고장으로 그 역사가 시작된 곳이다. 라인가우Rheingau 지방의 전초기지임을 증명하듯 소읍小邑임에도 양조대학이 있다. 근처에 천년 역사의 에버바흐 수도원Kloster Eberbach도 와인의 메카로 유명하다. 독일은 10여 곳의 거대한 와인 지구대가 분포하는데 라인강과 그 지류인 모젤·자르·루베르·아르·나헤·네카어 강 유역이 그 주류다. 이질적인 곳은 단 두 군데. 하나는 뷔르츠부르크를 필두로 하는 프랑켄 일대이고, 다른 하나는 라이프치히가 중심인 구 동독의 잘레-운스투르트Saale-Unstrut강 지역이다.

특히 프랑켄 와인은 달지 않은 게 특징으로 리슬링Riesling 포도가 아닌 실바너Silvaner 품종을 원료로 남성적인 터프함을 특징으로 하며 값도 비싼 편이다. 병도 특이하게 가로로 둥그렇게 배가 나왔다. 그래서 이름도 복스보이텔Bocksbeutel, '숫양의 낭심'이란 뜻이다. 두 차례 와인가도의 도시들을 섭렵하며 나는 호사를 누렸으나 잘레-운스투르트 와인은 아직 버킷리스트로 남겨두고 있다.

국내에서 '독일와인은 달다'라는 선입견이 널리 퍼져 있고, 가격대도 대개 높은 편이어서 인기가 별로 없다. 가장 큰 원인은 독일이라는 나라 자체가 와인은 내수용으로 인식되기에 수출에 그다지 적극적이지 않다는 사실이다. 우리로 치면 한우 같은 존재라고나 할까. 둘째 이유는 와인의 문화다. 우리나라는 90년대 후반 수입와인 시대가 열릴 때부터 샤토·보르도·메도크·카베르네 소비뇽 등 프랑스 와인 언어가 선점 효과를 누렸다. 게다가 와인은 고급 레스토랑에서 비싼 음식과 즐기는 걸로 고착화되는 바람에 독일 화이트와인은 상대적으로 이질적이면서 마이너리티 범주에 속하게 된 것이다.

Elegant und Frisch(우아하고 신선하게)라는 모토에서 알 수 있듯이 독일 백포도주는 본디 야외에서 가볍게 마시는 게 특유의 아우라라 우리 풍토와 결이 다르다. 셋째는 안주와의 궁합이 마땅치 않다는 점이다. 그저 샐러드나 기껏해야 닭고기 스튜 같은 게 그나마 정찬正餐에 속하는 음식들인데 이런 건 우리에게 잘 부합하지 않는 게 아니던가. 연장선상에서 알코올 도수도 5~7도가 일반적이어서 취하려 술 마시는 우리 음주 문화와는 역시 이격離隔이 있다.

그러나 기억해야 할 사실은, 우리나라 와인의 시초는 1977년 바로 위에서 언급한 가이젠하임에서 와인 제조를 배운 최초의 한국인이 개발한 마주앙. 백포도주라는 점이다. 이순주 박사(1935~)가 그 선구자. 국내 처음으로 와인 양조학 박사학위를 받은 분이다. 귀국해 동양맥주에서 일하던 1977년 어느 날, 그는 한 통의 전화를 받는다. 김수환 추기경이었다. "미사주酒를 국산화하고 싶은데 도움을 주시겠소?" 국내 최초의 와인이 태동하는 순간이었다. 미사용 와인이 어느덧 상업화하기에 이르니 이름이 필요했고, 마주 앉아 마시는 술의 특성에 착안, '마주'(보며)+'앙仰'(잔을 쳐들다·마시다), '마주앙'이라는 국산와인이 탄생하게 된 것이다.

테디베어의 고장 깅겐Gingen과 독일 도자기의 자존심 마이센Meißen. 열차를 네댓 번 타야 닿는 시골이다. 우선 깅겐 이야기. 깅겐의 주부 마르가레테 슈타이프(Margarete Steiff, 1847~1909)는 뛰어난 바느질 솜씨로 명성이 높았다. 마을 아이들에게 인형을 만들어주는 걸 낙으로 살던 여인. 그녀의 조카가 미국으로 이민을 갔는데 시어도어 루즈벨트 대통령이 잡은 곰을 놓아주었다는 신문기사를 보게 된다. 그 순간 깅겐의 고모를 떠올리고는 시오도어의 애칭인 테디Teddy를 따와 테디베어 인형을 생산하게 된 게 오늘에 이른다. 마을 전체가 테디베어 공방과 박물관으로 이루어진 깅겐. 거기서 생산되는 슈타이프Steiff 브랜드는 예쁜 띠가 곰 인형의 왼쪽 귀에 달려 있으며 이게 오리지널이다.

마이센은 또 어떤가. 순진하고 아름다운 오리지널 동독 처녀들의 호기심 어린 눈빛이 삼삼하다. 동독 작센 주에서도 후미진 곳. 그러나 옛 마이센 왕가의 빛나는 전통이 서린 독일 도자기는 화려하고 기품이 넘친다. 언덕 높은 곳에 성당과 시청이 있는데 그 앞 레스토랑의 큼지막한 시골 스테이크도 눈에 아른거린다.

독일의 성곽을 심층 취재한 것도 처음이자 마지막일 것이다. KBS가 아무리 한국의 대표방송이라지만 독일인에게는 그저 하나의 외국 방송국에 다름 아니다. 독일의 답답한 관료주의는 유명한데다 책임 소재가 개재되면 더 까다로워진다. 이럴 땐 내국인, 즉 독일 지식인이나 관료가 나서주어야 안심하는데 나의 멘토인 후베 교수님께서 언제나 깨끗이 해결해 주셨다.

유명한 노이슈반슈타인 성Schloss Neuschwanstein. 흔히 '백조의 성'이라 불리는 이곳은 세계적 볼거리요 디즈니랜드의 심벌로도 알려져 있다. 이른 아침 우리 팀은 내부 촬영에 성공한다. 아직까지도 국내 유일일 게다. 더불어 인접한 호엔슈반가우 Hohenschwangau 성도 카메라에 담았다. 그리고 자랑할 만한 것은 헤힝겐Hechingen이라는 슈투트가르트 아래 조그만 마을 산 위에 우뚝한 호엔촐레른 성Burg Hohenzollern 내·외부를 다 찍은 것이다. 독일에서 가장 강성한 프로이센 왕가의 성으로, 백조의 성과는 또 다른 매력과 위용을 자랑하는 유산이다. 정말 멋지다! 이 촬영은 다시없을 쾌거였다.

알베르트 아인슈타인의 생가가 있고, 시내 하천에 송어가 뛰노는 아름다운 도시 울름Ulm은 백장미단Weisse Rose의 활동사를 알아보러 갔었다. 나치의 위세가 등등하던 1942년, 뮌헨의 대학생 한스 숄Hans Scholl과 조피 숄Sophie Scholl 남매는 나치에 저항 운동을 펼친다. 현재 울름에 살고 있는 가족들이 추억하는 백장미단의 역사와 숄 남매의 이야기를 담았다. 우리를 배웅하던 할머니의 손길이 기억난다.

매년 2월 부활절 전 사순절 기간 '재의 수요일'부터 펼쳐지는 사육제(카르네발, Karneval). 그 행렬을 줄곧 따라다니며 카메라에 담은 것도 이례적인 일이다. 쾰른·마인츠·뒤셀도르프가 유명한데 가장 큰 규모의 쾰른 카니발을 출발부터 끝까지 함께했다. 이 밖에도 독일의 자전거 문화, 근검절약 정신, 구텐베르크 박물관의 한국실, 고대 독일 신화를 구현한 레겐스부르크Regensburg 도나우 강변의 비현실적인 발할라Walhalla 궁전, 독일 최고의 화가이자 뉘른베르크Nürnberg의 아이콘인 알브레히트 뒤러Albrecht Dürer의 작품과 생가를 카메라에 담았다.

마지막으로 독일 제2공영방송 체트데에프, ZDF(Zweites Deutsches Fernsehen) 방송국을 심층 취재한 것을 들 수 있겠다. 마인츠의 레르헨베르크Lerchenberg 지구에 홀로 위치하며 건물과 분위기가 꼭 여의도 KBS 같아 놀랐다. ZDF에서 나는 보도국 편집회의까지 함께 참석했었다. 우연히 거기 스포츠기자로부터 한국인 2세 바이애슬론 선수 지모네 혜순 덴킹거Simone Hye-Soon Denkinger(41)의 존재를 알게 되어 즉시 본사에 알렸고, 스포츠뉴스에서 그녀를 소개해 보도되기도 했다.

그의 어머니는 파독 간호사였던 유계순 씨. 덴킹거는 2001년부터 2010년까지 올림픽과 세계·유럽선수권에서 금 14, 은 11, 동 13을 따냈다. 2009년 평창 세계 선수권대회에서도 은 1, 동 1을 획득했다. 부상으로 2010년 은퇴했으며 현재는 직업군인이다. 2008년 트레이너 슈테펜 하우스발트Steffen Hauswald와 결혼해 지모네 하우스발트가 되었지만, 공식 이름은 엄연히 Simone 'Hye-Soon' Hauswald로 '혜순'을 절대 빼놓지 않는다. '계순이'가 '혜순이'를 낳아 독일 최정상급 선수에다 세계적인 바이애슬론 스타를 만들었다. 한국 여성, 실로 대단하지 않은가? 2011년 혜순은 쌍둥이를 낳았다.

독일방송국에 들어가다

여기서 독일방송 시스템을 개관概觀해 보면 어떨까 싶다. 학자들은 보통 독일방송 편제 등에 대해 자료와 논문 등을 중심으로 연구한다. 그러나 나는 매일 독일의 방송을 접하고 방송국을 실제 들어가 봤으며, 그 안에서 일하는 방송요원들을 직접 만나 인터뷰한 희소한 경험을 한 방송인이다. 그러므로 그 어디에도 없는 생생한 정보임을 자부한다.

우선 독일의 제1공영방송은 '아에르데ARD'라 칭한다. **A**rbeitsgemeinschaft der öffentlich-rechtlichen **R**undfunkanstalten der Bundesrepublik **D**eutschland의 약자다. '독일공영방송조합(연맹)'이 풀네임이다. 1950년 설립된 최초의 공영방송이라 첫 번째 방송국이란 의미의 '다스 에르스테Das Erste'라고도 한다. ARD 전까지는 독일방송들은 군소 규모로 각 주별, 도시별로 산재해 있는 게 보통이었다.

현재는 전국 16개 주 *9개 방송사의 지역연합채널 성격을 띠며 키스테이션(중앙방송국 채널과 건물)이 따로 없다는 게 독특한 특징으로, 엔데에르NDR, 즉 함부르크 소재 북독일방송에서 대표로 송출한다. 지역적·문화적 특성과 의견의 다양성을 중시한다.

각 지역방송국에 채용된 인력은 편집·취재·제작·진행 등의 경험을 두루 익힌다. 이 가운데 특히 진행, 그중에서도 특히 뉴스로 친화된 인력이 NDR(북독일방송)에 배치되며 이들을 슈프레허(Sprecher: 아나운서)라 칭한다. 모데라토어Moderator라는 용

---

* WDR(서부독일방송), NDR(북독일방송), SWR(남서독일방송), BR(바이에른방송), hr(헤센방송), Radio Bremen(브레멘방송), SR(자를란트방송), mdr(중부독일방송), rbb(베를린-브란덴부르크방송) 등 총 9개 권역별 방송국이 ARD를 구성한다.

어도 있으나 이는 어디까지나 '진행자'란 의미가 강하다. 독일의 전 방송사 가운데 '아나운서'가 활동하는 영역은 ARD가 유일하다. ARD아나운서는 독일 사회에서 가장 신뢰받는 방송인이며, 따라서 자긍심도 무척 높다. 연예인 못지않은 관심의 표적이 되며 인지도 또한 상당하다.

ARD의 뉴스는 타게스샤우Tagesschau라는 타이틀을 갖고 있는데, 이는 독어로 '오늘 일어난 일을 보이다. 알리다'의 의미로 조어造語 형태의 고유명사지만 '텔레비전 뉴스 프로그램'을 뜻하는 보통명사로도 쓰일 정도로 정착되었다. 이 타게스샤우야말로 오롯이 아나운서들만의 고유 영역이다.

특히 시청률이 가장 높은 메인뉴스인 저녁 8시 타게스샤우는 불과 최근까지도 프롬프터를 쓰지 않고 아나운서가 원고를 보면서 뉴스를 전달했다. 이유는 그것이 더 자연스러우며 전통에 속하는 부분이었기에 그러했다. 지금은 그러나 프롬프터 체제로 바뀌었다. 아무리 대형 뉴스가 터져도 15분 방송시간은 요지부동이다. 같거나 비슷한 뉴스를 우리처럼 계속 틀어대지 않는다. 타게스샤우는 소위 미국식 앵커시스템으로 진행되는 밤 10시 30분 심층 종합뉴스 '타게스테멘Tagesthemen'보다 언제나 시청률에서 앞선다.

이변이 없는 한, 독일 전체 방송 시청률 톱5 안에 언제나 들며 평균 시청률 20%에 독일 국민 중 6백만 명 이상이 이 타게스샤우를 통해 뉴스를 접한다.

독일은 방송 뉴스 문화 자체가 우리와 사뭇 다르다. 우선 종합 뉴스쇼 형식을 지양한다. 뉴스가 공정하고 중립적이고 객관적이려면 진행자의 퍼스낼리티나 뉴스 외적 요인이 최대한 소거되는 게 옳다고 여긴다. 그래서 불러틴Bulletin뉴스 내지 스트레이트뉴스 등 단신을 기본으로 하는 전달 방식이 신뢰성을 담보한다는 공감대가 있다. 아나운서의 가치, 정밀한 리딩의 실효성이 존중받을 수 있는 대목이다. 물론 심층·심화 뉴스는 앵커시스템을 견지한다. 인터뷰와 기자적 전문성이 수반되기 때문이다.

타게스샤우는 현재 8명의 아나운서가 교대로 맡아 진행한다. 이유는 ARD의 아나운서라면 누구나 타게스샤우를 이끌 능력과 권리가 있기 때문이다. 지극히 독일적인 사고이며 난 이 대목이 특히 부럽다. 지방분권을 몸소 구석구석 실천하는 나라답다. 이런 걸 두알쥐스템Dual System이라고 한다. 무엇이든 독일은 이중의 장치를 선호한다. 안전·권리·균형·분할·참여의 가치가 작용한다. 시청자 입장에서도 한 아나운서만 일정 기간을 계속해서 접한다는 건 때로 지겹지 않던가. 평등하고 공정한 권리가 뉴스에서 실현되고 있는 셈이다.

또 하나, 주목할 것은 ARD의 아나운서는 신인이 없다는 사실이다. 모두 다 각 지역방송사에서 다양한 프로그램과 방송의 다양한 영역을 경험한 베테랑들이다. 단순히 뉴스적 마스크와 기계적 리딩의 정확성만으로는 뉴스를 할 수 없다는 생각이 저변에 깔려 있다. ARD의 뉴스 타게스샤우를 보며 독일인들은 그들 모국어 표준발음의 아름다움을 마주하고 평균 교양인의 외양과 태도를 익힌다고 볼 수 있다.

다음은 체트데에프ZDF(Zweites Deutsches Fernsehen)다. ZDF는 ARD의 독점적 공영방송 운영을 견제하고자 주 정부 협약에 의해 1961년 탄생한다. 첫 방송은 1963년, 라디오 채널은 없다. 인구 20만의 소도시 마인츠Mainz에 위치한다. 정치·사회적 통합을 모토로 하며 KBS의 협력회사이기도 하다. ZDF는 ARD에 비해 상대적으로 신속하고 유연한 의사결정 구조, 젊고 유능한 인력들의 수준 높은 기획물과 리포트에도 불구하고 시사·보도 분야에서는 ARD에 비해 열세다. 대개 뉴스는 6:4, 시사토크쇼는 4.5:3.0의 비율. 그러나 교양·오락은 비등하다.

한나절 ZDF보도국을 관찰한 바에 따르면, 우선 천장에 네 자릿수 큰 종이들이 무수히 걸려 있었던 게 기억난다. 거기엔 전화번호가 보기 편하게 적혀 있는데 정치부·경제부·사회부 등 섹션별로, 특히 법조·사건사고가 눈에 띄게 크다. 속보 대비와 부서 간 연결, 연락시간을 절약하기 위함이다. 독일은 어느 회사든 업장에서 휴대폰을 금하는 게 일반적이다.

회의실 벽면에 붙어 있는 '우리의 경쟁자Unsere Konkurrenten' 게시판엔 상업방송 대신 맨 위에 ARD가 보인다. 그만큼 공영방송끼리의 라이벌 의식이 강하며 언젠가는 반드시 제1방송 ARD를 이기고야 말겠다는 굳은 각오가 느껴진다.

독일방송은 프로그램 제작을 위한 인력운용이 우리와 다르며 배울 만하다. 이른바 '레닥치온'Redaktion 시스템하에서 움직이며 직역하면 '편집국'이란 개념이 되나, 방송장르별·프로그램별 일 중심의 팀제 운용이 걸맞을 것이다. PD·기자·아나운서 등 직종을 우선 가르고 그에 따른 부서별 업무를 배정하는 것이 아니라 프로그램 영역에 따른 팀이 있고, 거기에 직종 구분 없이 남녀 팀원, 즉 레닥퇴어(린)Redakteur(in)들이 소속되는 시스템이다.

ZDF는 특히 견고한 팀제를 특징으로 한다. 뉴스와 시사 프로그램을 만드는 보도·시사팀, 다큐와 시사토크쇼를 다루는 내정內政팀, 해외저널과 리포트 물을 담당하는 외정外政팀, 경제·사회·환경팀, 문화·과학팀, 공동체·교육팀, 스포츠팀 등 12개의 주요 팀이 조직화되어 있다. 모든 팀원들은 기획·취재·편집·제작·진행의 주체가 된다. 따라서 팀원 모두가 PD요 기자요 아나운서(진행자)다. 팀별로 예산을 운용하며 프로그램을 제작하고 MC를 배분한다. ARD 타게스샤우의 슈프레허(아나운서)

를 제외하고는 독일방송 대부분이 이 레닥치온 시스템Redaktion System을 채택하고 있다고 보면 된다.

ZDF도 ARD처럼 복수의 앵커 시스템을 고수한다. 메인뉴스는 ARD와 차별되게 한 시간 빠른 7시에 방송되며 타이틀은 '호이테Heute', 즉 '오늘'이란 뜻이다. 현재는 페트라 게르스터 Petra Gerster, 크리스티안 지버스Christian Sievers, 바바라 할베크Barbara Hahlweg 3인 교대 체제이며 게르스터의 경우 메인앵커만 22년째다. 한번 믿음을 주면 오래 가되, 대신 교대로 하는 게 이들의 앵커 운용이라고 할 만하다.

이는 내부적으로 뉴스 진행의 다양성을 꾀하면서 팀원으로서의 업무 감각이나 팀플레이의 중요성 면에서도 긍정적이고, 시청자 입장에서도 앵커 캐릭터에 따른 선택의 폭이 넓어지는 장점이 있다. 또한 큰 맥락에서 보면 앞에서도 잠깐 언급했듯 경제와 균형의 원리가 늘 작동하는 독일 사회·문화 현상의 단면으로도 파악될 수 있을 것이다.

이 기회에 독일의 대형 상업방송 둘을 마저 짚고자 한다. 우선 에르테엘RTL이다. RTL은 아무도 주목하지 않던 룩셈부르크의 작은 라디오 방송국이었으나 1984년 TV로 영역을 넓히고, 확장과 발전을 거듭한 끝에 1993년 이후부터는 유럽 최고 수준의 광고 수입을 기록하는 등 독일을 넘어 다국적 미디어그룹으로 자리매김하고 있다.

Radio **T**elevision **L**uxemburg의 약칭으로 거대기업군 베르텔스만 그룹Bertelsmann Group의 자회사인 UFA와 룩셈부르크 통신사 CLT의 공동 소유다. 영화 채널 VOX와 뉴스 전문 채널 n-tv도 같은 그룹 소속 회사로 쾰른에 본사가 있다. RTL의 메인뉴스인 '에르테엘-악투엘RTL-Aktuell'은 ARD의 메인뉴스 타게스샤우와 ZDF의 호이테를 피하기 위한 전략으로 초저녁

편성, 오후 6시 45분 뉴스를 고수하고 있다. 따라서 뉴스 편집 방향도 다를 수밖에 없다.

공영방송 뉴스가 정치·경제·사회 아이템 우선 배치 등 전통적 흐름을 지키는 반면, 상업방송은 사건 기사를 최우선으로 하고, 그 밖에 생활·연예 뉴스를 빼놓지 않는 특징에다 다분히 선정적이며 역동적 화면을 중시한다. 여기서 악투엘Aktuell은 '시의성 높은' '현장의' 정도의 뜻이지만 요즘 말로 하면 '핫Hot한'쯤이 될 것이다. 시그널뮤직이나 앵커의 톤 등 모든 게 독일답지 않게 요란하다.

다른 하나는 *자트아인스Sat1다. 원뜻은 '위성 제1방송'이란 의미다. 독일 최초의 상업방송으로 1984년 풍운의 미디어 재벌 *키르히 그룹과 전통의 활자 매체 대기업인 *악셀 슈프링거의 공동 소유로 기세 좋게 출발했다. 그러나 키르히의 무리한 투자와 경기 불황으로 2002년 자매회사 프로지벤Pro7과 함께 도산의 아픔을 겪는다. 현재는 독일 유일의 상장 방송사로 프로지벤자트아인스Pro7Sat1미디어 주식회사라는 이름으로 'N24'라는 자체 뉴스 채널도 운용하고 있다. RTL의 24시간 뉴스 채널 n-tv와 라이벌 구도다. Sat1의 메인뉴스는 자신들의 뉴스룸이 정치1번지 베를린에 있다는 걸 주지시키며 오후 6시 30분, 가장 먼저 생생한 뉴스를 전한다는 속보성을 내세운다.

독일방송의 채널별 점유율은 2000년 이후 거의 변함없이

---

* Satelliten Fernsehen GmbH의 약칭. 1984년 독일 최초의 민영방송사로 출범. 2002년 영화전문 방송사 Pro7과 합병. 2005년 최대 주주가 유대계 미디어 재벌 하임 사반Haim Saban에서 독일 최대 신문 출판 그룹인 악셀 슈프링거(Axel Springer Verlag)로 바뀜. 베를린 소재.

* 레오 키르히Leo Kirch가 세운 미디어그룹. 1990년대 중반까지 독일 미디어 업계의 총아였으나, 무모한 사업 확장으로 도산.

* 악셀 슈프링거는 창업자 이름. 독일 최대 발행 부수의 대중 신문 빌트Bild를 발행하는 거대 인쇄매체 미디어그룹.

ARD, ZDF, RTL, Sat1가 4등분을 하고 있다. 공영방송에서는 근소하게 ARD가 앞서고 상업방송에서는 RTL이 약간 앞서는 패턴을 유지하는 중이다. 시청률과 점유율에 있어 이 4개의 방송사가 3분의 2 정도를 차지한다. 무엇이든 쏠림 현상을 싫어하는 독일 국민의 특성이 방송 시청 패턴에도 영향을 주는 건 아닌지 곱씹어 볼 대목이 아닐 수 없다. 독일 이야기는 여기서 일단 접고 뒤에 계속한다.

한국어능력시험의 탄생

 춘천에서 서울로 오기 전 '미션' 운운한 것 기억하리라. 이명용 실장이 받은 중요한 미션은 꽤나 흥미진진하고 스펙터클했다. 당시 부임한 지 얼마 안 된 J사장의 매력적이지만 위험한 제의를 덥석 받은 것이다. "사원들의 국어 실력이 형편없다. 토익·토플이 대수인가? 그 점수 잘 나온 것과 영어 잘하는 것과 상관도 별로 없더라. 영어보다 국어가 더 중요하다. 사내 통용되는 보고서·기획안·제안서는 참담한 수준이다. KBS인의 전반적인 국어 능력을 향상시키는 것은 물론, 우리 사회에 국어가 경쟁력이라는 어젠다를 KBS가 일으켜야 한다. 이 작업을 아나운서실에서 하면 어떤가? 마침 한국어연구부도 있지 않은가?" 사장의 의견이었다.

 이 실장은 아나운서실의 외연 확장에 늘 관심이 많았던 인물. 스스로 라디오PD와 운행PD를 하며 외도(?)를 경험한 탓도 있었으리라. 아나운서는 밖에서는 대개 선망의 눈길로 비치지만, 안에서는 단일 부서이기에 아나운서실이란 좁은 공간에서 서로 지지고 볶고 할 수밖에 없는 운명이다. 다른 부서로 이동하는 것, 심지어 지역국장으로 영전해 나가는 것도 꺼리는 분위기가 오래도록 지배했다. 이런 분위기 속에서 아나운서실이 회사에 기여하는 새로운 프로젝트를 앞두고 그가 주저할 이유는 없었다. 다만, 누가 어떻게 추진할 것이며, 과연 우리 조직이 그걸 감당할 만한 역량이 되느냐 대목에선 고개를 갸우뚱할 수밖에 없었는데 덜컥 하겠다고 나선 형국.

2003년 11월, 본사로 복귀한 나는 대충의 설명을 술자리에서 이 실장에게서 들었다. 사장이 포부를 공개적으로 밝혔으니 시행할 것 같다고. 그러나 내부 논의가 필요할 테고 어쨌든 사업 주체는 우리가 할 것이라고 말이다. 연말이 되자 나는 그동안 없던 보직을 맡게 된다. 한국어연구부의 기존 업무인 교육, 연구와 별도로 '능력시험(준비)' 차장직이 신설돼 임명되었다. 직제를 통해 선제적으로 포석을 깔아놓은 실장의 전략이었다.

2004년, 해가 바뀌었는데 회사는 국어능력시험 건에 대해 갈팡질팡했다. 그도 그럴 것이 예나 지금이나 KBS는 크고 둔한 조직이다. 한번 움직이기가 쉽지 않다. 아무리 사장이 제안을 했다 하더라도 관련 부서가 서로 핑퐁을 하기 시작하면 어디론가 실종되는 아이디어가 부지기수다. 더구나 J사장은 이른바 개혁적 마인드로 KBS 체질을 바꾸기로 작심한 듯 이것저것 몰아붙이기 일쑤였다. 한국어시험 시행은 예상대로(?) 표류하고 있었다.

실장은 구구한 소문과 억측을 정리하기 위해 마침내 관련 부서 합동연석회의를 열었다. 인력관리실은, 국어시험인증제는 장기 과제에 해당하는데 방송사인 KBS가 그 정체성正体性에서 혼란이 올 수 있다고 했다. 또 하나, 국어가 중요하다고 하나 토익·토플 항목을 없앨 수는 없으며 그리 되면 응시생들에게 추가 부담을 주어 우수 인력이 안 올 수 있다고 우려했다. 그리고 가장 중요한 대목으로 국어시험이 채용과정에 속하니 인력관리실 주관이 되어야 맞는다고 강력히 주장했다. 예산 쪽은, 예비비나 항목 변경 및 신설 등을 통해 도울 수는 있으나 인사부 의견에 대체로 동의한다며 성공을 장담하기 힘든 것 아니냐고 비관론을 폈다.

아나운서실은 영어 만능의 사회 분위기에서 국어 사랑 정신을 공영방송 KBS가 말로만이 아닌 채용단계에서 실질적으로 반영한다면 자체로도 훌륭한 의제 설정이요, 그 당위와 명분을 누가 반대하겠느냐며 대 국민 메신저로서의 역할을 강조했다. 아울러 사장의 의지가 확고하고 아나운서실도 도약할 수 있는 기회이니 전사적인 큰 그림으로 봐야 하며 설사 시행착오가 있다 하더라도 실행하자고 몰아붙였다. 장시간 회의 끝에 인사부가 예산 쪽에 가능성을 확인한 후 시험 시행 주체는 사장의 결정에 따르기로 하고 종료했다. 사장은 그 후 당초 안대로 우리를 찍었다.

시험 명칭은 'KBS한국어능력시험'으로 정해졌다. '국어'가 아니라 '한국어'인 이유는 English·Deutsch·Français·中國語·日本語이듯 글로벌 스탠더드에 맞춘 것이요 국어國語라는 단어가 주는 다분히 국수주의적인 분위기와 학교 교과용 아우라를 탈피하기 위한 자연스러운 선택이었다. 또한 '한국어'는 우리가 지켜온 전통인 '한국어연구회'의 맥을 잇는 이름이기도 했다. 그 앞에 자랑스러운 KBS 브랜드를 달고 말이다. 마치 영국의 BBC영어처럼.

2004년 그해 3월경, 아나운서실은 불난 호떡집이 되었다. 실 전체의 모든 화제와 담론이 한국어능력시험으로 수렴되는 분위기. 과연 무슨 준비를 어디서부터 어떻게 해야 하나. 우리가 할 수 있는 건 맞나. 만약 실패하면 어떻게 되나. 팀제 시행에 따라 이름이 '한국어팀'이 된 우리 실무진은 매일 이런 의문들과 싸워야 했다. 출제진 확보가 어쨌든 급선무였고 극비리에 진행되어야 했다. 보안, 또 보안이 제일 중요했음은 물론이다.

나와 후배 P는 동분서주할 수밖에 없었다. 검증된 능력과 역량은 있으나 숨겨진 익명성으로 세간의 예측이 불가능한 인물과 그룹을 찾아야 했다. KBS의 위상이 있지 않은가. 아나운서실 초유의 사업이라는 중압감이 어깨를 짓눌렀다. 그러던 차, 1년 전 국가인증 국어능력시험 하나가 신설된 게 있으며 S대 국문과 멤버들이 출제진으로 운용되고 있음을 포착했다. 다행히 활성화 단계까진 아니었다. 우리는 이 기관의 과거 문제지를 입수했고, 나를 비롯해 6명의 아나운서들이 시험 당일 실제로 응시해 문제를 풀어보았다. 물론 비밀리에 이루어졌으며 007작전을 방불케 했음은 물론이다. 이제야 밝힐 수 있는 사실들이다.

우리는 문제지 구성에 대해 심도 있게 논의하며 수능 국어와의 차별화를 주된 목표로 삼았다. 수능은 주지하다시피 읽기, 즉 독해가 대세다. 그러나 우리는 방송사 특성 등 여러 상황을 고려하고, 사장의 당초 의지를 구현하는 데 적합한 것은 어휘·어법 중시라고 봤다. 그러다 보니 주체를 문학보다는 어문 중심으로 잡았고, 이런 맥락에서 자연스레 S대 국어교육과를 최상의 파트너로 찍었다. 금상첨화였던 것은 우리 아나운서실이 속해 있는 편성본부의 수장이 바로 같은 과 출신의 인사였던 것이다. 우리는 일이 수월하게 풀려갈 것임을 직감하고 작업에 들어갔다. (물론 지금은 출제 진용이 바뀐 지 오래다.)

아니나 다를까, 예감은 적중했다. 보다 국어적(?)이지만 '국문'에 밀리는 듯한 세평 속에 절치부심하던 해당 학과에도 신사업은 신선한 충격이었나 보다. 국가기간방송 KBS가 제안하는 프로젝트를 마다하는 게 오히려 이상했을 터, 우리 손을 덥석 잡았다. 편성본부장의 커튼 뒤 역할은 모르겠으나, 있었다면 분명코 긍정적인 방향으로 작용했으리라.

국어교육과 교수님 중에서도 어휘 전공 M교수를 주축으로 팀이 짜여졌다. 그가 총애하는 명민한 박사과정생 몇 명, 그와 여러 인연으로 엮인 입시 출제 전문 교사들이 2진으로 합류했다. 국립국어원 박사 소수, 그리고 난상토론 끝에 상징성을 고려하고 먼 미래를 담보하기 위해 아나운서 극소수가 방송언어 관련 문제 출제를 위해 합류했다. 나와 P가 당연히 총대를 멨다.

원래는 문제은행식으로 출제한 문제를 몇 세트씩 쟁여놓고 시험 며칠 앞두고 여유를 가지며 검토 작업을 하는 게 이치에 맞는다. 그러나 우리에겐 시간이 없었고, 그렇게 하면 보안 문제가 치명적으로 취약해진다. 또한 명색이 신문사보다 속보성에서 빠르다는 플랫폼인 방송사가 시의성을 제대로 반영 못한 문제를 출제한다는 비판에 직면할 수도 있다는 설정은 견디기 힘들었다.

이제는 말할 수 있다

결국 우리는 시험 시행 8일을 앞두고 합숙을 선택한다. 2004년 폭염 속 8월 초, 15명 정도가 수원 KBS연수원에 모였다. 2~3주 전부터 KBS가 국민들의 국어 능력 향상에 앞장 설 것을 다짐하는 취지로 방송사 최초로 신입사원 선발에 한국어능력시험을 도입하기로 했다며 대대적인 스팟을 쏴대고, KBS에 응시하려면 반드시 이 시험을 본 후 성적표를 제출해야 한다고 강조하던 막바지. 마치 전사들처럼 배낭 하나씩 메고 입장해 연수원 식당서 저녁을 먹었다. 그러곤 서로 모르는 세 그룹이 전투복(?)으로 갈아입고는 '제한구역' 푯말을 복도 바닥에 세운 채 각자의 방으로 들어갔다.

문제 유출 시에는 민·형사상 모든 책임을 진다는 각서에 서명하고, 각 그룹별 문제를 최종 조율한 이튿날 아침 회의실 풍경. 머리를 짜낸 100개의 문제가 공개되자 놀라운 광경이 펼쳐졌다. 환등기가 각자의 문제를 정면 벽에 비추면, 출제 멤버들은 마치 먹이 만난 야수들처럼 변한다. 하이에나가 가젤의 여리고 연한 살점을 뜯어 먹는 듯한 장면이 연출된다. 나는 학자나 교사들이 그렇게 잔인한 줄 미처 몰랐다. 자신이 낸 문제는 최대한 디펜스하고, 남의 작품은 가차 없이 넝마를 만드는 현장은 안 겪어본 사람은 모르리라. 한 문제 갖고 몇 시간을 끌기도 했고, 끝없이 주고받는 인신공격 끝에 얼굴을 붉히기도 여러 번. 그때마다 출제 위원장이던 M교수님은 구루이자 멘토, 조정자요 구원자였다. 그의 중재와 교통정리가 없었다면 단언컨대 큰 난관에 봉착했으리라 판단한다.

문제에 대한 문제의식은 여러 갈래다. 하나는 완성도다. 문제로서의 체계가 허술해 가치가 떨어진다는 거다. 억지춘향이라는 비판을 많이 받게 된다. 출제자로서는 가장 뼈아픈 대목이다. 다음은 난이도다. 너무 쉽거나 어렵다는 거다. 문제로서의 자격은 갖추었으나 선택지를 조절해야 하는 운명을 맡게 된다. 끝으로 적절성 여부다. 특히 읽기의 문제의 경우, 글쓴이의 정치적 성향이라든지, 문제 인물의 작품은 아닌지, 특정 계층 편향성은 없는지 조망할 시선이 필요한 것이다. 공영방송 KBS가 주관하는 시험이 이런 논란을 사전에 걸러내야 함은 당연했고, 주최 측인 우리 아나운서 쪽의 책무이기도 했다.

똑같이 국어를 업業으로 삼아온 사람들이지만, 대학의 상아탑 국어와 일선 중·고등학교의 현장 국어는 그걸 다루는 방식과 시각에 차이가 났다. 대학과 국어원 인력이 말글의 원리를 캐내 들어간다면, 학교는 사고 능력과 해석의 유추에 주안점을 둔다. 나는 상당히 흥미진진한 눈으로 이들을 지켜보았는데, 그 능력·한계와 우리의 강점·가능성을 재단하고 냉정히 비교할 기회를 가졌다. 그러곤 우리 아나운서들이 이 분야에 당당히 한

축을 담당할 수 있다는 비전을 품게 되었다.

제1회 시험은 듣기평가가 10문제, 어휘와 어법을 합쳐 30문제, 쓰기 5문제, 말하기 5문제, 창안 10문제, 읽기 30문제, 그리고 국어문화 10문제로 구성되었다. 지금과의 차이는 말하기가 현재는 듣기에 연이어 나오는 데 비해, 당시는 쓰기 다음에 붙어 있었다는 점. 그리고 사지선다형四枝選多型에서 선택지가 5선지選支로 바뀐 것이다. 특히 듣기에서 응시생들에게 신선미와 친근감을 주기 위한 시도를 했었다. 가요를 통해 틀린 노랫말을 찾아내거나, 라디오 드라마 대사, TV광고 문안, 판소리·창唱 등을 소재로 출제했다. 창안創案 영역은 일종의 자유연상自由聯想으로 방송사 응시생들에게 필요한 창의성과 국어 실력을 동시에 평가할 수 있는 시도로 주목받았다. 쓰기는 논리적 글쓰기, 혹은 논문작성법과 유사한 콘셉트로 시험 형태로서는 우리가 처음 도입한 것이다.

읽기는 중·고 교과서에 안 나오는 지문을 원칙적으로 대상으로 삼되 문학·철학·과학·시사·역사·심리·예술·문화 등을 골고루 배치했다. 뿌듯한 지점은 국어문화 영역을 피날레로 장식한 것. 역대 어느 기관·단체도 실험해 보지 않은 새로운 시도로 국어 관련 상식을 문제화한 점이다. 방송언어·작가·문학 작품·고문古文과 고전古典·민요 및 농가農歌·훈민정음·고유어·북한어·순화어·구한말 표기 등 다양한 카테고리로 꾸몄다. 나는 이걸 '입체적 국어 능력'이라고 부르고 싶다. 지문 달린 독해 문제 하나 더 맞히는 것보다 이런 국어를 둘러싼 교양을 쌓은 걸 더 높이 평가해야 한다고 믿는 축이다.

첫 회 한국어능력시험 때 아나운서가 직접 출제한 건 듣기와 어휘·어법, 국어문화 영역이었다. 특히 발음 쪽은 우리의 전문 분야가 아니던가. 장단음을 비롯해 음의 동화와 첨가, 경음화, 받침의 발음을 지필고사를 통해 다룬 최초의 실험을 감행했다. 두 가지 면을 새삼 깨달았는데 하나는, 학자와 교사들이 발음 쪽은 자신이 없거나 거의 문외한 수준이라는 사실. 그리고 뒤에 안 것이지만 수험생들의 정답률이 가장 낮은 편이라는 것. 그럼에도 오랫동안 끌고 간 이유는 아나운서가 주도해 나가는 시험이라는 자존심, 그리고 이른바 '말 공장'이라는 방송국의 정체성과 무관하지 않다. 하지만 너무 생경하고 어렵다는 지적에 발음 문제를 수년 전에 결국 뺐다. 참으로 아쉬운 점이다. 그동안 내가 이 분야 문제를 도맡아 냈다고 해서 그러는 게 절대로 아니다.

이 시험의 콘셉트를 말할 때, 초창기 우리가 재미삼아 자주 한 말이 있다. "공부를 꽤 많이 해도 성적이 그만큼은 안 오르고, 조금만 해도 평소 실력이 있다면 좋은 점수를 얻는 시험으로 만들자. 학교 국어 교육과 국어 관련 감각이 맞물리는 섹시한(?) 문제를 내자". 여하튼 제1회 시험의 최대 관건은 평균 70점 정도의 표준편차와 정규분포가 균형 잡힌 포물선 그림을 결과로 내는 것이었다. 그래야 문제가 어렵지도 쉽지도 않은 균형 잡힌 문제로서 공들인 표가 나고 가치를 평가받는 중요한 척도였기 때문이다. 마치 판례가 하나도 없는 상태의 새로운 판결문 만들기 같다고나 할까. 그런데 놀라운 일이 벌어졌다. 평균 점수 70.6, 대성공이었다. 이건 고교야구에서 8번 타자가 2타점 적시타를 친 거나 진배없는 기적 같은 일이었다.

찍기의 메커니즘

다음은 머리를 좀 식히는 차원에서 웃자고 하는 이야기다.

문제를 출제자 입장에서 바라보면 이렇게 된다. 5지선다형選多型이 대세지만 얼마 전까지만 해도 객관식 문제 하면 4지선다가 많았었다. 답을 모를 땐 어떡하라고 들었나? 그렇다, ③번을 찍는다. 왜 그럴까? 바로 출제자의 '의식의 흐름'을 좇는 방식에 부합하기 때문이다. ①은 어림없고 ②는 그럴싸한데 아리송하고 ③이 맞는 것 같은데 ④를 더 보고는, 아니다 싶으면 그대로 ③으로 가고, ④가 근사해 보이면 ②를 잠시 보고 선택하는 절차. 이게 보통 FM(필드 매뉴얼)이다.

문제를 내는 사람의 바람은 자기 문제가 그럴듯해 보이게끔 만드는 것이다. 그러기 위해선 일단 수험자가 다 읽고 봐주어야만 하는 전제가 깔린다. 애써서 선지選支 구성을 했는데 너무 쉬워 ①②번에서 끝나면, 들인 품이 아깝게 된다. 물론 그렇다고 ③④번에 모두 답을 몰리게 할 수는 없는 노릇이기에 ①②번 답도 있지만, 그건 대개 한눈에도 문제가 파악되는 간단한 경우가 많다. 곧, 웬만한 문제는 답이 ③에 있어야 정상이다. 출제자 입장을 염두에 두면 그렇다는 것이다.

물론 안 그런 경우도 있다. 특히 읽기의 경우 아주 긴 지문이 나오고 문두文頭가 맞는 걸 고르라할 때는 서술 길이가 짧은 ①번이 답일 수 있다. 반대로 문두가 틀린 걸 고르라 할 때는 긴 문장인 마지막 ④⑤가 답일 확률이 높다. 이유는 이렇다. 거짓말은 짧은 경우가 드물다는 사실을 기억하면 된다. 독해문제에서 그럴싸한 오답을 만들려면 자꾸 뭔가를 갖다 붙일수록 수월하다. 오답 후보가 길이가 짧으면서 지문과 내용이 일치하지 않으면 금세 표가 난다. 정답은 반대로, 그걸 길고 상세히 하게 되면 출제자 입장에서 나머지 오답을 만들 여분이 부족하고 힘들어진다. 곧 단순해야 정답의 옷을 입히기가 쉽고 수험자를 헷갈리게 만드는 효과도 보는 것이다.

선지는 최종적으로 두 개가 비등하게 대결하게 만들어야 잘 낸 문제다. 쉬운 문제란 그 둘 사이의 선택이 비교적 용이한 것. 이 분야 업계 용어로 '깃발'이란 게 있다. "저요, 제가 정답이에요" 하며 깃발처럼 펄럭인다는 의미다. 반대는 '짱돌'이다. 하찮은 존재란 뜻으로 "저는 정답 아닌 거 아시죠?"라는 뜻이다. 둘 다 문제 출제엔 독毒과 같다. "선생님은 '매력적 오답'만 들기가 참 탁월하시네요" 이게 바로 이쪽의 전문가들을 상찬하는 멘트다. 이건 물론 답을 확실히 알고 있을 때는 필요치 않은 이야기다. 아리송한 문제를 접했을 때, 대개는 둘 중 하나로 답이 좁혀질 터. 그때 출제자와의 심리전에서 써먹을 요량이면 한 번쯤 기억하길 바라는 마음으로 적어보았다.

가리봉동의 밤하늘

우리 초대 한국어 전사戰士들(?)은 정말 순박하고 무던했다. 8월 5일이었을 게다. 시험지를 인쇄소에 맡기고 그 염천炎天에 철통 보안을 지키기 위해 휴대폰을 반납하고, 그것도 모자라 강제 이동을 감수해야만 했다. 봉고를 타고 제부도로 가서 해물 칼국수를 먹고는 당진 앞바다에 가서 배를 빌려 우럭 줄낚시를 했다. 하고 싶어서 그런 게 아니라 보안 문제 때문에 그리했음은 물론이다. 땡볕에 바다 한가운데서 강요된 낚시는 그러나, 당시 참여한 멤버들에게 소중한 추억으로 남았다.

2004년 8월 8일, 마침내 전국 고사장에서 제1회 KBS한국어능력시험이 시행되었다. KBS아나운서들이 총출동해 고사장에 감독관으로 나간 전무후무한 일이 벌어졌으며 9시 메인뉴스를 탔다. 시험 전후로 놀랐던 건, 'KBS한국어능력시험 완벽 대비 수험서'라는 이름의 참고서들이 벌써 3~4종 나와 있었다는 사실. 그 얄팍한 조야성은 마치 독이 가득 찬 해파리를 보는 느낌이었다고나 할까. 그건 차라리 국어를 볼모로 한 '두꺼운 찌라시'이었다. 세상에는 돈벌이에 혈안이 되어 있는 사람들이 너무도 많다. 이들과의 전쟁도 치러야 했으니 우리는 서둘러 지정 출판사와 계약을 맺고 KBS 로고 등 지식권 및 상표권 문제와도 씨름해야 할 운명에 맞닥뜨렸다.

시험이 끝나면 대개 홀가분해야 마땅하다. 그러나 엄밀히 말하면 오류다. 모든 일에는 뒤치다꺼리가 기다리고 있는 법. 바로 채점의 과정이다. 그렇게 여러 차례 고지를 했건만 여러 다종다양한 형태의 기표 실수로 인한 OMR답안지 분류작업이 기다리고 있었다. 구로구 가리봉동 어느 인쇄소 지하실. 나는 거기서 마치 튀밥처럼 수도 없이 튀어 오르는 OMR카드들을 멍하니 바라보고 있어야 했다. 그걸 일일이 수거해 수험생이 선택한 번호가 무엇일까 의중(?)을 읽어야 했다. 애매하게 표시를 한 답 표기를 수작업으로 분류하는 과정. 8월 13일 자정이 다 되어서야 그 작업이 끝났다. 그리고 나는 남몰래 준비해 왔던 또 다른 꿈을 현실로 바꾸는 여정을 다시 시작하게 된다.

베를린이 나를 소환했다

2004년은 내게 여러모로 '결정적 순간'이었다. 그해 봄 J사장은 연수練修제도와 관련, 야심 찬 플랜을 발표한다. 미국 중심의 패턴에서 벗어나자는 게 골자였다. 그래서 미국·중국·일본을 하나의 그룹으로 묶고, 대신 영·독·불英·獨·佛을 따로 한 명씩 선발해 파견하는 해외연수 프로그램 공문이 시행되었다.

나는 6년 전 이미 독일을 경험한 터라 관심이 덜 한 건 사실이었다. 선발될 가능성도 따라서 무척 적었고 말이다. 그러나 영국·프랑스, 그리고 독일에 한 명씩 따로 배정한다는 대목에 솔깃하지 않을 수 없었다. 이 무렵 우리 2TV의 정체성正體性 문제가 화두였다. '1TV 보도·교양에 광고 없음, 2TV 예능·드라마에 광고 허용'이라는 채널 성격을 근본적으로 재설정해 보자는 논의가 활발했다. 전두환 군부 독재의 전리품으로서 TBC-TV를 떠안은 KBS의 두 채널, 이걸 어떻게 달리 운용할 방안은 없을까 사내·외로 화두였던 시점. 나는 불현듯 독일의 공영방송인 두 채널, ARD와 ZDF의 관계성을 떠올렸다.

서로 다른 방송국 같으면서도 공영방송의 틀 안에 함께 있는 존재. 수신료로만 운영되는 제1공영방송 ARD와 수신료·광고로 함께 재정을 꾸리는 제2공영방송 ZDF. 협력하면서도 경쟁하는 선의의 라이벌 체제 등이 우리 1TV와 2TV의 위상 재정립에 어떤 영감·모티브를 가져올 수 있지 않을까, 촉이 닿았다. 그러나 닥쳐올 2회, 3회 한국어능력시험이 걸림돌이었다. 여기에 온 정력을 집중해도 모자랄 판에 연수를 지원하겠다고 하면, 분명히 욕을 먹을 상황. 그래서 소극적으로 대충 아이디어 중심으로 연수계획서를 작성해 인재개발원으로 보냈다. 역시 어학능력이 관건이었는데 기존 독일문화원 중급어학패스증명 자격에 하나를 더 보탤 수 있었다.

사실 나는 2001, 2002년 프로그램과 승진 문제를 비롯한 극심한 스트레스로 허덕였다. 급기야 이민까지 생각했던 탓에 몇몇 자격증을 따놓았는데 그중 독일어통역관광사자격증(2002)이 있었다. 독일문화원 어학증빙보다는 약하고 별로 쓸 기회도 없었지만, 그래도 주체가 한국관광공사라는 공적 기관에다 제2외국어 경우는 매년 극소수만 선발하는 등 나름대로 유의미했다. 그걸 지원 서류에 첨부한 게 주효했던 것으로 여겨진다. 중요 관문인 프레젠테이션에서 영국 BBC보다 오히려 독일 ARD와 ZDF 사례가 KBS에 적실하며 나는 그걸 연구할 적임자임을 역설했다. 더구나 내 정체성은 아나운서 아니던가, PT는 지금이나 그때나 내 주특기다. 이제는 고인이 된 당시 인재개발원장 K선배는 "자네 외에 대체재를 찾을 수가 없더구먼" 하며 미소 띤 얼굴로 결국 내 손을 들어주었다.

사실 마냥 기꺼운 것만은 아니었다. 어렵게 차장 타이틀을 달고, 두 번째 지방 근무까지 마친 상태. 이젠 거칠 게 없었다. 마침 팀제로 조직개편이 이루어져 회사 분위기도 바뀌었고, 상대적으로 늦게 승진한 나는 리셋하기 좋은 타이밍에다 능력시험 주무 인력으로 비로소 전도양양했다. 회사 들어와서 처음 받은 업무추진비 법인카드에 후배들까지 호흡이 착착 맞는 어벤저스팀. 아나운서실 들어와서, 아니 아나운서가 된 이후 이보다 더 좋은 근무 환경은 없었다. 거기다 결정적으로 실장도 영원한 나의 보스. 리즈 시절이라고 해도 과언이 아니다.

그러나 나는 다시금 독일행을 결정한다. 이유는 못다 한 독일 체류를 마저 채우고, 선진 문물과 문화를 체험해야 할 기회를 충족해야 하겠다는 점, 그리고 아이들에게 다른 나라 생활을 접하게 할 수 있는 소중한 기회라는 점, 둘이었다. 영어가 되었든 독일어가 되었든 외국어를 쓸 줄 아는 우리 아이의 모습을 꿈꾸었다. 더구나 내가 사랑하는 나라 독일 아니던가.

2004년 8월 16일, 나는 가족과 함께 루프트한자 비행기 편으로 베를린 테겔 공항에 도착한다. 프로이센의 아성, 독일제국의 황도皇都. 그러나 제3제국의 그릇된 야망으로 초토화된 것도 모자라 '동독의 섬'이라 불렸던 도시. 미·영·불·소美·英·佛·蘇가 분할, 동·서베를린이라는 굴욕을 겪은 땅. 그러나 베를린은 특유의 잿빛 하늘 아래에서도 활기를 찾은 듯했다. 물론 1990년 10월 3일, 우리의 개천절에 이룬 통일 때문이었다. 베를린은 유럽의 대세大勢 도시다. 독일 자체만 보면 북동부에 위치해 외져 보이지만, 유럽 전체 지도를 펼쳐놓고 보면 오른쪽 동유럽 땅이 오롯해 중심이 된다. 실제로 EU의 확장과 더불어 베를린은 '포스트 파리Post Paris'의 위상을 지니며, 브렉시트 이후 쇠락하는 런던과 비교했을 땐 무게 중심이 더 쏠리는 형국이다.

베를린은 또한 팔색조의 매력을 지닌 땅이다. 독일 정치의 본산임은 주지하는 사실로, 극우·극좌파와 LGBT(성적 소수자), 공산당까지 함께 북적이는 전 세계적으로도 흔치 않은 현장적 아우라를 띤다. 구도심의 고색창연한 문화유산들과 더불어 프리드리히 거리Friedrsuchstraße를 중심으로 새로 개발된 동베를린 중심은 뉴욕을 연상시킨다. 반면 카이저Kaiser Wilhelm교회와 초Zoo(동물원) 역 근방의 전통 상가 밀집지역, 그리고 서남부 첼렌도르프–슈테글리츠Zehlendorf-Steglitz, 옛 미국 점령 구역의 조용한 주택가는 다분히 목가적이다. 문화적으로도 베를린만큼 다양한 등고선을 가진 도시는 흔치 않다. 전통적 음악 강국에다 시각 예술도 근·현대와 컬트까지, 연극·실험예술을 포함해 공방에서부터 첨단 디자인까지 두루 아우른다.

Garystraße49, 가리슈트라세 49번지, 미군점령지 시절 장군의 이름을 딴 거리. 이 주소가 나의 거처였다. 서울대학교 행정대학원 객원교수로 와 계시던 박성조 베를린자유대 교수님께서 마련해 준 객원교수용 기숙사였다. 필수 가구가 딸린, 낡았지만 준수한 아파트. 가격대가 비슷한 평수에 비해 다소 비싸긴 해도 집주인이 대학본부이다 보니 인간관계 스트레스가 최소화한 장점이 있었다.

독일·독일인은 이렇다

독일이라는 나라의 특성을 규정하는 여러 이야기가 있을 수 있다. 나 나름대로 경험을 바탕으로 몇 가지 정리한다면 이렇다. 생뚱맞을지 모르나 독일은 우선 '편지의 나라'다. 18세기 낭만주의 남녀주인공들의 연서戀書의 전통이 남아 있다고 하면 과장일까. 아니다. 독일인이 조국에 대해 가장 듣기 좋아하는 말 중 하나인 '시인과 사상가의 나라Das Land der Dichter und Denker'도 바로 인문人文과 글, 구체적으로는 편지와 관련성이 있다. 모든 품격과 격식, 최종 결정은 편지와 문서로 이루어진다. 가령 은행의 카드를 발급받으려면 보통 한 달 정도가 걸린다. 그 과정을 보자.

우선 은행을 직접 찾아 가서 신분증(여권) 제시와 함께 카드를 만들기 위한 제반 서류를 제출한다. 특히 재정 상태 증명이 필수다. 통장 잔고·소득 증빙으로 안심시켜야 한다. 그러려면 은행 자체의 심사가 필요하며 그 카드 발급 자격 허가 여부를 우편으로 알려주겠다는 언급을 받는다. 이게 평균 일주일 정도 걸린다. 거기에 동봉된 서류 양식을 작성해 고객이 다시 편지로 은행주소로 보내고는 다시 일주일 정도를 기다리면 정식으로 카드를 마련해 주겠다는 통보가 오는데 제시된 날짜와 기간 안에 가야 한다.

이들은 반드시 담당자의 이름과 자필 서명 원본으로만 통용한다. 그럼 그 기간에 다시 은행에 가서 신분증과 함께 주의사항이 빼곡이 담긴 서류에 서명한다. 한 번에 찾을 수 있는 금액은 은행에 따라 다르나 우리보다 훨씬 적고 횟수도 극히 제한적이다. 지독한 아날로그다. 인터넷·전화선 연결도 보통 한 달 정도가 소요된다. 번거롭고 불편하지만 안전하고 확실하다. 조금 다른 얘기지만, 독일 녹색당Die Grünen 창당의 주역이자 불꽃같은 삶을 살다간 페트라 켈리(Petra Kelly, 1947~1992)도 정치적 야망과 아이디어가 떠오르면 으레 편지를 통해 핵심 권력자를 설득하고 특유의 의지를 관철시킨 것으로 유명하다.

독일인은 확실히 검소하고 실용적이다. 독일은 식료품 값이 대체로 우리보다 저렴해 외국인·대학생들에겐 천국이다. 물론 교통비나 외식비는 엄청나게 비싸지만, 학생들에겐 각종 할인 혜택이 주어진다. 일반인도 거의 마찬가지다. '움직이지만 않으면 천국인 나라가 독일'이란 말이 회자된다. 전 국민이 아침으로 우리 돈 800원쯤 하는 브뢰트헨Brötchen·제멜Semmel이라 불리는 조그맣고 딱딱한 빵에 버터나 잼을 발라먹는 민족이다. 우유는 우리의 반절 가격임에도 얼마나 맛있고 신선한지. 독일 슈퍼마켓 알디ALDI는 전 유럽에서 제일 싼 체인마트다. 그 사장은 오래되고 허름한 차림으로 다니며 은둔자의 삶을 산다.

영국·프랑스와 달리 가난하고 없이 사는 사람이 상대적 박탈감이 가장 작은 나라가 독일이다. 왕실이나 귀족 등에 여태 의미를 부여하고, 툭하면 젠체하는 건 독일인의 정서에 부합하지 않는다. 2차 대전 이후부터 부쩍 과학·의학·경제·산업 등 분야에서 영·불 두 나라에 항상 앞서온 독일의 위상과 무관치 않다고 본다.

독일인은 사회질서나 법규에 민감하다. 독일어의 조동사 중 다른 나라에 없는 것이 뒤르펜dürfen이다. '해도 된다, 허가받다, 자격이 된다'의 의미로 독일인들의 가치와 정신을 반영한다고 볼 수 있다. 그러니까 허가가 없으면 할 수 없고, 해서는 안 되며, 그에 걸맞은 자격이 관건이라는 태도다. 주택가 차고 앞에는 으레 Einfahrt-Ausfahrt Frei라는 팻말이 붙어 있는데 '자동차 출입을 자유롭게 하라'는 뜻. 그 앞에 차를 세울 자격과 조건은 오직 차주만이 갖고 있되 거기 해당 안 되면 누구도 차를 세울 수 없고 그걸 어기면 사회적 제재, 즉 고발을 당하는 것이다. '나도 지킬 테니 너도 지켜라' 콘셉트다. '너도 잘 안 지키니, 나도 좀 봐주면 안 되겠니?' 우리 안에 남아 있는 이 태도가 항상 문제 아니던가. 독일인은 때로 야박하다는 말을 많이 듣는다. 바로 이런 아비투스habitus 때문이다. 그러나 달리 보면 철저한 자기관리의 단면이기도 하다.

약속을 잘 지킨다는 것도 같은 맥락이다. 내가 안 늦고 당초 이야기한 바대로 할 테니, 당신도 그리하라는 것. 시간을 칼같이 지키는 데는 사실 비결이 있다. 어떻게 제시간을 딱 맞출까? 가령 독일의 교양인은 집으로 초대를 받으면 10분 정도 미리 도착해 근처 공원을 거닐거나 벤치에 앉아 책을 본다. 그러곤 약속시간에 맞게 가는 것이다. 10분쯤 일찍 상대를 방문하는 것도 결례다. 초청인이 초대에 대한 준비상황을 노출하게 되어 그렇다. 물론 겉으론 괜찮다고 하겠으나 내심 언짢아할 것이다. 독일은 이런 사람들이 사는 나라다.

통상적으로 독일인의 이미지는 크게 몇 가지로 압축된다. "플라이시히fleißig 부지런하고, 슈베어팰리히schwerfällig 신중하고(답답하고), 슈파르잠sparsam 검소하고, 그륀틀리히gründlich 철저하고, 슈피시히spießig 고지식하고(딱딱하고), 하나를 보태면 에어리히ehrlich 정직하다"라고 한다. 대개는 맞는다.

자유대학의 훈풍

독일의 대학은 모두 국립이며 기본적으로 학비가 무료다. 국가와 사회가 젊은이들의 힘으로 발전하는 셈이니 돈을 주지는 못할망정 돈을 받아서는 안 된다는 생각이 그 저변에 있다. 놀랍고 부러운 발상 아닌가. 베를린은 예술 분야를 제외하고 수도답게 세 개의 대학이 있다. 그중 나는 사랑하는 베를린자유대학Freie Universität Berlin(FU,1948~)을 다녔다. 자격은 초빙연구원, 실제는 청강생. 그래도 마냥 좋았다.

대학 이름에 '자유'가 들어 있는 건, 원래부터 베를린에 자리하던 전통의 훔볼트대학Humboldt-Universität zu Berlin(HU,1809~)과의 차별화 때문이다. 이게 통칭 '베를린 대학'이었으나 불행히도 동베를린 소재였다. 그래서 2차 대전 이후 생겨난 서베를린의 대학은 '자유'의 이름을 상징적으로 붙인 것이다. 나머지 하나는 기술대학, 테우(TU)라 불리는 Technische Universität Berlin, 지금의 모습은 역시 전후인 1946년부터 갖추었다. 시내 로터리 주변에 멋없게 고층빌딩 모양을 하고 있다.

자유대학은 근사한 캠퍼스가 따로 있는 게 아니라, 베를린

서남부 첼렌도르프 구區의 비교적 고급 주택가에 산재해 있다. 단과대학과 연구소들이 전철역 달렘도르프와 틸플라츠, 그리고 오스카헬레네하임 근방에 공평히 자리한다. 어쩜 이런 것도 공정과 안배를 기하는지. 그래서 동네 골목길에서 평화롭게 보이는 보통의 가족·이웃들과 조우하다가 조금 지나면 학교건물이 나오는 장면이 연출된다. 목가적이며 학구적이다. 떠들썩한 대학 문화나 젊은이들만의 타운화 같은 것과는 거리가 멀다. 난 이런 분위기가 참 좋았다.

대학 건물은 하나같이 낡고 볼품이 없다. 학비가 없다 보니 시설 투자가 원활치 않은 결과다. 이런 점이 독일 내 사회문제로 대두되곤 하기도 한다. 강의실 환경도 따라서 열악하기만 하다. 내가 들은 수업 거의 대부분이 백 명 안팎의 강좌였으며 어떤 과목은 의자가 부족해 학생들이 강의실 맨바닥에 빼곡히 앉아 있기도 한다. 나는 정치학과 미디어학 쪽 과목을 주로 수강했는데 인기 강좌여서 그랬을 수도 있다. 외국 학생 비율은 대개 약 20~30% 정도다.

나는 오토주어인스티투트Otto-Suhr Institut라는 정치·사회·언론연구소 소속으로, 월·수·금 오전은 집에서 걸어서 10분 거리인 학교에서 수업을 듣고, 오후에는 어학원 고급반을 다녔다. 학교 강의 이해도는 과목에 따라 차이가 있으나, 대략 70% 안팎. 그러나 대학원 정치학과 세미나 수업은 솔직히 따라가기 쉽지 않아 절반 정도만 이해했는데 클라우스 슈뢰더Klaus Schröder라는 명교수가 진행하는 터라 인사이트도 쏠쏠히 얻고 여러모로 도움이 많이 되었다. 흥미로운 건 자유대학도 현직 필드에서 활약하는 방송인들이 겸임교수로 강의를 맡곤 했다는 사실. 중견 프리랜서PD의 과목을 수강해, 베를린의 ARD와 RTL 스튜디오를 방문하는 기회를 가졌다. 독일방송의 제작현장을 실제로 견학, 체험할 수 있었는데 기분이 묘했더랬다.

나는 내게 주어진 1년을 알차게 보내고 싶었다. 웬만한 주재원·특파원·교환교수에 버금갈 정도로 독일 정치·경제·사회·문화를 두루 꿰뚫고 있다는 소리를 듣고팠다. 그러면서도 차별화되는 지점은 어디일까, 고민했다. 그건 TV보기였다. 좀 과장하면 집에서 주야장천 TV만 들입다 봤다. 텔레비전 안에 그 나라의 만물상이 담겨 있을 테니까. 급기야 미디어마르크트Media Markt, 우리로 따지면 하이마트·전자랜드 같은 가전양판점에서 싸구려 중국모니터를 사서 방에 틀어박혀 공부 반, 재미 반으로 몰입했다.

뉴스나 시사토크 프로그램, 특히 ARD의 자비네 크리스티안센 쇼Sabine Cristiansen-Show, ZDF의 마이브리트 일너 쇼 Mabrit Illner-Show를 챙겨 보면서 독일 사회가 어떻게 돌아가고 있는지 감각을 유지했다. 쇼의 이름이 곧 파워우먼인 진행자를 뜻한다. 이 노력은 작은 열매를 맺는데 미디어 비평 신문인 '미디어오늘'이 '독일방송 아나운서와 진행자들'이라는 기획 연재물로 실어주었다. 이영태 당시 편집국장에게 지금도 감사한 마음이다. 시리즈 물 중 '너무 황홀한 스포츠쇼, 모니카 리어하우스Monica Lierhaus' 편은 그녀의 이름이 우리 네이버 실검 1위에 오르는 기염을 토하기도 했다. 그리고 2006년 같은 제목의 단행본으로 출판되기에 이른다.

2TV의 정체성을 다시 보자

나의 연수보고서는 'KBS의 공영성 제고와 2TV의 정체성正体性의 관한 연구'였다. 결론부터 말하자면 2TV를 지역채널 연합화하자는 제안이다. 아전인수라고 할는지 모르나, 15년이 지난 지금 다시 펼쳐보아도 설득적인 대목이 적지 않다. 무려 4개의 종편이 탄생해 어지럽게 경합하고 케이블마저 우후죽순 늘어선 작금의 방송환경에 비추어보면 더더욱 절실하다.

2005년 4월 베를린 인터콘티넨탈 호텔 동포간담회에서 노무현 대통령을 직접 뵀기 때문이어서가 아니라, 난 그전부터 지방분권·균형발전론자다. 그 정신·가치·비전에 그토록 지지·찬동하는 사람이 많으면서도 왜 실천하려는 노력은 하지 않는가. 방송이야말로 가장 앞장서야 하고, 그것은 KBS이어야 하며, 그 본보기가 독일이라는 나의 생각은 확고하다.

2TV를 아무리 '건전한 가족문화 오락채널'이라고 미화하고, 해마다 교양·보도 비중을 늘린다고 외쳐봐도 그것은 미봉책이요. 국민의 눈에는 여러 엔터테인먼트 채널 중 하나에 다름없으며 예능·오락프로그램을 방영하는 이상 시청률을 의식하지 않을 수가 없는 구조다. 상업방송 및 종편과의 이전투구식 시청률 경쟁은 불가피하고, 이에 따른 2TV에 대한 공격과 우리의 수세적 방어는 지속될 수밖에 없지 않은가. 더구나 이제는 많이 잊혀졌다 해도 군사정권의 전리품이라는 역사도 여전한 부담이다. 2TV는 어떻든 변화해야 하는 것이다.

KBS는 지역국을 과감히 슬림화하는 노력을 계속하고 있다. 이건 얼핏 지역국에 대한 홀대 내지 탄압으로 다가오지만 저효율과 비능률을 벗어나 지역을 제대로 기능화하는 측면도 있다. 그러나 그 진정성을 보이려면 보다 혁신적이고 구조적인 변화를 꾀해야 하는 것이다. 2TV 분리라는 잠재된 위험과 뼈아픈 담론에 선제적으로 대응하기 위해서라도 꼭 필요한 대목이다. 수구세력이나 대기업자본이 손을 뻗기 전에 소외받고 외면당한 지역과 지역민을 위해, 그리고 궁극적으로 이 나라 방송문화 발전을 위해 반드시 적극 논의되어야 할 현안이요 과제인 것이다.

공교롭게도 독일이 바로 앞선 모델이다. 대표 공영방송인 ARD가 바로 지역연합채널. 한 나라를 대표하는 공영방송이 바로 지역에 기반한 성격의 채널이라는 점은 독일의 지방분권적 전통을 고려하더라도 매우 독특하고 시사적이다. 그리고 그것이 지니는 한계점을 의식하면서 견제와 균형이라는 독일 사회의 또 다른 가치를 좇아 상호보완적 전국 지향 종합 TV채널인 제2공영방송 ZDF를 두고 있다. 둘은 상호간 협조와 경쟁의 체제를 갖는다.

차제에, KBS가 당면한 여러 위기와 과제를 혁파하는 또 하나의 모티브는 MBC와의 새로운 관계 설정이라고 본다. 결론부터 말하면 MBC와의 적극적 협력이다. 방송의 연성화·오락화·경량화에 편승한 종편·케이블의 세력화를 개별 공영방송의 자존심과 방어력으로 대항하기보다는 인력과 프로그램의 교류 및 중요사안에 대한 협력으로 공동 대처할 시점이 됐다는 판단이다. 공영방송 그룹 대對 상업·자본방송 권력으로 구도를 압축하고, 모든 이슈에 선제적으로 대응할 필요가 있다. 최근 대두된 MBC수신료 배분화 논의도 이 틀이 기본 전제가 되어야 할 것이다.

지역방송연합의 구체적 실현 방안으로는, 우선 2TV가 규모의 경제에 입각한 외연 확보를 담보해야 할 것이다. 그래야 명실공히 지역방송연합체 채널로서의 역할·기능·책임을 수행할 수 있다. 독일의 인구가 약 8천3백만 명에 9개의 지역방송국을 아우르는 것을 참고하면 우리는 대략 5천2백만 명 인구니까, 수도권, 충청·강원권, 호남·제주권, 영남권 등 4개의 광역 지역방송 스테이션 정도가 비율로 적당할 듯하다.

아울러 자주적 기능과 역할을 갖는 지역방송으로 자리매김

하려면 편성과 경영의 독립이 필수조건이다. 물론 이는 현재 여건에서 대단히 난망해 보이긴 하나, 정책적 뒷받침과 실효적 전략을 바탕으로 단계적으로 접근하면 못 이룰 목표도 아니라고 본다. 무엇보다 제작인력의 평균적 상향화가 이루어졌고, 망 사업과 광통신을 바탕으로 신속한 시스템과 의사결정이 수월해졌다. 부산KBS가 만든 교양 프로그램, 광주KBS가 제작한 드라마, 대전KBS의 다큐멘터리, 춘천KBS의 퀴즈 프로그램, 수원KBS 로고가 선명한 버라이어티 토크쇼가 2TV의 이름으로 전국의 시청자들 앞에 당당 떳떳하게 만나는 날을 기대해 보는 것이다.

내 맘대로 꼽는 베를린의 명소들

베를린 생활 중 남들이 쉽사리 떠올리지 못하는 것만 몇 가지 무순無順으로 추려보고 도시의 기억을 접으려 한다. 브란덴부르크 문 주변, 페르가몬 박물관, 내셔널 갤러리, 유대인 조형물, 체크포인트 찰리, 쿠담 거리, 장벽의 흔적 등을 흔히 베를린의 볼거리라고 한다. 나한테 셋만 추리라고 하면 우선, 옛 동베를린의 중심이었던 알렉산더플라츠Alexanderplatz와 하케셔 마르크트Hackescher Markt를 들고 싶다. 둘 다 전철역에서 내리면 바로 나타난다. 전자는 베를린에서 제일 큰 광장으로 아직도 사회주의 분위기가 서려 있다. 역내 지하의 작고 네모반듯한 상점이 특히 두드러지는데, 그래서 흐릿하나마 역사의 흔적을 감지할 수 있어 좋다. 후자는 아기자기한 갤러리·공방·카페·부티크 등이 눈길을 끌며 느릿느릿 산책하거나 한가로운 쇼핑코스로 최적이다.

다음은 카데베KaDeWe 백화점이다. 우리로 따지면, 광화문 한복판에 있다. U1(전철1호선) 메인 역인 비텐베르크플라츠Wittenbergplatz 출구로 나오면 코앞이다. Kaufhaus Des Westen의 약자. 서방, 혹은 서베를린의 백화점이란 뜻으로 유럽에서 제일 크다. 무뚝뚝한 자갈색 정육면체 겉모습과는 달리 안은 별천지다. 특히 6층과 7층, 식도락(Feinschmeckerei) 특화 공간이 유명하다. 희귀한 식재료가 그득한 6층, 그리고 특별한 미식 장소인 7층 레스토랑은 분명코 진귀한 체험을 선사할 것이다. 음식 가격이 생각보다 비싸지 않은 것도 독일적 미덕이다. 마지막은 베를린자유대학과 연해 있는 일반주택가를 거닐어보는 것이다. 나무, 호수, 잔디, 잘 닦인 길 등 의식하지 않아도 사색하는 자신, 고독한 자아를 발견하게 된다. 한적한 캠퍼스에서 착한 가격대의 맛있는 커피와 함께 벤치에 앉아 책을 읽거나 누군가를 추억하는 것도 좋으리라.

그 밖에 손기정 선수가 마라톤 우승을 했던 올림피아 슈타디온에서 분데스리가 1부 경기, 베를린의 연고팀인 헤르타 베를린Hertha BSC(그리스 신화에 나오는 '풍요의 여신' 이름)를 아들 녀석과 응원하던 기억. 체류 초기 영어 고민에 울던 딸아이를 위해 담임선생님께 장문의 이메일로 착하고 똑똑한 영미권 아이를 짝으로 붙여달라고 호소했던 일, 그래서 딸아이로 하여금 영어 울렁증을 극복한 '타이거 파파'의 경험. 극심한 스트레스에 따른 다리 마비 증상으로 본의 아니게 유럽 최고인 샤리테Charite(베를린의과대학병원)에 일주일간 입원했기도 했었고, 우연히 지나치던 베를린 필하모닉홀 앞에서 마침 그날이 시민 대상 무료 콘서트 날이라 사이먼 래틀Simon Rattle(1955~) 지휘 브람스 3번 교향곡을 공짜로 듣는 행운도 누렸다.

끝으로 어느 여행서에도 없을 특급 팁을 공개한다. 독일은 어류를 취급하는 식당이 드문데 빌머스도르프Wilmersdorf 지구의 칸트 거리Kantstraße에 가면 물고기 그림만 달랑 있는 큰 생선마트가 있다. 그 안에, 신선한 생선을 바로 조리해 파는 회전식 철판 레스토랑이 눈에 들어온다. 거기 앉아 '게브라트너 제토이펠 미트 빌트라이스 운트 바이스바인Gebratener Seeteufel mit Wildreis & Weißwein'을 주문해 보라. 즉석에서 해주는 요리, 기막히다. '야생 쌀과 화이트와인을 곁들인 아귀구이 살'. 당시 12.50유로EUR였으니까 지금은 15~18유로쯤 할 거다. 2만 원 남짓. 한 번도 경험하지 못한 맛이요 조합일 터. 미식가가 아니라도 행복할 것이다.

막강한 숙명의 제자들

2005년 8월 귀국하기 직전, 숙명여대에서 메일이 와 있었다. 2학기부터 다시 겸임교수로 일할 수 있겠느냐는 것. 배려에 감사했다. 9월 신학기 캠퍼스는 활기에 차 있었다. 언론정보학부로 확대 개편된 그해, 내 수업 약 60명의 똘망똘망한 눈동자들이 선연하다. 숙명은 확연히 전보다 자신감에 차 있었고, 나 역시 일종의 미니 유학을 하고 온 터라 독일 미디어계의 현황과 동향도 커리큘럼에 보탤 수 있었다.

그러나 2005, 2006년은 무엇보다 아나운서 자원들이 즐비해 앞다투어 용기하던 시절이었다고나 할까. 몇몇이 발군의 실력을 발휘했다. 학내 언론고시반 명언재가 활기를 띠었고 홍보모델 경쟁이 치열해졌는데 성공한 선배들이 모두 이 코스를 거쳤기 때문. 그중 조용하고 소극적인가 싶다가도 뉴스리딩에 들어가면 당차고 야무진 학생이 있었다. 균질성과 지속성, 즉 언제나 똑같은 품질의 리딩을 안정감 있게 유지하는 대목에서 약간 부족함이 있는 듯했다. 그러나 의지가 굳고 승부 근성이 있어 보였다. 경험치에 따르면 여학생들은 수준이 엇비슷한 학생들이 그룹을 이룰 때 특유의 경쟁심이 발휘돼 시너지 효과가 생기고 역량이 쑥쑥 큰다.

위에 언급한 인물이 바로 국회의원 배현진이다. 그는 방송사 시험에 수도 없이 낙방한 것으로 안다. 그러나 그때마다 포기하지 않고 아나운서 역사상 가장 높은 1천9백 대 1의 경쟁률을 기록하며 2007년 마침내 MBC에 입성한다. 장기간 파업 등 여러 부침 끝에 장수 앵커의 직을 내려놓고, 재도전 끝에 젊은 나이에 선량選良이 된 투지를 지녔다. 정파와 진영을 떠나 그 집념과 도전 의식은 높이 살 만하다. 역시 숙명 홍보모델을 거쳤고 내 수업을 두 학기 내리 들었으며 나의 리딩·스피킹 노하우를 체화시킨 인물이다.

같은 시기, 배현진과 여러모로 대조적인 학생이 있었는데 현재 KBS의 간판급으로 활약하는 가애란 아나운서다. 충남 태안 출신으로 희성인 가賈 씨 집성촌 가문에서 자란 그는 수업 때도 상담 때도 늘 방글방글 웃었다. 심지어 뉴스리딩 스킬이 좀체 늘지 않아 나의 야단과 타박을 숱하게 들었건만 해맑은 미소엔 변함이 없었다.

연이은 아나운서 시험 낙방의 연속 끝에 행운을 가져다준 건, 아마도 2008년 그해 도입된 합숙 토론 전형의 영향 아니었을까 판단한다. 응시생의 평소 매너·화법·생활태도를 관찰하는 건데 선배 아나운서들이 1박 2일 함께 합숙하며 생활하는 최종 면접 전 중요한 관문이었다. SBS·JTBC·CBS 등도 과거 실행한 바 있다.

상대적으로 작은 성량과 탁성濁聲 소리에 뉴스리딩이 빼어난 편은 아니었던 가애란은 바로 이 태도와 분위기, 배려심에서 심사위원들 눈에 띄었던 것이다. 이래서 아나운서 시험은 기칠운삼技七運三이란 말이 돈다. 물론 국문과 출신의 조어력과 글솜씨는 필기에서 한몫했을 게다. 초등학교 동창인 미남 경찰관과 결혼해 소위 '의리녀'로서 또한 화제를 낳기도 했다. 비도시적인(?) 그의 독특한 아우라는 농촌·어르신·국악 프로에서 강력한 아우라를 내뿜어 현재도 독보적인 위치를 차지하고 있다.

이들보다 4~5년 후배가 메인 9시 뉴스를 정복한 김민정 전 아나운서다. 38기생으로 2011년 입사했다. 탁월한 뉴스리딩으로 정평이 난 아주 빼어난 실력의 소유자. 경남 창원이 고향에다가 무용 전공으로 결코 유리한 조건이 아니었음에도 역시 불굴의 의지로 아나운서의 꿈을 이루었다. 현직 아나운서와 기자들이 대거 참여한 사내 메인뉴스 오디션에서 당당히 1위로 선발된 간판 앵커였다. 역시 내 수업을 이수했다. 2012년 SBS에 최연소로 합격한 장예원 전 아나운서는 면접 지도를 했었다. 전형적인 대기만성형으로 간판급 MC의 활약을 펼치다 최근 프리로 전향했다. 그 밖에 OBS 유진영, 부산MBC 이지희, 울산민방 UBC 김지희 아나운서도 이즈음 내 제자들이다.

숙명은 시나브로 미디어학부로 세가 커졌으며 국내 미디어 관련학과에서 빅파워로 성장을 거듭했다. 아나운서 외에도 기자, PD도 많이 배출했다. KBS 임주영·차주하·이화진 기자와 박하늬PD, 배혜지 기상캐스터, MBC 이지선·김성민·장유진 기자, 채널A 박소윤·김민지·박선영 기자, 한국일보 허경주 기자, 연합뉴스 이은지 캐스터와 최서영 기자, 부산일보 남유정 기자, YTN 신미림 기상캐스터 등이 모두 내가 가르친 숙명인이다.

2014년 한동안 잠잠하던 아나운서 합격 소식이 귓전을 때렸다. 어느 날 집에서 쉬고 있는데 모르는 전화번호가 떴다. "교수님, 저 기억하실지 모르겠는데요. 안나경이라고 합니다" "알지. 고려대 특강 때도 찾아왔었잖아" 수업 때 유난히 눈망울이 동그랗게 빛나던 긴 생머리 학생. "무슨 일 있어?" "저 사실은 내일이 JTBC 최종 면접인데요. 손 사장님께서 들어오신다고 하는데 어떤 스타일이고 무슨 질문을 하실까 조언을 구하고자 전화드렸습니다" "번호는 어떻게 알았나?" "조교 언니가 사정을 듣고 일러주었어요".

난감했다. 손석희 사장. 과거 노동법 파업 때 동지이긴 하나, 얼굴을 본 지가 까마득했다. 그러다 불현듯 그가 MBC아나운서실장일 때 최종 면접을 봤고 지금은 LA로 이민 간 당시 영문과 학생 S가 떠올랐다. 아주 실력이 출중했던 유망주. 그의 기억을 더듬어 이렇게 말한 것 같다. "여성 스포츠캐스터 도전 같은 진취적인 면모를 선호하는 것 같더라고. 그리고 똑똑한 것 좋아하지만, 본인보다는 못해야 돼. 지적이되 겸손한 면모를 보이길". 그녀는 합격했고 뉴스룸 메인앵커가 되었으며 롱런하고 있다.

2015년은 특히나 놀라운 한 해였다. KBS김민정, MBC배현진, SBS정미선, 이 숙명 삼총사가 평일 밤 공중파 메인뉴스를 점령해 버린 것이다. 아마도 방송사에서 다시 보기 어려운 희귀한 장면이 아닐까 한다. 각 신문과 방송에서 대대적으로 다루었었다. 나는 학교 후미진 흡연구역에서 구겨진 신문을 보며 홀로 감회에 젖었더랬다. 그런데 공교롭게 그해 초 나는 숙명을 떠나는 얄궂은 운명을 맞이한다. 16년간의 대장정에 마침표를 찍는 순간이었다.

사실 숙명에서의 마지막은 별로 아름답지 못했다. 신문기자 출신으로 나보다 늦게 겸임으로 들어와 학위를 받고는 전임으로 변신한 B. 그와 나는 이상하게 겉돌았는데 학과장이 되었다. 불길한 예감은 틀리지 않았다. 그는 달랑 이메일 하나로 더는 학교에 안 나와도 된다고 했다. 굴욕과 분노를 삭였다. 내 상식으로는 이해하기 힘든 마무리였으나 어쩌겠는가. 따지고 보면 별 대단한 사람도 아닌 나에게 겸임교수 타이틀을 주고 열여섯 해 수업을 맡겨준 학교에 오히려 감사해야 마땅할지 모른다는 생각도 든다. 분명한 건, 숙명을 KBS만큼이나 사랑한 나였다는 사실이다.

학생들은 내 수업을 좋아했다고 한다. 자랑 같지만 수업평가에서 4.5점 만점에 4.2 이하를 받아본 적이 없다. 물론 숙명여대 학생들이 대체로 순하고 너그러운 편이어서 그럴 수도 있다. 여하튼 그렇다. 지금부터가 어쩌면 이 둘쭉날쭉 종잡기 힘든 책의 하이라이트가 될 수도 있겠다. 나의 한 학기 강의 내용을 발췌해 지상 중계 형식으로 정리하고자 한다.

내 강의는 크게 세 가지 카테고리로 되어 있다. 1. 한국어발음과 뉴스리딩. 2. 리포팅과 인터뷰. 3. 말하기와 글쓰기. 하나하나, 차근차근 짚어보련다.

발음→읽기→말하기

 우리는 흔히 소통·스피치·커뮤니케이션 시대를 살고 있다고 강조하며 말하기 능력이 중요한 경쟁력임을 인정한다. 요즈음의 초·중·고 학교 교육이 과거와 가장 차별되는 지점은 바로 발표와 토론 등 말하기 시간이 늘어난 것이라고도 볼 수 있는데 바로 말하기의 대세, 그 증거라고 하겠다. 말을 잘하는 행위에 대한 대부분의 담론 중 간과하는 게 있다. 말하기의 전 단계는 읽기(reading)라는 사실이다. 잘 읽기가 전제되지 않는 말하기는 비유하면, 함수와 방정식을 모른 채 미분·적분을 푸는 것과 같다. 즉 선수先修 과목을 빠뜨리는 우를 범하는 셈이다. 여기서 말하는 함수와 방정식이 바로 '읽기reading'다.

 말하기와 읽기의 가장 근본적인 차이는 '텍스트text의 유무'. 텍스트, 즉 '읽을거리'를 붙들고 목소리를 가다듬어 읽어도 보고, 소리를 크거나 작게 해 변화도 주고, 완급 조절도 하는 행위가 '읽기'의 세계다. '잘 읽는다'라는 것은 장단·어조·억양·크기·세기 등에 대한 이해를 바탕으로 한다. 그래서 이 읽기 훈련이 생략된 말하기는 대부분 공허하거나 부실하기 마련이다. 읽기가 먼저인 이유다.

 독일 남서부 마인Main강 연안에 자리한 인구 20만의 소도시 마인츠. 이 마인츠의 자랑인 인물이 있으니 바로 요하네스 구텐베르크(Johannes Gutenberg, 1400~1468)다. 주지하다시피 그의 근대 활판 인쇄술은 세상을 바꿔놓았다. 1997년 미국 시사주간지 '타임'은 기원후 세계 역사의 가장 위대한 발명으로 꼽았을 정도다. 그런데 이 구텐베르크는 현대인이 읽기와 말하기를 제대로 못하게 만든 장본인일 듯싶다. 왜일까? 그의 인쇄술이 빚어낸 구텐베르크 성서는 정보의 대량생산을 가능케 하는 위대함을 발휘했다. 그러나 아뿔싸, 사람들은 이제 더 이상 책을 '입으로 읽지 않고' '눈으로 보는' 대상으로 삼기 시작한 것이다.

프랑스어로 책은 'livre(리브르)'며 '읽다'는 'lire(리르)'. 척 봐도 같은 어원임을 알 수 있지 않은가. 본디 책은 소리 내어 읽어야 마땅한 그 무엇인 것이다. 한데 지금은 어떤가? 우리는 책을 읽었다고 무심코 말하지만 사실은 눈으로 본 것이며, 좀 더 양보하면 눈으로 읽은 것인데 '눈으로 읽었다'는 진술은 모순적이다. 눈으로는 입으로 하는 행위인 읽기를 원천적으로 할 수 없다.

옛사람들은 동서양을 막론하고 필시 우리 현대인들보다 훨씬 읽기 능력이 뛰어났을 터. 경전經典과 시문詩文을 읽고 외우는 것이 곧 생활이요 공부였고, 한 걸음 더 나아가 서양의 그레고리안 성가나 불교의 게송偈頌 등을 고운 발성으로 체화했을 것이다. 더 비근한 예로 TV 속 사극史劇에서는 음가音價가 정확하지 않은 연기자는 캐스팅되지 못한다는 속설이 있다. 옛사람의 아우라에 어울리지 않는다는 게 이유인데, 가장 큰 걸림돌은 미욱한 발음과 발성 때문으로 이는 넓게 보면 읽기의 중요 요소다. 바꾸어 말하면 옛사람과 우리 현대인의 가장 큰 차이점은 읽기·말하기의 완성도 여부며 우리는 불행히도 하수下手에 속한다고 볼 수 있다.

요즘은 드물겠지만, 과거 가장들은 집안의 오디오 기기가 고장 나면 대개 손발로 툭툭 건드려 보기 일쑤였고 신통하게도 그게 통하곤 했던 경험이 없지 않으리라. 그런데 그러구러 연명하던 게 끝내 해결이 안 되는 상황에 이르게 되면 결국 A/S맨을 부르지 않았던가. 결정적 장면은, 이들은 절대 손발을 직접 쓰지는 않는다는 점이다. 대신 각종 연장으로 기기의 외장을 뜯고 단자端子와 배선을 점검한 다음 새것으로 갈아 끼우거나 용접으로 마무리한다. 이것이 바로 전문가의 솜씨 아니겠는가.

그렇다. 문제는 겉으로 보이는 데 있는 것이 아니라 안에, 그것도 저 깊숙한 작은 곳, 잘 안 보이는 데에 있다. 결론부터 말하면 우리 한글 자모부터 일일이 정확하고 명료하게 발음하는 것이 첫걸음이다. 21개의 모음, 19개의 자음 하나하나 초심으로 돌아가 제대로 입 모양을 만들고 혀를 놀려야 한다. 모름지기 발음이 관건이다. 우리 표준발음법은 표준어규정에서 1부 표준어 사정원칙에 이어 2부에서야 나온다. 어문규정이 '발음'보다 '표기' 위주임을 보여주는 증거다. 우리의 읽기·말하기 능력이 부족한 것도 그 근저에 이런 어휘·문법·독해 중심의 국어 규범이 자리하고 있어서가 아닐까? 차치하고, 표준발음법 앞부분에 우리 자음과 모음의 발음법을 해설해 놓고 있는데 이게 문제다. 국민들로 하여금 어려서부터 우리 자모字母를 반듯하게 발음하기를 원할진대 자음 규정에서 '구개'니 '연구개'니, 모음 규정에서 '원순'이니 '평순'이니 할 게 아니다.

무엇보다 방법론을 상세히 알기 쉽게 적시해야 한다. 돌이켜 보면 우리는 중등교육을 받는 동안 한글 자모를 정확히 발음하는 방법을 제대로 익혔던가? 웬만한 헬스와 에어로빅도 시범 조교가 있는데 어쩌면 평생을 좌우할 한국어의 기본발음법을 소홀히 다루지는 않았는가 말이다. 우리 표준어에 해당하는 말을 영국에서는 'RP(Reserved Pronunciation)'라 부른다. 누구에게나 '인정받고', 누구나 '수용하는' 표준발음이라는 뜻이다. 읽기와 말하기 시대에 우리도 상대적으로 발음 가치의 확장을 진지

하고 절실하게 고민할 일이다.

중요한 발음, 잘 틀리는 발음 몇 개만을 추려보고자 한다. 우선 모음이다. 가장 큰 문제는 'ㅐ'와 'ㅔ'의 엉거주춤한 동거다. 'ㅐ'를 'ㅔ'처럼, 'ㅔ'를 'ㅐ'처럼 발음하는 경향이 심각하다. 이 두 모음을 올곧게 구분해 발음하는 것이야말로 정확하고 명료한 발음으로 가는 첫걸음이라는 생각이다. 사실 좋은 발음의 소유자가 되기 위해서는 무엇보다 모음의 음가音價를 정확히 내는 꾸준한 훈련이 필수다. 언제부턴가 입 주위 근육을 너무 안 쓴 탓에 모음을 제대로 발음하는 연습을 할라치면 흠칫 놀라는 이가 대부분이다. 입을 그렇게까지 크게 벌려야 하느냐며 볼멘소리를 한다.

그러나 모음 훈련은 단언컨대 자신의 상상과 상식을 뛰어넘는 입 벌리기가 그 시작이다. 'ㅐ'는 치과에 갔다 상정하고 'ㅏ' 하며 입을 크게 벌리고는 그 상태에서 'ㅐ'를 만들면 가능하다. 더 간편한 방법은 입을 벌려 손가락 검지와 중지를 가로 형태로 가볍게 넣은 다음 'ㅐ' 하면 입 모양이 만들어진다. 이때 입 모양의 좌우 형태에 신경을 많이 쓰곤 하는데 상하上下의 벌림이 더 중요하다. 그래야 입 모양이 올곧게 커진다. '대다/데다' '매다/메다' '배다/베다' '새다/세다'를 발음부터 의미까지 모두 구별하는 대학생을 본 적이 거의 없다.

'재일在日'과 '제일第一' '채증採證'과 '체증滯症' '개재介在'와 '게재揭載' '재수財數/再修'와 '제수弟嫂' 등 한자어는 더 말할 나위도 없다. KBS·MBC·SBS, 세 지상파 방송국도 공교롭게 모두 첫 모음은 'ㅔ'라는 사실을 기억하자. "너희들이 게 맛을 알아?"라고 했어야 게맛살버거로 알아들었을 텐데, '게'가 '개'로 들리는 바람에 당혹했던 기억은 고약하다. 더 열없던 경험도 있다. 웬만한 장년층이라면 아련한 향수를 떠올리며 즐겨 부르는 노래 가운데 '메기의 추억'이 있다. 앵글로색슨 냄새 가득한 그 이름 '매기(Maggy/Maggie: Margaret의 애칭)'를 추억하는 미국 노래가 어느 발음 문외한 손에 의해 '메기'로 허투루 표기되는 바람에 수십 년간 우리 국민 다수가 수염 넷 달린 암갈색 내수어종 메기를 떠올리며 매운탕을 벗했다. 허탈함과 쓴웃음을 넘어 이쯤 되면 가히 블랙코미디 감이다.

'ㅐ'와 'ㅔ' 관문을 통과하면 'ㅙ'와 'ㅚ'를 정복할 일이다. 결론부터 말하면 요즘의 발음 현상은 'ㅙ'도 'ㅞ'처럼 'ㅚ'도 'ㅞ'처럼 되고 있어 걱정스러운 것이다. 이중모음 'ㅙ'는 발음의 끝부분에서 'ㅐ' 입 모양을 크게 유지하는 게 관건이다. 'ㅞ'는 같은 맥락에서 'ㅔ'로 매조지어야 한다. 문제는 'ㅚ'다. 'ㅚ'는 엄연한 단모음이다. 단모음單母音이란 이를테면 단번에 잡티 없이 깨끗하게 나오는 발음을 뜻한다. 'ㅏ/ㅗ/ㅣ', 이런 것 말이다. 그런데 'ㅚ'와 'ㅟ'는 이중모음으로 발음할 수 있다는 표준발음법 제4항 붙임해설에서 사달이 난다.

학자들 누군가가 발음의 정밀성보다 현실 발음의 편의를 좇자고 부추긴 타협의 결과다. 필시 이건 스스로가 'ㅚ' 발음을 힘겨워하던 어떤 사정위원이 짐짓 국민들의 수고로움 덜기로 포장한 혐의가 짙다. 어려운 발음이 있다면 그것을 제대로 발음하는 방법을 제시하고 보급할 일이지 엄연한 단모음의 정체성을 유사시에는 이중모음으로 바꾸라는 것은 당치 않다.

이는, 같은 어문규정 속 거대한 축이 되어버린 외래어표기법의 정착과도 상치된다. 외래어의 정치精緻한 표기를 위해 한국어의 어문·문자체계와는 거리가 먼 '튜(튜브)/블(블라우스)/뷔(뷔페)' 등의 음절도 수용했고, 그런 표기로 한국인의 발음 스펙트럼의 확장이라는 뜻밖의 성과를 거뒀다. 'ㅚ'만 보더라도 '뢴트겐 검사·뫼비우스의 띠·푄 현상' 등이 오롯한데 이를 'ㅚ' 발음도

되고 '눼'도 가능하다 하면 뭐 하러 '뇌'로 적으란 말인가.

어두語頭에는 '뇌' 발음을 지키는 것을 원칙으로 하고 어말語末에는 '눼'를 인정하는 쪽으로 바루어야 한다는 생각이다. 모국어의 단모음을 반듯하게 구사하려 노력하는 이들을 격려하지는 못할망정 그 의욕을 묻히게 한다는 건 어불성설이다. 참고로 '뉘'와의 형평성을 지적하는 이들이 있지만, '뉘'는 우리말 모음에 그 음가를 혼란케 하는 다른 모음이 없어 문제가 되지 않는다.

자음子音은 '경구개음(硬口蓋音: 센입천장소리)'인 'ㅈ/ㅊ/ㅉ'소리의 혼란이 문제다. 혀끝을 입천장에 대고 세게 발음하라는 것인데 이것을 앞니 뒷면 잇몸인 치조齒槽의 위치에서 발음해 생기는 오류다. 쉽게 설명하면, 소리를 낼 때 혀의 위치를 상대적으로 뒤에 놓고 발음해야 할 'ㅈ/ㅊ/ㅉ'을 'ㅅ/ㅆ'소리를 낼 때처럼 앞에 놓는 바람에 제 음가를 못 낸다는 말이다. 그래서 순박하고 담백해야 할 우리의 무성음(無聲音: 성대의 진동이 없음)인 'ㅈ/ㅊ/ㅉ'이 애꿎게 기름기가 묻어 유성음화有聲音化되는 것이다. '재밌다/재수 없어/치사하다/찾지 마/짜증 나' 할 때, 'ㅈ/ㅊ/ㅉ'이 마치 구미어歐美語의 자음처럼 느끼하게 들리는 현상이다.

한국어는 장단의 언어

음가가 정확성에 관한 것이라면 장단長短은 아름다움에 속한다. 한국어는 장단이 너무나도 중요한데 이렇게 풀어보면 어떨까. 음악을 한마디로 표현한다면 반복repetition일 것이다. 단 변화를 준 반복. 가장 보편타당한 음악의 특질은 바로 변화가 들어 있는 음의 길이, 그것의 되풀이라고 할 수 있다. 마찬가지로 텍스트 리딩도 바로 이 장단을 넣어야 리듬이 생기고 전달력이 높아진다. 읽기가 자연스럽게 이루어지면 듣는 사람도 자연스럽게 편안한 느낌이 든다.

영어·독일어·프랑스어 등 구미어는 억양(accent)과 강세(stress)가 다양해 텍스트에 리듬감을 준다면 우리 한국어는 고저장단(height & length)의 묘미가 읽기(reading)에 생기와 활력을 불어넣는 요소다. 돌이켜 보면 어렸을 적 '말:language'과 '말horse' '눈:snow'과 '눈eye' '밤:nut'과 '밤night'의 차이를 접하던 순간은 놀라움 그 자체였다. 그런데 꽃이 진 뒤라야 봄이 지났음을 알게 된다던가. 그 소중한 경험을 허투루 보낸 보통 사람들은 오늘날 건조하고 강퍅한 읽기의 주체가 되고야 말았다.

지필고사로 소화하기가 난감하다고 표준발음 교육을 대충 지나쳐 버린 학교 국어 교육에도 책임의 일단이 있다. 국립국어원의 프로젝트인 국어문화학교 강사를 약 6년 했었다. 물론 표준발음법 분야 쪽이다. 다른 과목은 국어 관련 교수님이나 국어원 연구관 박사님들이 담당하지만, 발음은 공영방송사 중견 아나운서의 전문성을 인정한 결과다. 일선 학교 선생님들의 애환을 들어보면, 학생의 발음을 평가하기가 일단 어렵고, 그다음 자신이 그걸 교정하기는 더더욱 난감하다는 반응이다. 그만큼 표준발음 교육 분야의 누적된 공백이 커졌다는 이야기다. 안타까운 현실이다.

말하기의 전 단계 역할을 하는 읽기, 그 읽기의 핵심 부품 같은 기능을 하는 발음은 우리 국민의 국어 능력 향상과 제고라는 명제에 비추어볼 때 결코 소홀히 다루어져서는 안 된다. '사과apple'와 '사:과apology' '부채fan'와 '부:채負債' '소매sleeve'와 '소:매小賣' 등의 구별에서 흥미와 매력을 느껴야 한다. 이쯤 되면 장단음에 관한 근원적 의문이 스멀댈 것이다. 장단은 원래부터 타고나는 것인가? DNA처럼 한번 고정되면 변치 않고 그대로 가는가? 몇몇 예외가 있으나 대부분은 그렇다고 봐야 한다.

가령 '부富'자는 이 음절이 들어가는 단어들, 가령 '부:자富者' '부:유富裕' '부:촌富村' 등에서 항상 긴 음가를 유지한다. 그러나 소수지만 그렇지 않은 것도 있다. 이는 대개 뜻이 둘 이상의 한자漢字에서 발생하는데 몇 개만 예를 들면 이렇다. '장長'은 보통 '길다'와 '맏'이라는 두 의미를 갖는다. 놀랍게도 '길다'라는 뜻일 때는 짧게 발음하며 '맏'일 때는 길게 발음한다. 따라서 '장신長身' '장기長期' '장고長考'이고, '장:남長男' '장:관長官' '장:로長老'가 되는 것이다.

'강강'은 '굳세고 강하다'라는 의미일 땐 짧게, '억지로, 강제로'로 쓰이면 길게 발음된다. 소素도 '희다'일 때는 길게, '바탕'이면 짧게 소리 난다. '강조强調' '강점强點' '강약强弱'이 짧고 '강:압强壓' '강:변强辯' '강:행强行'이 길며, '소:복素服'이 길고 '소질素質'이 짧은 이유다.

또한 우리말 장단은 고맙고도 묘한 것이 체언과 용언 모두 첫 음절, 즉 어두語頭에만 적용된다는 사실이다. '첫눈' '군밤' '집안일' '거짓말'에서 후미의 '눈' '밤' '일' '말'을 곧이곧대로 [눈:] [밤:] [일:] [말:]로 하게 되면, 그 어색함과 복잡성을 어찌할 것인가. 한국어는 아주 오랜 옛날부터 자연법칙적으로 이런 조화와 절충의 지혜를 발전시켜 왔다. 가끔 꽤 경력 있다는 방송진행자들도 '우리말:' '서울시:' '경기도:' 하며 뒤를 길게 발음하는 경우를 보게 되는데 하나만 알고 둘은 모르는 경우다.

본래 가진 긴소리를 단음으로 면제받는 경우가 둘 더 있다. 하나는, '단음절인 용언 어간에 모음으로 시작된 어미가 결합하는 경우' 중 일부다. '감:다-감으니' '얼:다-얼음' '알:다-알아' '밟:다-밟으면' 등이 그 예다. 다른 하나는 '용언의 어간에 사동·피동의 접미사가 결합하는 경우' 중 일부로, '밀:다-밀리다' '신:다-신기다'

'안:다-안기다' '꼬:다-꼬이다' 등이 해당한다.

ㅓ:/ㅕ:/ㅟ:의 세계

장단이라는 스펙트럼에서 가장 근사하고 신비로우면서 앞에서 적시한 리듬감을 살리는 대목이 남았다. 바로 'ㅓ/ㅕ/ㅟ', 이 세 모음이 펼치는 세계다. 다른 장단음이 혀나 입 모양의 변화는 없이 오직 그 길이의 의해 변별력이 생긴다면, 위 세 모음은 장단에 따라 혀와 입 모양이 달라지면서 리듬에 큰 변화를 준다. 한마디로 'ㅓ/ㅕ/ㅟ'의 장음격인 'ㅓ:/ㅕ:/ㅟ:'는 특유의 독자성을 띠는 것이다. 이 모음들은 혀의 조음調音 위치가 올라가고 따라서 입은 아래턱이 약간 앞으로 나가면서 위쪽으로 모이게 된다. 길게(長) 소리 나고 상대적으로 위쪽에서(高) 조음되기 때문에 이 세 모음을 따로 장고모음長高母音으로 부르기도 한다.

우리 고유어 '언:제' '얼:마나'는 길게 소리 내야 그 맛이 나게 되어 있다. 이걸 '언제' '얼마나'라고 짧게 하면 경박하고 되바라지게 들린다. '적:다(量)'와 '적다(記)' '없:다(無)'와 '업다(背·負)' '걷:다(步)'와 '걷다(袖)'를 구분 안 하면 뉘앙스가 전혀 달리 다가온다. '건:강' '검:찰' '멀:다' '벌:다' '범:인' '선:수選手' '먼: 곳' '얼:다' '전:화(電話)' '헌: 옷' '전:쟁' '천:(섬유)' '헌:법'의 'ㅓ:'는 'ㅓ'를 물리적으로 늘린 'ㅓ~'와 확연히 다른 것이다.

마찬가지로 '면:제' '변:화' '병:원' '여:론' '연:예인' '연:습' '현:대'도 'ㅕ:'가 아니면 영 어색하다. 'ㅟ:'도 '권:하다' '뭔:가' '원:망' '원:한' '훤:하다'처럼 길고, 낮고, 깊게 소리 내야 한다. 짧은 'ㅟ'로 하거나 'ㅟ'를 그저 평면적으로 늘릴 일이 아니다. 이때 반대로 지나치게 고모음화를 시켜버리면 다른 차원의 오류가 나는데, 바로

'거:짓말' '더:러워' '정:말'이 '그:짓말' '드:러워' '증:말'처럼 되는 현상, 즉 지나친 고모음화다. 이럴 땐 도리어 혀와 아래턱의 위치를 조금만 내려 조정하면 문제가 해소된다.

얼추 '읽기'에 필요한 한국어의 장단을 정리해 보았는데 여기서 꿈틀대는 불편한 의문과 맞닥뜨리게 된다. 바로 그 장단음을 일일이 기억하고 외워야 하느냐는 문제다. 유감이지만 '그렇다'가 답이다. 다소 허탈하고 황망할지 모른다. 그러나 무엇이든 마음먹고 생각하기 나름 아니던가. 돌이켜 보면 우리가 영어라는 생경한 외국어를 처음 접했을 때, 한편으로는 겁먹었지만 달리 보면 신선했었다. 영어를 자주 접하고 흥미가 생기고 영어 교육을 착실히 받게 되면, 단어를 얼추 봐도 악센트의 위치나 대략의 의미를 어느 정도 파악했던 소중한 경험, 이런 게 위로가 될 것이다.

그 연장선에서 우리 한국어도 위에서 장단음을 외워야 한다고 말은 했지만, 사실은 자주 접하고 친해지다 보면, 굳이 장단을 일일이 외우지 않아도 자연스럽게 익히게 된다. 기억할 것은 이 장단을 지켜야 할 것, 정복해야 할 것 등의 부담이나 구속으로 여길 게 아니라 세련된 읽기, 나아가 유창한 말하기라는 목표를 달성하기 위해 구사하는 툴tool이나 스킬skill로 여겨야 바람직하다는 점이다. 목표가 같다 하더라도 접근 방식의 차이는 그 효과에서 큰 차이가 나는 것 아니겠는가.

띄어 읽기가 중요하다

이번엔 띄어 읽기다. '띄어 읽기'라고 하면 흔히 초등학생 시절을 떠올리게 된다. 이때는 책을 잘 읽는다는 것이 곧 '또박또박' 읽는 것과 동의어였다. 한데 '또박또박'은 무얼 말하나? '차례나 규칙에 맞게 조리 있으면서 또렷하게'란 의미다. 초등학생용 교과서는 띄어 쓰인 대로 읽으면 얼추 '또박또박'의 수준에 다다를 수 있었다. 그러나 그런 소박한 텍스트는 일상에서 거의 주어지지 않는다는 데 띄어 읽기의 어려움과 매력이 혼재한다. 사실 띄어 읽기가 뜻대로 되지 않는 까닭은 띄어쓰기와 일치하지 않는 데 있다.

띄어쓰기는 흔히 주어·목적어·부사어·서술어 등으로 불리는 문장 성분과 밀접한 관련을 지닌다. 그런데 그 음절수가 문제다. 어떤 것은 같은 문장 성분인데 글자 수가 많고, 어떤 것은 다른 문장 성분이 여럿 이어져도 음절수가 몇 안 되는 경우가 대다수다. 바로 여기서 띄어 읽기의 기술 문제가 대두된다. 물론 띄어 읽기는 기술에 앞서 좀 더 근본적인 개인차가 존재한다. 호흡이 긴 사람, 그리고 문맥을 이해하는 방식이 빼어난 사람에게 유리함은 물론이다. 그럼에도 보통의 평범한 사람에게 공통으로 적용 가능한 기술과 요령은 있다.

앞서 뉴스리딩에서 잠깐 다루었으나 중요한 내용이니 반복·복습하련다. 먼저 텍스트에 대한 '형식적 분석'이라 이름 붙여보았는데, 바로 위에서 지적한 대로 문장 성분의 배치를 파악하고 이를 바탕으로 읽기의 얼개를 잡는 것이다. 예를 들어 한 문장 성분이 상대적으로 길 때의 요령은 이렇다. "문화체육관광부 산하 한국문화예술교육진흥원은~"으로 진행되는 문장이 있다 치면, 이는 분명 문장 성분상 주어主語는 하나다. 그러나 음절이 무려 21자다. 한 번도 띄지 않고 읽으면 속도가 빨라지고 제대로 알아들을 수 없으며 무엇보다 무성의하게 들릴 것이다. 그렇다고 자신이 편리한 데서 내키는 대로 띄어 읽으면 둔감해 보이기 십상이다.

"공수처가 마침내 업무를 시작합니다"는 어떤가. 주어·부사어·목적어·서술어, 네 가지 성분이 차례대로 나오지만 15음절밖에 되지 않는다. 문장 성분에 준해 그대로 띄어 읽으면 단절되는 느낌을 줄 것이고, 짧다고 한 호흡에 내달리기엔 경솔한 느낌이 난다. 어찌할 것인가? 바로 여기서 등장하는 개념이 '반호흡(half-respiration)'이라는 것이다. 반호흡이란 글자 그대로 반만 호흡한다는 의미로, 말하자면 날숨과 들숨을 조절하는 기술. 다시 말해 한편으로는 보수적 띄어 읽기가 일으키는 간극과 단절의 느낌을 막고, 다른 한편으로는 호흡 자체를 무시한 자의적·일방적 리딩의 유혹을 방지하기 위함이다.

그러나 마땅히 온호흡을 써야 할 부분, 즉 온전히 호흡을 충분히 하고 높이도 낮추어야 할 대목에서 반호흡을 허투루 남발하면 역효과가 나기 쉽다. 반호흡은 또한 억양, 어조와는 별개로 그 높이가 내려가거나 떨어지지 않는다. 정리하면 다음과 같다.

- 한 문장 성분이 상대적으로 길 때는 띈 듯 이어 읽는다.
- 음절수가 짧은 성분이 이어 나올 때는 이은 듯 띄어 읽는다.
- 문장 자체가 길 때는 중간에 반드시 충분한 긴 포즈(호흡·휴지)를 갖는다.

다음은 '내용적 분석'이다. 텍스트가 어떤 내용을 담고 있는가에 대한 이해를 말한다. 아나운서 시험장에서 뉴스 기사를 받자마자 구석으로 달려가 원고를 입에 붙도록 반복적으로 읽는 모습을 심심치 않게 볼 수 있다. 물론 긴장이 되니까 그런 행동을 할 것이다. 그러나 매우 잘못된 방식이다. 원고를 받으면 어떤 종류의 기사인지, 무슨 아이템인지, 골자는 무엇인지 찬찬히 파악하는 게 먼저다. 다음에는 문단 구성이 어떻게 돼 있는지, 각 문장은 어떤 형태를 띠는지, 어디서 어떤 호흡을 쓰고, 주의해야 할 포인트는 어딘지 체크하는 게 중요하다.

그러니까 순서는 내용적 분석이 형식적 분석보다 선행되는 게 효과적이다. 단 '내용적 분석'은 어디까지나 띄어 읽기를 위한 대강의 내용 파악이지 텍스트에 대한 완벽한 독해나 해석을 의미하는 것은 아니다. 텍스트의 내용에 너무 집착하면 오히려 읽기에 대한 부담을 주어 리딩의 형식미를 흔들 염려가 있다.

앞에서 짚어본 이 띄어 읽기를 둘러싼 담론은 앞에서 아티큘레이션articulation 개념과 통한다고 강조한 바 있다. 어디서 연결할 것인가, 어떻게 분절할 것인가, 강조할 것인가 말 것인가에 대한 감각 키우기. 그 본령인 음악으로 치환하면 베토벤의 운명 교향곡도 지휘자의 곡 해석에 따라 느낌이 확연히 다르지 않은가 말이다. 빌헬름 푸르트뱅글러(獨) 녹음에서는 느리고 중후한 맛, 아르투로 토스카니니(伊)는 빠르고 산뜻한 느낌, 브루노 발터(獨·美)는 소박·담백의 미, 그리고 카를로스 클라이버Carlos Kleiber(獨)의 경우는 모든 덕목의 조화로움, 이렇게 다양한 모습으로 다가선다. 물론 나는 클라이버-컬트Kleiber-Cult라 이렇게 주장하는 것이고, 평가는 사람에 따라 다를 수 있다.

마무리로, "끝이 좋아야 비로소 다 좋은 것이다"라는 격언이 있다. 백번 옳은 말로 '읽기'에도 그대로 적용된다. 자모 발음의 정확성과 띄어 읽기의 스킬로 제아무리 무장해도 종결어미 처리가 서툴거나 어색하면 난감하기 이를 데 없다. 체조 경기의 뜀틀을 생각하면 쉽다. 달리기와 도약, 공중에서의 회전이 기막히게 어우러져도 착지 불안의 그림자를 거두지 못하면 메달은 늘 위태로운 법 아니겠는가.

특히 리딩의 임상을 찾은 요즘 젊은이들을 보면 의외로 끝처리 중요성에 대한 감각이 무디고 딱 그만큼의 방어기제 부실을 목격하게 된다. 가장 기본적인 종결어미라 할 수 있는 '–다' 어미에 대한 불안증만 보더라도 다종다양하다. 우선, '다'가 온전히 구사되지 않아 'ㄷ'음절만 간신히 들리는 경우다. 텍스트의 알맹이가 아니기에 상대적으로 평범한 종지終止 부분은 대충 마무리하는 데서 비롯된다. 내용이 덜 하다고 음가도 약해지는 것은 아니다. 다음은 소위 '닷' 현상인데, 이는 반대로 마무리를 여유롭게 하지 못하고, 마치는 곳까지 긴장하고 힘주고자 하는 심리의 발로다. '따'도 더러 보인다. 유치원이나 초등학교 저학년식 읽기 습관이 그대로 이어져 '따' 정도로 소리 나야 마무리가 확실하고 돋보일 것 같은 생각에 따른 것이리라. 높이와 크기도 문제다. 높이를 '다' 앞에서 아무런 조절 없이 죽 가버리면 '다'의 위치가 상대적으로 높아 보이면서 소리가 떠 있는 느낌이 든다. 크기도 그렇다. 조금의 변화라도 구사하지 않으면 딱딱하고 무심한 마무리로 여겨질 것이다.

종결어미 '–다'를 잘하기 위한 왕도는 따로 없다. 다만 요령이 있을 뿐이다. 비유하자면, 경제학 유명 이론 중에 파레토(V.Pareto)법칙이라는 게 있다. 원래 이탈리아 인구의 20%가 전체 국부國富를 차지하고 있다는 통계에서 비롯하는데, 모든 결과치의 80%가 20%의 원인이 되는 현상을 말한다. 종결어미 부분이 20이 안 될지라도 전체 리딩에 영향을 끼치는 정도는 20을 능가한다는 생각이다. 이 20은 묘하게도 종결어미 부분에서 크기와 높이의 감소 폭으로 어림잡아도 좋다. 예컨대 이런 거다. '말했습니다'의 앞부분 음절 '말'이 100이라면 뒤에 자리한 '다'는 20이 줄어든 80 정도. 이렇게 하면 얼추 반듯한 종결어미의 소리와 형태를 띠지 않을까 한다.

이때 주의할 것은 점진적으로 부드럽게 하향해야 20이라는 감소치를 너무 의식해 급격히 크기와 속도를 줄이면 속삭이거나 경건하거나 울적한 느낌을 주는 부작용을 낳는다는 사실이다. 더불어 종결어미에 다다르기만 하면 소리가 아예 갈라지거나 잠기는 경우는 그 전의 호흡과 관련이 깊다. 반호흡을 안 하고 이어 붙였다든지, 아니면 온호흡을 써야 할 곳에서 쉬지 않거나 짧은 반호흡만 취한 결과다. 즉 중간 부분 어디에선가 충분한 호흡을 하지 않은 채 무리하게 내달리며 욕심을 낸 것이라고 볼 수 있다.

소리 내기가 곧 배움이다

다음은 발성에 관한 나의 생각이다. 발성發聲이 중요하다고 말들을 많이 한다. 좋은 발성은 물론 축복이며 '좋은 읽기'를 위한 강력한 무기다. 그러나 발성, 즉 소리에 지나치게 집착하면 읽기 자체의 묘미에 방해 요소로 작용하기도 한다. 스스로 발성이 안 좋다는 강박에 사로잡히면 읽기의 흥미와 자신감을 잃기도 하지만 역으로 발성이 좋다는 자신감에 우쭐하면 바로 그 이유 때문에 읽기의 스킬에 둔감해질 수도 있다. 결론적으로 보통 사람의 읽기에서 발성은 그다지 크게 작용하지 않는다는 생각이다.

복식호흡腹式呼吸을 예찬하며 발성을 들먹이는 것은 성악 쪽이라면 모를까, 좋은 읽기에 필수 불가결한 요소는 아니다. 우리 모두 카루소Caruso나 칼라스Callas가 될 참인가? 발성이 중요치 않다는 게 아니라 읽기에 있어 절대선絶對善은 아니라는 얘기다. 발성의 문제는 발음의 정밀도를 높이고자 하는 노력에서 많은 부분 절로 이루어진다. 좋은 발음의 소유자가 나쁜 발성을 하는 예는 찾기 어려운 데서도 증명된다. 발성보다는 발음이요 그 발음을 바탕으로 하는 유려한 읽기가 이상적인 것이다.

억양抑揚을 독일어 쪽에서 접근해 보면 이렇다. 억양은 인토네이션intonation과 액센트accent로 풀이하는 게 일반적이지만 독일어가 영어와 달리 다루는 부분은 톤의 높이(톤회에, Tonhöhe)다. 말 그대로 높낮이를 일컫지만 단순히 높고 낮음에 그치는 것이 아니라 이것이 읽기의 자연스러운 큰 흐름에 영향을 주는 것이다. 억양은 이중적이다. 너무 도드라져도 안 되고 눈에 안 띄어도 문제다. 억양이 없으면 단조로워 보이고(모노톤, monoton) 울림이 적다(클랑로스, klanglos). 반대로 많으면 어수선하고 흐름을 방해한다.

독일어에 악첸트프라이akzentfrei라는 단어가 있다. 외국인이 독일어를 원어민처럼 잘할 때 듣는 최상의 칭찬 중 하나다. 풀이하면 '외국인의 억양에서 벗어났다'는 뜻. 이건 억양의 차이가 외국어 읽기와 말하기에 결정적 요소라는 방증이다. 억양을 좌우하는 요소는 정확한 발음과 문맥에 대한 올바른 이해다. 한국어 단어 대부분은 강세가 앞에 있으며 정도에 있어서도 뒤와 두드러지게 차이 나지 않는다. 서양어처럼 앞·뒤·중간, 이런 식으로 복잡하지 않다. 발음이 올곧다는 것은 곧 강세까지 포함하는 개념이다. 문장의 맥락을 읽는 능력이 늘면 자연스러운 억양을 탑재할 수 있는 것이다.

어조語調는 억양과 미묘한 관계를 이룬다. 억양과 어조에 해당하는 영어 단어인 인토네이션intonation과 톤tone만 보더라도 그 친연성親緣性을 눈치챌 수 있다. 억양은 다분히 어조를 만드는 필수적 요소라고 보면 틀림없을 것이다. '억양을 붙이다'의 독일어 인토니에렌intonieren은 '어조를 만들어가는 행위'라는 뜻을 담고 있다. 다른 한편으로 어조는 '클랑파르베Klangfarbe'라는 말에서도 알 수 있듯 텍스트에 울림(클랑, Klang)이라는 색깔(파르베, Farbe)을 입히는 역할을 한다.

즉, 어조를 통해 정서·감성·캐릭터가 드러난다. 어조를 뜻하는 다른 단어인 슈프라흐멜로디Sprachmelodie에서 보듯 이건 '말의 가락'과 관련이 깊다. 아름다운 멜로디, 슬픈 멜로디가 있듯이 기쁜 어조, 담담한 어조, 심각한 어조 등으로 쓰이는 것이다. 그러니까 어조의 요체는 다분히 감각적이고 정서적인 부분이다. '톤을 못 잡겠다'라는 말은 단순히 목소리의 키key와 관련된 것뿐만 아니라 발음·억양·문장 파악 등에 대한 이해가 복합적으로 작용하는 것이며 그 솔루션을 찾는 과정에서 자기만의 고유한 어조를 탑재하게 된다.

속도와 크기가 남았다. 이상적인 읽기 속도가 따로 있는 게 아님은 물론이다. 호흡의 개인차가 있고 문장의 맥락 잡기도 상이한 것이 어쩌면 당연하다. 텍스트의 종류가 다양함에도 모든 장르의 읽기에 같은 속도를 유지하는 것은 오히려 이상하다. 그럼에도 표준 속도를 따져보자는 의미 있는 시도가 지속적으로 있어왔다. 대표적인 것으로, 아나운서의 라디오뉴스를 모니터한 연구 결과, 얼추 1분에 366자字라는 결과가 나왔다. 그러나 이제 시 낭송 같은 일부 분야를 제외하면 읽기의 속도가 대체로 빨라지는 추세를 부인할 수 없다. 이제는 380~385자 내외가 적당하다는 생각이다. 속도와 관련해 심각한 문제는 '점점 빨라지기'다. 이는 긴장과 관련이 깊은 것으로 심박 수 증가에 따른 현상인데, 자신감 결여와 불안 증세가 한 원인이다. 해결책은 센텐스가 늘어날수록 초반의 여유 있는 속도를 유지하겠노라 하는 의지가 중요하며 연습을 통해 충분히 극복 가능하다.

목소리의 크기도 사람마다 다르다. 선천적인 경우도 있고 성격에 따른 차이도 있다. 그중 목소리가 지나치게 작은 것이 제일 문제다. '정확한 발음' '적당한 속도' 못지않게 '알맞은 크기'는 읽기의 필수 불가결한 요소다. 아무리 발음과 속도가 이상적이라도 잘 들리지 않는다면 난감하지 않겠는가. 입을 크게 벌리고 소리를 크고 시원하게 내면서 읽기 연습을 자주 하는 수밖에 없다. 물론 초기에는 조금밖에 안 읽었는데도 숨이 차고 목소리가 갈라지고 띄어 읽기는 엉망이 될 것이다.

그러나 그런 고통이 없이 작은 목소리를 극복하기는 어렵다. '소리를 먹는다' 혹은 '소리가 먹힌다' 증세를 보이는 사람도 있다. 이는 소리가 작을뿐더러 입 앞으로 나아가지 못하고 입 주변에서 맴도는 현상을 의미한다. 호흡의 날숨을 활용해 소리를 함께 앞으로 내보내야 하는데 원활치 못한 경우다. 가장 단순한 방법은 이렇다. 내 입에 물고 있는 사과 조각을 내키는 대로 한껏 앞을 향해 내뱉는다는 식으로 소리 내보길 권한다.

입을 크게 벌리는 습관과도 관련이 있다. 10초간 입을 최대한 열고 그 상태를 유지하다가 10초간 입을 닫는 연습은 실효적이다. 틈날 때마다 하면 좋다. '파/타/카/라', 이 4개 음절을 번갈아 발음하는 훈련도 있다. '파'는 입술을 튕기듯이, '타'는 혀끝이 윗니 뒤에 정확히 붙게 한다. 혀의 뒤끝을 입천장 깊숙이 대어 '카'를 만들고, '라' 소리 내며 혀끝을 앞쪽 입천장에 살짝 닿게 한다. 꾸준히 연마하면 의외로 어지간한 사례는 극복된다.

인성구기因聲求氣란 말이 있다. "소리에 기인하여 기운을 구하다" 곧 "소리를 타야 기운이 찾아진다"란 말이다. 무엇이든 성독聲讀, 즉 소리 내어 읽어야 여러 효과가 난다는 의미. 학창 시절, 어학 과목은 무조건 외우라는 선생님들의 주문은 당시에는 다분히 억압적이고 수긍하기 힘들었던 게 사실이다. 그러나 청나라 문호 요내姚鼐(1731~1815)는 진즉에 소리가 의미에 선행하며 소리를 고르게 내어 반복적으로 책을 읽으면 그 뜻이 어느새 자기 안에 맺힌다는 이론을 이렇게 설파했다.

신속·편의·재미만을 좇는 터치와 클릭의 시대. 앞 사람, 옆 사람하고도 그저 문자만으로 소통하고 도무지 말이 소거된 세상이다. 말하기가 자꾸 싫어지는 것은 그 내용의 적절성, 부실함을 걱정하는 이유도 있겠으나, 입술과 혀 주변 근육을 놀리고 부리는 행위 자체가 낯설고 귀찮은 탓이 더 크다는 생각이다. 어떤 텍스트든 소리 내어 읽어보자. 처음엔 작게 내다가 점점 소리를 키워본다. 내처 거기다 분명한 정확성과 깨끗한 명료성을 입힌다. 그러다 보면 자기만의 어떤 리듬이 생겨난다. 자꾸 읽다 보면 그다음엔 말하고 싶어진다. 저절로 표현력이 강화된다. 소리의 신통한 힘이요 기운이다.

뉴스 읽기와 고개 들기

이제 뉴스 장르로 논의를 좁혀 더 파고 들어가 보자. 읽기의 대상은 사실 무궁무진하다. 에세이·소설·연설문·보고서·리포트·대본 등. 그러나 모든 운동의 기본이 달리기이듯 모든 리딩의 기본은 뉴스다. 읽기 행위를 관찰해 보면 대개 두 가지로 나뉜다. 하나는 이른바 '무심한 읽기'다. 텍스트에 적혀 있는 그대로 그저 틀리지 않는 것을 목표로 죽죽 읽어나가는 것이다. 이는 궁극의 목표인 '세련되고 유창한 말하기'와도 거리가 멀 뿐더러 무엇보다 수용자 중심이 아닌 자기편의적 읽기의 전형이라 극복의 대상이다. 반대는, 읽기 모드로 돌입하기만 하면 감정과 표현에 치중하는 스타일이다. 이는 읽기를 통해 자신을 적극적으로 드러내고 표출하는 순기능에 속하지만 낱말 자체의 아름다운 발음을 마모시키며 지나치게 감성 분위기로 읽기를 몰아간다는 데 문제가 있다.

곧 둘의 접점영역이 이상적이라 할 때 그 지점에 뉴스리딩이 자리한다. 뉴스리딩의 핵심은 형식미型式美라고 할 수 있다. 어디까지나 정확한 발음과 반듯한 어조를 바탕으로 승부하되 감성적 분위기와 잡다한 스킬을 최대한 절제하는 것이다. 촌로村老들은 아직도 TV화면 속 아나운서나 앵커들을 천재나 비상한 기억력의 소유자로 인식하는 경우가 많다고 한다. 프롬프터(prompter: 앵커가 카메라에서 시선을 떼지 않고도 자연스럽게 원고를 읽게끔 도와주는 장치)의 존재를 모르기 때문에 그렇다. 요즘은 프롬프터 없는 뉴스를 상상하기 어렵다. 대통령의 경축일·기념식 축사나 연설은 모두 프롬프터 방식으로 대체되었고, 자연스러움을 배가하기 위해 양쪽에 두 대를 설치하는 게 보통이다. 앵커의 긴 멘트도 카메라를 달리하며 프롬프터를 사용하고, 아나운서의 스트레이트·불러틴 뉴스도 리드 멘트 성격의 앞 한두 문장은 간이 프롬프터 형식으로 하는 게 대세다.

그러나 아나운서 시험은 프롬프터 없이 진행되는 게 일반적이다. 사실 이게 객관적인 입장에서 텍스트의 내용을 가감 없이 그대로 전달하는 방식으로 전통적이며 자연스러운 TV뉴스의 전형이라고 할 수 있다. 90년대 말까지만 하더라도 아나운서 뉴스는 프롬프터 없이 했다. 차치하고, 보통 사람이 공적 공간과 장면에서 읽기 행위를 함에 있어 이런 방식이 보편성을 갖는다는 게 중요할진대 프롬프터 없이 하는 읽기 행위의 노하우를 습득하는 게 의미를 지니는 것이다.

TV뉴스 스타일의 읽기는 말하자면 적극적 읽기, 수용자 친화적 읽기, 말하기를 위한 전 단계로서의 읽기다. TV뉴스는 자신의 모습을 보여주는 것을 전제로 하며 그 핵심은 정면을 응시하는 것이 옳다. 그러나 오로지 프롬프터에만 의지해 부담스럽게(?) 계속 앞을 정시正視하기 보다는 텍스트를 보기 위해 고개를 숙였다가 적당할 때 규칙적으로 드는 게 의미 있고 보기에도 좋다. 세련되고 절제된 읽기의 형태라고나 할까. 언제부턴가 말할 때는 상대의 눈을 보고, 무언가를 읽을 때는 그 대상인 텍스트만 주시하는 형태에 우리는 익숙해져 왔다. 프롬프터가 대안인데 일상의 발표 행위에서 프롬프터를 쓰기 힘들다. 그러니 대안은 텍스트와 정면을 번갈아 취하는 것일 수밖에 없는 것이다.

그런데 막상 이것도 해보면 쉽지 않다. 물론 요령이 있다. 먼저 양적인 면을 보자. 텍스트에서 적어도 두 줄에 한 번 정도는 고개를 들고 정면 응시하는 습관의 정착이 관건이다. 두 줄을 넘어가면 고개를 숙이고 있는 모습이 상대 입장에서는 답답해 보이기 마련이다. 고개 들기는 기대하지 않은 효과도 동반된다. 움츠렸던 자세에서 규칙성을 갖고 몸을 펴고 세우게 되기 때문에 소리를 내기에 편한 장점이 있다. 무엇보다 듣는 이, 보는 이를 의식하고 있다는 메시지를 발신함으로써 수용자에게 좋은 이미지를 줄 수 있다.

단순히 고개를 든다는 사실 자체가 중요한 게 아니다. 앞을 본 상태, 다시 말해 정시正視한다는 것은 적극적이며 친화적 읽기를 하겠다는 의지 표현이다. 그러려면 그 취지에 걸맞은 눈빛과 표정이 필요하다. 자신이 지을 수 있는 가장 똑똑하고 근사한 눈빛을 바탕으로 상냥하고 친절한 표정도 체화시켜야 한다. 텍스트의 내용에 따라 때론 단호하게 때론 안타깝게 때론 정감 있게 다변화시킬 수 있는 여유도 필요하다. 물론 지나치면 부담스러울 수 있다.

참고로 공적인 장소나 방송에서의 읽기·말하기에서 미소 띤 얼굴, 상냥한 태도는 기본사양이라고 할 수 있다. 만약 힘들다고 한다면 다른 뾰족한 대안은 없다. 될 때까지 연습과 훈련을 통해 만드는 수밖에. 그만큼 중요하다. 자아가 강하고 야망이 큰 사람은 고개 들기도 즐긴다. 그러나 과유불급過猶不及을 기억해야 한다. 텍스트가 눈에 많이 익었다고 해서 정시 상황에서 너무 많은 분량을 소화하다간 속도가 빨라지고, 기억에도 한계가 있어 내용을 잊으면 오히려 당황하는 순간을 맞는다. 그저 4음절 안팎을 고개 든 상태에서 처리한다는 생각으로 겸손하게 접근해야 탈이 없다. 앞을 보겠다는 일념으로 기억하는 걸 다 쏟아내면, 그다음은 반드시 더듬는 파국과 마주한다. 여유를 갖고 낮은 자세로 임하는 게 현명하다.

반대로 고개를 들 때 시선이 청중이나 카메라를 보지 못하고 초점이 흔들리는 경우가 있는데 부끄러움을 많이 타거나 의지가 약한 부류에서 흔히 나타난다. 또한 눈의 각도도 평형을 이루어야 한다. 자신은 180도라고 느끼는데 200도나 160도를 바라보는 경우가 적지 않다. 평소 습관이 그렇게 고착화한 것이다. 이때 녹화라든가, 주위의 모니터링은 큰 힘이 된다. 자신이 없으면 눈이 강요에 의해 드는 것처럼 보이고 허공을 보기 십상이다. 스스로를 믿고 상황에 몸을 맡겨라. 시행착오를 두려워하지 말고 용기 있게 앞을 보는 것만이 해결책이다.

가장 좋은 고개 들기 지점은 키워드key-word, 핵심 단어가 있는 곳이다. 질적인 측면의 고개 들기를 말하려는 참이다. 일상 화법에서도 중요한 내용에서 자연스레 눈빛이 빛나고 힘주어 말하지 않던가. 마찬가지로 고개 들기가 가장 위력을 발휘하는 때는 키워드에서 맑은 눈동자로 정면을 바라보고, 그에 걸맞은 표정으로 리딩이 이루어질 때다. 그런데 텍스트마다 키워드가 모두 담겨 있는 것은 아니니 그럴 때는 기본원칙인 두 줄에 한 번씩 고개 들기에 충실하면 된다.

더불어 고개 들기는, 텍스트에서 기왕이면 명사·동사 등의 확실한 체언·용언 지점이 적당하고 한 줄의 앞부분이나 중간

이내에서 하는 것이 안전하다. 줄 후반에서 고개를 들면 다음 줄이 바투 다가온다는 불안감에 더듬기 일쑤다. 한 센텐스의 종지부에서 고개를 드는 시도를 많이 보게 되는데 제 꾀에 제가 넘어가는 것이다. 여기서 '꾀'라 표현한 것은 그 심리를 충분히 알기 때문이다. 문장 말미는 대개 '말했습니다' '밝혔습니다' 등의 상대적으로 예측 가능한 용언으로 돼 있기에 만만해서 그러는 것 아니겠는가. 따라서 이 부분에서 고개를 들면 더듬을 염려가 거의 없다는 계산일 게다.

그러나 그게 바로 덫이요 함정이다. 고개를 들 땐 좋으나 다음이 문제인 것이다. 위에서도 적시하듯 한 문장의 말미에서 고개를 들면 다음 문장을 볼 수 없기에 더듬을 법한 리스크가 발생한다. 연장선상에서 고개를 급히 떨구게 되고 동시에 고개 들고 숙임의 리듬이 엉키게 된다. 또한 마무리의 평범한 부분에서 정시正視를 하는 열없음에다 그것이 관성을 갖고 반복되기에 우스꽝스러울 게 자명하다. 아나운서 학원이라는 데서 이렇게 지도한다고 들었는데 바람직하지 않은 가르침이다. 비교해 보면 스스로 터득하고 이해하리라 믿는다.

고개를 드는 모습과 스타일에도 유의할 필요가 있다. 절도 있게 일정하고 확실한 각도로 드는 것이 최상이며 고개를 듦과 동시에 그 음절이 곧장 탁 하고 발음돼야 근사하다. 동작이 굼떠 고개를 숙인 상태였다가 드는 과정에서 음절을 발음하면 산뜻하지 못하며 시선도 어중되어 보인다. 반대로 고개를 들고 나서 반 템포 정도 후 음절을 발음하면 일견 멋스럽지만 기성 방송인을 흉내 내는 것 같아 되바라진 인상을 줄 수 있다. 잘난 체하는 느낌은 자고로 바람직하지 않다.

뉴스리딩 패턴의 변화에도 주목할 필요가 있다. 과거에는 조곤조곤 또박또박 읽는, 소위 차분한 뉴스가 각광을 받았다. 그러나 세상이 바삐 복잡하게 돌아가는 탓일까. 무엇보다 감각적으로 돋보이는 것이 경쟁력임을 부인할 수 없고 그것이 꼭 그릇됐다고 말할 수도 없다. 뉴스의 톤을 자신의 평소 기준보다 약간 높이는 것이 수용자 친화적이며 소구력에서도 효과적이라고 봐야 한다. 그래야 정성과 성의가 느껴진다. 음가를 내는 밀도나 강도도 다소 옹골차고 다부지게 하는 것이 유리하다.

그렇다고 엄청나게 기쁘거나 슬픈 소식이 아닌 이상 그 감정을 뉴스 앞머리에 미리 표출하는 것은 바람직하지 않다. 그보다는 지금 하고 있는 뉴스를 즐기고 있다는 인상을 주는 것이 매우 중요하다. 그러나 즐긴다는 것이 말처럼 쉬운 일은 분명 아니다. 요체는, 즐길 수 있으려면 지배할 수 있어야 한다는 점이다. 운동을 예로 들어도 그렇지 않은가? 테니스든 탁구든 골프든 룰을 알고 기본 동작·주요 기술을 익히고 구사할 줄 알아야 비로소 그 운동을 제대로 즐길 수 있지 않은가 말이다. 정확하고 아름다운 뉴스를 구성하는 모든 요소를 완전히 이해하고 장악해야 뉴스를 즐기면서 한다는 평가를 받을 수 있다.

뉴스의 실전 연습

뉴스는 야구에서 투수의 구종으로 따지면 돌직구다. 돌직구가 스피드 외에 일절 다른 요소가 없듯이 뉴스는 잡기술 없이 명료한 발음을 바탕으로 오직 읽기의 아름다움에만 집중하는 장르다. 그럼 뉴스를 잘하려면 어떻게 해야 하는가. 가장 좋은 방법은 권위와 실력을 지닌 이른바 '멘토'로부터 기초서부터 난도 높은 스킬까지 하나하나 차근차근 지도받는 것이다. 이게 최고다. 나는 엄혹한 교대 근무 시절 최고의 트레이너들을 만났으니 행운이다. 서럽고 괴롭긴 했어도 말이다.

그러나 이런 멘토는 현실적으로 쉽게 만나기 어렵다. 그에 못지않은 방법이 있다. 그것은 매체를 통해 뉴스 잘하는 아나운서·앵커를 따라 하는 것이다. '모방은 창조의 어머니'라 하지 않던가. 소위 모델퍼슨model-person을 본받고 철저히 분석해야 한다. 왜 여기서는 띄어 읽고 저기서는 붙였으며 특정 부분에서 왜 호흡을 크게 가다듬고 마무리는 왜 그렇게 했는지 스스로 따져보고 시시콜콜한 구석까지 파악해 패턴과 스타일을 정리해 놓는 게 좋다. 그리고 나서 자신과 어떻게 다른지, 그 차이는 어디서 온 것인지 비교, 연구해 보라.

따라 해보고 흉내 내보고 조금씩 바꿔보기도 하고 새롭게 시도도 하다 보면 어느새 자신의 뉴스가 진보돼 있음을 느끼게 될 것이다. 실례도 있다. 10년 전쯤 지상파 아나운서로 합격한 어느 후배는 지역 출신에다 가난했다. 뒤늦게 시험 준비를 시작한 데다 학원 다닐 형편도 안 되고 스터디그룹도 들어갈 수 없는 처지였다고 했다. 그래서 찾아낸 방법이 주요 방송사의 아나운서 진행 라디오뉴스와 TV뉴스를 녹음·녹화해 지속적으로 듣고 보고 하는 작업을 반복했단다. 마음 맞는 친구들과 스스로 스터디그룹을 만들어 여러 시각과 의견을 보탰고 그것이 큰 도움을 주었다는 얘기다.

어떻게 보면 단편적 사례일 수도 있지만, 뉴스 정복도 진득하고 우직한 접근이 빛을 발한다. 자모, 형태소, 음절 하나하나를 제 음가가 날 때까지 정확하고 명료하게 발음하는 수고를 게을리하지 말아야 한다. 정오正誤 판정은 국립국어원 홈페이지 표준국어대사전의 음성서비스가 도와줄 것이다. (네이버사전은 장단음의 절대길이값에서 문제가 있다!) 음절에서 단어로, 단어에서 어구·어절로 마치 어린아이가 말 배우기를 하듯 찬찬히 확장해

한 문장을 마무리하고, 같은 방식으로 기사 하나하나를 소화하는 연습을 게을리하지 않을 일이다.

가령 '한국관광공사 곽종환 과장'이라면 입을 크게 벌리고 장음長音으로 [한ː], [국]은 [극]으로 어정쩡하게 소리 나지 않도록 하면서 [국], 다음 [관]과 [광]은 이중모음 음가에 주의를 기울여 누구처럼 [관광]이 [강간]이 되는 파국(?)을 막아야 하고, [공사]라는 일견 쉬워 보이는 단어도 [ㅗ]와 [ㅏ]가 명쾌하게 대비되도록 입 모양을 반듯하게 하려 애쓴다. 그러고는 [한ː국관광공사]라고 천천히 연이어 발음해 보고 표준 속도에 맞추고도 잘 발음이 되는지 다시 연습해 보고, 됐다 싶으면 다음으로 넘어가고 하는, 지루하고 힘겨운 과정을 밟아보는 것, 충분히 유의미하다.

'한국'과 '관광공사'가 구별되는 지점이니 '국'과 '관' 사이에 미세한 반호흡도 필수이며 톤을 '한'과 '관'에 살짝 주어야 설득적이다. 고개를 들 포인트를 체크해 보고 모든 게 완벽히 이루어질 때까지 리딩해 한 번도 안 틀린 걸 한번 연습한 것으로 셈해야 한다. 거기다 그동안 연마한 호감 가는 표정을 얹어 자기 연출하는 과정을 꾸준히 시도해야 한다. 가장 좋은 연습은 시뮬레이션이다. 진짜 실전처럼 자꾸 해보는 것이다. 마지막 리허설, 그것이 일상의 연습이 돼야 한다.

뉴스 초심자의 원고는 총천연색 표시가 현란해야 한다. 장단, 발음 난도가 높은 모음, 고개 드는 지점, 반호흡을 비롯한 주요 호흡 포인트 등을 색깔로 구분지어 표시해 놓는 것이 효과적이다. 4색 볼펜으로 빼곡히 포인트를 정리한 텍스트를 자신의 의도에 맞게 리딩할 수 있을 때까지 연습하는 것이다. 표시는 그저 표시한 대로 그뿐이고 읽기는 표시와 무관한 채 그저 관성에 따라 하면 부질없는 작업이다. 다시 강조하지만 연습을 실전처럼 실전을 연습처럼 하라는 말은 리딩에 있어서는 다시없는 금과옥조金科玉條다.

한 기사를 깔끔하게 소화하고 다음으로 넘어가고 하는 연습을 반복하되 어느 정도 기간까지는 5분 어치, 자신이 붙으면 10분 분량 정도를 온에어on-air상태라고 가정하고 진행하는 것이 중요하다. 그래야 실전 감각을 익히고 긴장감에 익숙해질 수 있다. 5분, 10분이라는 다소 많은 양을 다루는 이유는 이렇다. 똑같이 시속 100km를 달리고 있는 자동차라 해도 제한속도 200km를 낼 수 있는 차의 그것과 120km가 최고 시속인 차의 느낌은 다르지 않겠는가.

더 중요한 이유는 이런 연습을 통해 소위 독력讀力을 키울 수 있기 때문이다. '독력'이라 함은 일정 분량의 텍스트가 주어졌을 때 속도와 크기 등의 페이스pace를 처음부터 끝까지 똑같이 유지한 채 오독誤讀 없이 소화하는 능력을 말한다. 오독은 예나 지금이나 아나운서에게 있어 굴욕이다. 뉴스에 임하는 자신감 부족과 텍스트를 다루는 안이한 자세가 오독을 부른다. 오독을 안 하는 방법은 오직 하나다. 오독 없이 읽을 때까지 죽어라 연습하는 자세를 몸에 배게 하는 것이 왕도다. 다른 방도는 단언컨대 없다.

초심자를 위한 요령

여기서 뉴스 카메라 테스트에 임하는 아나운서 응시생을 국한해 팁을 주고자 한다. 뭐든 마찬가지겠지만, 특히 시험에서는 앞과 뒤가 인상적이어야 한다. 수험번호, 타이틀, 뉴스 기사 앞머리 정도는 반드시 정시正視 상태로 하는 것이 무엇보다 중요하다. 그래야 반듯하고 근사하며 적극적으로 보인다. 입을 떼기 전 속으로 하나 둘 셋 정도를 세고 야무지고 올곧게 스타트하는 것 역시 전략적이다. 무덤덤하거나 급히 시작하면 목소리가 묻히거나 갈라질 수 있다. 반대로 너무 뜸을 들이면 답답하고 둔해 보인다.

요즘은 뉴스를 잘하는 지망생들이 너무 많다 보니 비주얼visual적인 측면 또한 무시될 수 없다. 그러나 단순히 외모, 이미지가 중요한 것이 아니라 스스로를 연출하는 능력이 필요한 것이다. 스타트에서부터 자신감이 없어 보이거나 무언가 허술한 면을 노출하고 긴장한 빛이 역력하거나 괜스레 부산을 떨거나 하면 뉴스를 읽기도 전에 크나큰 감점 요인으로 작용한다.

엔딩 부분도 같은 맥락이다. 설사 자신의 리딩이 만족스럽지 못했다 하더라도 맺는 마당에는 밝고 활기찬 모습을 보이는 게 정석定石이다. 사실 심사를 하는 쪽은 너무 많은 응시생을 접하다 보니 리딩 자체의 정밀함에 미처 신경을 못 쓰는 경우도 적지 않다. 이럴 때 카메라 앞에서의 마무리 모습은 긴요한 득점 찬스다. "뉴스를 마칩니다" 하고 나서 서둘러 자리를 뜨지 말고 1~2초 정도 카메라를 미소 띤 얼굴로 응시한 채 의연하고 여유 있는 인상을 주는 것이 효과적이다.

실수에 대처하는 자세도 중요하다. 뉴스를 하다 보면 더듬거나 소리가 잠시 먹히거나 갈라지는 경우가 왕왕 발생한다. 이럴 때 제품에 앙앙불락怏怏不樂하는 경우가 자주 눈에 띈다. 속상하거나 언짢은 표정을 내비치면 제 무덤을 파는 격이다. 반대로 갑자기 손으로 입을 가린다든지, 뜬금없이 웃는다든지 하는 경솔함도 경계해야 한다. 가장 좋은 방법은 담담히 틀린 부분을 고쳐 읽는 것이다.

한 번 실수는 병가지상사兵家之常事라는 말처럼 뉴스도 대개는 한두 번 정도의 가벼운 실수는 용인되는 게 보통이다. 단 실수를 어떻게 처리하느냐가 관건. 더불어 텍스트의 서너 줄이 벌써 지났는데도 스스로 맘에 안 든다고 처음부터 다시 읽겠다며 양해도 없이 일방적으로 선언(?)하는 행위는 파울플레이로 소탐대실 小貪大失이다. 뉴스를 끝내고도 문제다. 제대로 실력 발휘를 못한 것 같은 마음에 얼굴을 찡그리거나 허탈한 표정을 한 채 급히 자리를 뜨는 것도 자해성 행동이다. 미성숙한 인격을 드러내는 것이며 남들 앞에서 가장 먼저 세상의 정보를 전하는 예비 아나운서로서의 자세가 아니기에 그렇다.

리포팅이란 무엇인가

뉴스에 이어 다루는 분야가 리포팅이다. 리포팅은 흔히 리포터가 전담하는 것으로 오해하기 쉽다. 리포터는 한국과 일본에만 통용되는 말이다. 리포팅은 방송의 한 장르다. 아나운서가 메인MC가 되기 전에 리포팅 역할을 하며 순발력과 센스, 진행력을 테스트하는 경우가 과거엔 많았다. 특히 라디오 중계차 역할은 신인급 남자 아나운서들의 실력을 판가름하는 중요한 바로미터였다. 요즘은 라디오 이동방송차를 타는 경우가 눈에 띄게 줄었다. 그러나 TV에서는 간간이 이루어지고 있다. 특히 스튜디오가 아닌 야외방송에서는 바로 이 리포팅 감각이 필수다.

리포팅은 크게는 언어구사력과 교양 수준을 알 수 있는 지렛대가 된다. 둘 다 하루아침에 이루어질 수 있는 게 아니어서다. 또한 리포팅 원고는 대개 작가 없이 리포터가 직접 쓰기에 문장 구성력과 텍스트 소화력을 축적할 수 있다. 인터뷰 질문지를 만드는 과정 속에서 기획력, 구성력 등을 키울 수도 있는 것이다. 그렇기에 아나운서 시험의 경우, 필기시험을 통과하면 일종의 실무능력테스트라는 과정의 3차 시험이 기다리고 있는데 오프닝이나 인터뷰 질문 등을 즉흥적으로 원고 없이 해보라는 주문이 많다. 준비된 이는 이 단계가 고득점할 수 있는 기회인데 반해 그렇지 않은 경우는 낭패와 당황이 영혼을 엄습한다. 리포팅을 구성하는 요소들을 하나하나 살펴보기로 하자.

우선 사전 준비에 해당하는 것들. TV의 경우는 드물지만, 라디오는 이동방송차를 타고, PD나 작가 없이 진행하는 경우가 많으며, 따라서 리포팅 현장에서 소위 '섭외'에 해당하는 부분을 리포터가 떠맡게 되는 일이 보통이다. 이를 불평하기보다는 인간관계를 넓히는 공부라 여기고, 연락이 이미 된 사람과는 방송 인터뷰라는 인연을 강조하며 사전 대화를 충분히 나눈다. 불특정 다수, 예를 들어 일반 시민들과의 인터뷰라면 자신의 설득력과 친화력의 시험장으로 생각하고 긍정적으로 받아들이는 자세가 필요하다. 특히 TV에서는 무엇보다 현장PD와 작가의 의도가 구체적으로 무엇인지 정확히 파악하고 의문점은 반드시 사전에 해결하고 리포팅에 임한다.

첫째, 적절한 상대를 골라야 한다.

섭외가 이미 끝난 인물일지라도 방송 전 대화를 나누어보면 인터뷰 부적격자가 발견된다. 무엇보다 인터뷰 의욕이 없는 사람, 해당 아이템에 관한 지식과 전문성이 부족한 사람, 말을 심하게 더듬거나 어눌한 사람, 지나치게 긴장을 하는 사람, 태도가 불손하고 위험 발언의 소지가 있는 사람 등.

이럴 땐 이들의 부족한 부분을 안고 가면서 그래도 자신의 의도대로 인터뷰를 이끌지, 아니면 과감히 인터뷰의 성격과 의도에 맞게 다른 인터뷰이Interviewee로 바꿀 것인지 결단을 내려야 한다. 참고로 일반 시민들 대상의 거리 인터뷰의 경우, 방송 인터뷰에 스스럼없이 응하는 시민들이 제법 많아졌어도 아직도 부담스러워하고 꺼려 하는 시민들이 적지 않다. 아이템에 따라 물론 달라지겠지만, 경험칙상 가장 성공 가능성이 높은 대상은 젊은 남녀 커플이다. 이들은 함께 있다는 사실만으로도 즐겁고 행복한 상태다. 그러므로 호기심을 갖고 적극적으로 인터뷰에 임하며, 설사 한쪽이 시큰둥해도 다른 한쪽이 흥미를 보이면 결국 인터뷰에 응한다. 그러면서 웃는 얼굴에다 유쾌하고 발랄한 반응을 보여 금상첨화다.

둘째, 상대의 수준을 고려한다.

여기서 '수준'은 교양·재산·학력 등을 의미하는 것이 아니다. 어디까지나 인터뷰 대상자, 인터뷰이로서의 방송 적격성을 말하는 것이다. '타고난 가수', '타고난 배우'가 있듯 '타고난 방송 체질'이 있다. 교양과 지식, 번득이는 재기才氣, 적절한 표현, 빠른 적응력과 상황 파악, 그리고 꼭 필요한 콘텐츠를 구사하는 부류가 해당된다. 남도南道의 아낙들 같은 경우를 보면 비록 배움이 짧더라도 삶의 애환과 페이소스pathos, 거기다 혀를 내두르게 만드는 촌철살인의 비유로 인터뷰를 풍성하게 만드는데 이분들도 당연히 단비 같은 존재다. 이런 고마운(?) 인터뷰 대상에게 이래라 저래라 주문을 하는 것은 부질없는 일일 터. 그러나 방송 현장에는 아쉽게도 그 반대의 경우가 훨씬 많다.

예컨대, 태어나서 방송이 처음인 인터뷰이를 맞닥뜨릴 때가 있다. 호기심과 기대에 차 의욕을 불태우는 사람도 물론 있을 수 있겠지만 대개는 극도의 긴장을 드러내기 일쑤다. 어떡하면 좋을까? 무엇보다 방송 전 말을 자주 걸어야 한다. 방송과 관련 없는 내용도 물어보고, 상대가 기분 좋아할 말을 주로 대화 소재로 삼아 접근한다. 가령 대상이 시골 노인이라면, 남들에게 자랑할 만한 자식들이 적어도 한둘씩은 꼭 있다. 이들의 이야기를 주된 소재로 삼아 긴장을 누그러뜨리고 기분 좋은 상태를 유지할 수 있다.

첫 방송 출연을 앞둔 사람은 인터뷰 시간이 임박해 오면, 극도의 긴장 속에 때로 방송 거부 의사를 밝히기도 하는데, 이럴 때 리포터가 당황하거나 짜증을 낸다면 안 된다. 오히려, "어차피 사는 동안 누구나 한두 번쯤은 방송 마이크 앞에 서기 마련이다. 오늘은 당신이 첫 방송을 하는 역사적인 날이라고도 볼 수 있다. 더구나 우리 프로그램은 국민들 누구나 좋아하는 인기 프로그램 아닌가. 당신은 행운아다" 이런 식으로 다독이고 스태프들에게도 이해를 구해 충분히 안정할 시간을 주는 것이 좋다.

사실 인터뷰이가 긴장 상태에 놓이는 건 자연스러운 현상이다. 이때 이들을 구제할 수 있는 사람은 당연히 리포터다. PD가 "자연스럽게 하라, 긴장을 풀라" 주문하면 할수록 부담과 긴장은 오히려 배가된다. 함께 이야기를 나눌 당사자인 리포터가 진정성을 갖고 사전에 친밀한 분위기를 만드는 것 외에 방법이 없다. 긴장은 크게 두 가지다. 방송을 잘하고 싶은 욕망은 큰데 막상 자신은 능력과 역량, 말솜씨가 미달한다고 느낄 때와 리포터를 비롯한 스태프가 우군友軍은커녕 자신을 못 미더워하거나 불편한 존재로 여겨질 때다.

그러니 답은 나와 있다. 상대와 교감交感의 눈높이를 맞추고 인터뷰의 부담을 덜어주면 된다. "할 수 있다. 그러나 잘못해도 이해한다"는 분위기를 조성하고, 아울러 리포터 등 방송국 사람들이 결코 특별하거나 대단한 존재가 아니며 당신이 주인공인 이 코너에서 원활한 진행을 위해 몇 가지 질문만 하는 도우미 역할이라는 겸손한 태도를 견지하는 것이 중요하다. 특히 실제 TV 생방송이나 녹화 프로그램의 경우 카메라와 작가, 그 밖의 진행요원들이 분주히 왔다 갔다 하는 상황을 떠올려 본다면 긴장하는 사람의 입장을 충분히 이해하게 되며, 외려 긴장을 전혀 안 하는 사람이 이상할 정도다. 긴장은 정도의 차이가 있을지언정 불가피한 것이라는 점을 상기시키고 질문 요지를 친절히 짚어주면서 하고 싶은 말을 제약 없이 하게끔 유도하는 것이 바람직하다.

반면, 인터뷰이 중에는 말이 너무 많은 스타일도 있다. 소위 방송 체질이라는 이들은 일단 말의 유창성을 담보하고 있다고 볼 수 있지만, 그것이 대책 없는 입심과 다름없다면 역시 바람직한 인터뷰 상황으로 발전하기 어려우며 궁극적으로 리포터의 부실한 사전 준비로 귀착된다. 내용과 동떨어진 사족蛇足들이 범람하고 리포터는 인터뷰이에 내내 끌려다니다가 어수선한 분위기 속에서 마감될 것이다. 그래서 리포터는 이런 경우를 대비해 사전 대화 때 주의 환기 절차가 필요하다. 질문하지 않은 것은 답변하지 않는 것이 유리하며 답변이 너무 길면 좋지 않다는 것, 녹화·녹음인 경우 긴 대답은 편집될 위험이 많아 오히려 손해라는 것 등을 미리 알려주어 파국(?)을 막아야 하는 것이다.

비슷한 경우로 '말을 너무나 하고 싶어 하는 유형'이 있다. 성금 모금 방송 등의 경우 소위 지역 유지有志들에게 흔히 나타나는 현상이다. 정치에 욕망이 있는 사람, 소속 기관에 충성이 절실한 사람, 자기 과시가 삶의 존재 이유인 사람 등이 여기 속한다. 이들의 특징은 답변의 질과 무관하게 마이크에 지나치게 집착한다는 사실이다. 자신의 목소리가 혹여 마이크 불량으로 안 나올지도 모른다는 불안과 함께 스스로 꼭 마이크를 쥐려 하는 양태를 보인다. 리포터가 마이크 여탈권을 두고 승강이하는 장면이 간혹 화면에 잡히는 이유다. 이럴 땐 요령이 있다.

이들이 마이크 쟁취(?)에 몰입하면 나긋한 목소리로 "마이크는 제가 들고 있을게요" 하며 안심시키는 것이다. 이때 마이크는 미리 출연자를 향한 채, 자신은 마이크 없이 말하면 딱 좋은 약한 볼륨이 된다. 이렇게 하면 대개는 수긍하나 만약 전투력(?)이 유별난 인물이 마이크를 빼앗다시피 한다면 리포터는 속상하고 언짢아도 "아, 마이크요? 드릴게요" 하고 건네는 게 좋다. 단, 이것을 멘트로 처리해야 리포터가 친절하고 교양 있어

보인다. 리포터가 쓴웃음을 짓는다든지 싫은 내색을 하게 되면 시청자는 일차적으로 리포터를 탓하니 주의해야 한다. 아울러 핸드마이크는 출연자 위주로 잡아야 한다. 즉 출연자가 왼쪽에 서면 왼손에, 오른편에 서면 오른손에 마이크를 드는 것이 원칙이다. 설명이 좀 길었다.

셋째, 배경을 놓치지 않아야 한다.

현장 리포팅을 한편의 연극이나 영화로 가정했을 때, 무대에 해당하는 것이 배경이다. 배경은 장소·물건·건물·장식, 심지어 인물까지도 포함한다. 형식이 내용을 품는다고 했다. 아무리 내용과 메시지가 설득적이라 하더라도 그 외연外延과 분위기가 그것을 받쳐주지 못하면 감흥은 줄어든다. 장터는 북적대야 하고, 어린이는 뛰어놀아야 하며, 경기장은 환호와 함성이 어우러져야 한다. 현장 리포팅에 있어 가장 중요한 팩터factor를 '현장성'이라 할 때 '지금', '여기서'만 느끼고 맛볼 수 있는 현장감은 멘트 몇몇 말마디보다 훨씬 중요하다고 할 수 있다. 리포터는 다른 스태프가 미처 신경 쓰지 못하더라도 현장을 돋보이게 하는 조역들을 섭외해야 하며 라디오는 소리로, TV는 화면과 소리로 인터뷰의 의미와 재미를 배가시킬 수 있음을 늘 의식하고 있어야 한다.

넷째, 현장에 맞는 옷차림이라야 한다.

사회생활에서도 때와 장소를 가려 의상을 입어야 하는 것은 교양인의 에티켓이다. 하물며 방송이라는 공간에서는 더욱 신경 써야 할 일 아니겠는가. 일차적으로는 출연자가 누구인가를 고려해야 하고, 더불어 TV의 경우 그 모습이 시청자 일반의 눈으로 보기에 적절성을 담보해야 한다. 프로그램의 성격, 출연자의 연령, 직업, 성별, 인터뷰 장소 등 고려해야 할 사항이 많은 것이다.

오래전 일이지만, 마라톤 골인 지점 인터뷰를 맡은 아나운서가 검은색 정장 재킷과 바지를 입은 채 방송한 적이 있었다. 불과 몇 분 소요의 인터뷰니까 대수롭지 않게 여기고 지인의 결혼식장에 갔다가 오는 길에 운동장에 들른 것. 짧은 방송이라 얕본 탓이다. 땀으로 범벅이 된 채 숨 가쁘게 결승선을 통과한 마라톤 선수와 검은색 성장盛裝을 한 여성 방송인의 투샷, 어땠을까. 그 이상한 조합이 많은 시청자를 불편케 했음은 불문가지不問可知다.

여러 여건상 젊고 어여쁜 리포터들이 브라운관을 주름잡기 마련이지만, 그 장소와 대상이 농어촌과 촌부村老·촌부村夫·촌부村婦들일 때 또한 우스꽝스러운 상황이 왕왕 발생한다.

농촌의 한 돈사豚舍. 풀샷full-shot에서 리포터와 축산농민이 대화를 하며 걸어 나온다. 그런데 리포터의 몸놀림이 어찌된 일인지 어색하다. 치어리더들이 잘 신는, 안으로 굽이 높은 흰 운동화가 문제였다. 리포터는 마치 달 위를 걷는 것 같다. 거기다 상의는 민소매, 하의는 짧은 핫팬츠. 키가 커 보이고 예뻐 보이려는 심정을 모르는 바 아니나 장소를 고려하지 않은 철없는 옷차림의 비근한 예다. 남성들도 격식 있는 행사장에서의 캐주얼 차림은 비록 라디오라 하더라도 예의가 아니며, 반대로 구수하고 서민적 분위기의 장소에 쪽 빼입고 나타나는 것도 현장 리포터로서는 되레 비례非禮에 속한다고 할 것이다.

오프닝을 어떡하나

이번엔 오프닝에 대해 다루어보자.

오프닝은 말 그대로 리포팅의 문을 여는 것이다. 첫인상이 좋아야 하는 것은 물론이며 시작이 확실히 반이다. 오프닝은 그 리포팅의 성격과 내용, 지향점을 드러낸다는 점에서도 대단히 중요하다. 리포터들은 특히 TV의 경우 오프닝에 모든 것을 건다 해도 과언이 아니다. 카메라 원샷one-shot에 자기 혼자 멘트를 독점하기에 최선을 다할 수밖에 없다. 그러나 그런 만큼 고려해야 할 사항도 많고 많은 점에서 주의가 필요하다.

첫째, 긴 오프닝을 지양한다.

과유불급過猶不及이라 했던가. 지나치면 덜한 것보다 못한 것이다. 많은 리포터들이 오프닝의 길이에 있어 욕심을 부린다. 그러나 오프닝은 전체 리포팅의 1/8을 넘어서는 곤란하다는 생각이다. 곧 4분짜리 꼭지면 길어도 30초 이내에 끝내야 좋다. 더 길어지면 지루해진다.

둘째, 역시 현장감이다.

'지금' '여기' 보이고 일어나는 것 중에서 가장 시청자에게 관심을 불러일으키고 흥미를 끌 만한 소재와 이야기를 생생한 느낌과 표현으로 전달해야 한다. 관심과 유혹의 가치야말로 오프닝의 본령이다. 그러나 분명 쉬운 일은 아니다. 잘못하면 별것 아닌 것 갖고 호들갑을 떠는 것으로 비쳐질 수도 있고, 오히려 기대를 떨어뜨려 전체 리포팅에 악영향을 미친다. 또 딱히 그 현장에서 사람들을 매혹할 만한 아이템이 부족한 경우도 적지 않다. 이럴 때 흔히 쓰는 오프닝의 전형이 바로 날씨와 버무린 스케치다. 현장의 날씨와 대략의 상황을 알리는 것은 말 그대로 '현장성'에 충실한 것이다. 시청자의 눈과 귀를 확 사로잡을 무언가가 마땅치 않다면 '무난함'을 택하는 것도 나쁜 선택은 아니다. 담박한 솔직함이 요란한 화려함보다 낫다.

셋째, 브레인스토밍brainstorming 기법이 좋다.

브레인스토밍은 '뇌 속에 폭풍이 일게끔 하다'라는 뜻 아니던

가. 현장에서 떠오른 각종 상념과 아이디어를 잡히는 대로 떠올리고 메모해 본다. 그러다 보면 자신이 다루고자 하는 아이템의 리포팅을 연결하는 고리가 나오기 마련이다. 바로 그 연결고리가 훌륭한 오프닝 감이다. 그저 문득 떠오르는 단어나 감정 등을 현장 분위기에 대입해 보고, 최근 사람들이 자주 대화 소재로 다루는 이야기들은 어떤 것이 있는지 비교해 보면서 맥락을 찾다 보면 호기심과 관심을 불러일으킬 만한 오프닝을 찾을 수 있으리라.

비근한 예로 이런 게 있다. 누구나가 좋아할 만한 인물을 앞세워 이들이 상징하는 캐릭터와 아이템을 연결 짓는 기법이다. 가령 손흥민 선수는 재능과 겸손, 김연아·박태환은 각각 피겨와 수영이라는 불모지 영역을 개척한 블루오션. 인순이와 하인스 워드(한국계 미식축구 선수)는 가난과 편견에서 우뚝 선 정열과 의지. 조용필과 패티김은 전문성과 프로 정신 등의 아이콘이라고 할 수 있지 않을까. 이런 가치들과 인물, 그리고 해당 아이템을 연결해 보는 것, 괜찮은 선택이다. 꼭 브레인스토밍이 아니더라도 발상의 참신함, 시의성時宜性 감각의 유지, 남다른 관찰력 등은 근사한 오프닝을 만드는 밑거름이다.

넷째, 자기를 앞세우지 않는다.

자기 PR의 시대가 도래한 지 오래다. 하물며 방송에서 마이크를 쥐게 되면 우쭐한 마음이 드는 게 인지상정이다. 오프닝은 아주 좋은 마당임에 틀림없다. 그래서 자기를 과시하는 현시욕顯示慾의 유혹에 빠지기 쉽다. "저 같은 경우는요~" "제가 여기까지 오는데요 글쎄~" "저도 이만하면 남들 보기에~" 등 '저는' '제가'로 시작하며 자기를 앞세우는 거의 모든 멘트는 치기 어리며 일종의 거부감을 부른다. '저는요' '제가요' 이 멘트를 들어내야 한다. 자기 과시가 없어질뿐더러 멘트 자체가 정갈해지는 효과도 누릴 수 있다.

다섯째, 인터뷰 내용과 겹치지 않도록 한다.

리포터가 반듯한 오프닝을 위해 나름대로 취재를 열심히 하는 것은 물론 환영할 만하다. 그러나 오프닝은 어디까지나 오프닝이다. 인터뷰에 문을 열어주는 단계일 뿐이다. 핵심 내용은 인터뷰이로부터 나와야 한다. 가장 유용한 정보, 가장 인상적인 부분을 오프닝이 가져가 버리면 안 된다. 자신이 오프닝 용으로 작성한 내용과 인터뷰이의 답변이 겹치지 않는지 반드시 사전에 체크할 일이다. 중복과 군더더기는 허술하고 엉성한 구성을 드러내 리포팅 전체의 신뢰에 오점을 남긴다.

클로징은 오프닝보다 짧다

다음은 클로징이다.

첫째, 오프닝보다 긴 클로징은 불행이다.

맺는 마당에 늘어지는 건 볼썽사납다. 오프닝이 전체 리포팅의 길이의 1/8 분량이라면 클로징은 그보다 짧아야 한다. 리포터에 따라서는 맺음말에 깊은 인상이나 여운을 남기기 위해 열과 성을 다하는 모습을 보이는데 대부분의 경우 시청자와의 눈높이에 어긋난다. 오프닝은 그래도 호기심에 눈여겨보지만 클로징까지 깊은 주의를 기대하는 건 무리다. 그래서 클로징은 감상·느낌·여운 등의 가치보다는 어디까지나 정보 위주로 깔끔히 마무리하는 것이 좋다.

둘째, 계도성 멘트에 유의한다.

정형성定型性이라는 것을 꼭 나쁘게 볼 일은 아니다. 더구나 말에 있어 어떤 정형화, 즉 클리셰cliché는 청자聽者와 화자話

者가 오랜 시간 공유하고 인정해 왔다는 증거이기도 하다. 그러나 그것이 진정성을 잃어 본래 의미를 상실할 때, 다시 말해 진부하고 식상하게 느껴질 때는 개선의 필요성이 대두된다. "주위가 혼잡하오니 대중교통을 이용해 주시기 바랍니다" "환절기이니만큼 감기 조심하시기 바랍니다" "흡연이나 음주는 삼가시는 게 건강에 좋습니다" 등. 이런 멘트들은 방송 프로그램에서 하도 많이 들어 더 이상 말뜻 그대로 다가오지 않는다. 마치 그저 형식적으로 대충 끝인사를 하는 것은 아닌가 하는 의심이 드는 것이다. '계도'를 넘어 '훈계'로 비쳐질 때도 있다.

"이렇게 날씨도 좋은데 집에만 있지 마시고요" 식의 멘트다. 각자의 사정이 있어 집에 있는 것이며 그래서 방송을 듣거나 보고 있는데 무슨 소리인가. 참견이요 간섭이요 무례다. 형식적 인사, 주제넘은 가르침보다는 작은 정보라도 하나 더 챙겨 전달하는 게 바람직한 클로징의 모습이라 할 것이다.

각종 이벤트·행사·전시회 같으면 일자와 교통편 등의 안내가 무난하고 산뜻하다. "~을 당부한다든지" "~해서는 안 되겠다든지" "~에 협조를 바란다든지" 등 대표적 계도성 멘트도 이제 소구력을 잃었다. "명심하시기 바랍니다" "잊으시면 안 되겠습니다" "꼭 기억하시기 바랍니다" 등은 아무리 당위성이 담보되어도 듣기에 부담을 준다. 차량 10부제 관련, 어느 리포터의 군더더기 없고 센스 있는 클로징이 기억난다.

"(시계를 보며) 오늘이 O월 O일. 아, 끝자리 O번 차량이 쉬는 날이군요. 지금까지 리포터 OOO였습니다". 만약 이 멘트를 이렇게 하면 어땠을까. "차량 10부제가 잘 정착되지 못하고 있습니다. 시민들의 자발적 참여가 정말 아쉬운데요. 오늘이 O일이니까 O번 차량 소유자들께서는 차량을 꼭 집에 두고 나오시는 것, 잊지 마시고요. 나부터 먼저 실천하는, 그런 자세가 바람직하겠죠? 지금까지 리포터 OOO였습니다".

길이는 길고, 잔소리같이 느껴지는 클로징은 시청자의 심기를 오히려 불편하게 만들 따름이다. "행사장 주변이 매우 혼잡합니다. 불법 주차도 심각하고요. 따라서 시민들께서는 꼭 대중교통을 이용해 주실 것을 행사 관계자들은 당부하고 있습니다. 이 점 참고하시고요. 저는 리포터 OOO였습니다". 흔히 접하는 이런 '대중교통 이용 협조' 멘트는 그럼 어떻게 해야 대안이 될까?

행사장의 팸플릿, 브로슈어들은 괜히 있는 게 아니다. 저 끄트머리 작은 글씨에 소중한 클로징 거리가 있다. "주최 측은 시민 편의를 위해 버스 편을 늘렸습니다. 154-2번, 238-1번, 444번 버스가 평소보다 자주 오가니까 이용하시면 좋겠네요. 지금까지 OOO였습니다". '대중교통 이용 당부'라는 공허한 멘트 대신에 버스 편을 구체적으로 알림으로써 대중교통 이용을 완곡하면서도 설득적으로 알리고 있지 않은가. 이런 것이 바로 살아 있는 유용한 멘트다.

인터뷰란?

본격적인 인터뷰로 들어가 보자. 우선 인터뷰의 본질은 사람의 마음을 들여다보는 것. 천 길 물속은 알아도 한 길 사람 속은 모른다는 말도 있듯 인터뷰는 그 사람의 생각·주장·느낌을 알아내 시청자에게 전달하는 행위다. 정보만을 일러주는 평범한 리포팅 속 인터뷰일지라도 사람 자체에 집중해 감성적인 멘트나 출연자의 인간적 면모를 이끌어내야 할 이유가 여기에 있다. 하물며 인물에 주목해 진행되는 상대적으로 긴 시간의 리포팅 인터뷰는 두말할 나위도 없다. 시골 촌부가 뜬금없이 툭

던지는 한 마디에 그 사람의 농축된 감정 덩어리가 그대로 드러난다. 인터뷰어interviewer는 인물에 대한 탐구와 호기심이 몸에 배어 있어야 한다. 그 내공이 쌓여야 사람을 다룰 줄 알고 원활한 인터뷰를 이끄는 힘을 갖출 수 있다.

인터뷰의 역설이 있다. 말하기보다 듣는 게 사실은 인터뷰의 핵심적 가치다. 인터뷰어는 일반적으로 밝은 분위기를 바탕으로 자신감 있게 인터뷰를 이끄는 게 옳다. 그러나 자신이 진행을 한다는 의미를 과도하게 해석한 나머지 자기 말을 더 많이 하는 경우가 적지 않다. 본말이 전도顚倒된 것이다. 인터뷰는 인터뷰이로 하여금 자연스럽게 답변할 수 있도록 알맹이 있는 내용을 도출하게끔 이끌어내는 충실한 어시스트assist 역할을 해야 하는 것이지 직접 득점을 하라는 게 아니다. 과도한 사족을 늘 경계하고 상대의 말을 귀담아듣는 자세와 태도를 견지해 주인공을 빛나게 해야 한다.

인터뷰는 어디까지나 보는 이, 듣는 이를 위주로 한다는 점도 기억하자. 리포터는 자주 본연의 역할과 기능을 잊을 위험에 처한다. 말을 잘한다, 얼굴이 예쁘다, 사람들이 추어주고 주목하면 곰비임비 우쭐해진다. 그러다 보면 이 질문이 과연 시청자들이 궁금하게 여기는 질문인지, 아니면 자신의 사적인 질문인지 경계를 헷갈리는 경우가 종종 생긴다. 노하우knowhow가 쌓이고 경험이 붙으면 자연스럽게 해결되는 문제지만 이 질문, 이 응대가 시청자 입장인지 아닌지 재어보고 따져보는 노력을 늘 게을리하지 말아야 한다. 또 하나 이 대목에서 짚고 넘어갈 것은 바로 압존법壓尊法이다.

압존법이란 문장의 주체가 화자話者보다는 높지만 청자廳者보다는 낮아 그 주체主体를 높이지 못하는 어법을 말한다. "김부장님, 이 과장이 오늘 늦겠다고 연락 왔습니다"의 경우, 주체인 '이 과장'이 화자인 '나'(박 대리)보다는 높은 위치지만 청자인 '김 부장'보다는 아래이니 '존대尊待'를 '억제抑制'한다는 의미다. 사실 이것은 일상에서는 잘 지켜지지 않아도 별 무리가 없으며 오히려 용법대로 하면 어색해지는 사례도 발생한다.

그러나 방송에서의 지칭·호칭에서는 준수해야 마땅하다는 생각이다. 방송은, 시청자라는 '중요한 다수의 집단 청자'를 대상으로 하는 매체이기 때문이다. 가령 화자인 리포터보다 나이가 많고 유명하며 힘센 인물과의 인터뷰라고 치자. 이럴 때, 어디까지나 '보는 이, 듣는 이'인 시청자의 눈높이를 최우선으로 의식해야 한다. 비근하게는 일부 예능 프로그램에서 상대적으로 나이가 얼추 많은 가수나 배우가 나오면 진행자들이 '선생님', '대선배님' 운운하며 존대를 뜻하는 선어말어미先語末語尾 '시'를 과용하는 것을 볼 수 있는데 대단히 부적절한 것이다. 모든 방송 프로그램은 시청자가 왕이다.

드라마틱한 전개를 의식하는 인터뷰는 재미와 감동을 안겨준다. 3분 안팎의 유행가도 그 안에 기승전결이 있다. 현장 리포팅의 구성도 그래야 한다. 한편의 단막극을 만들 듯 시청자의 감정선感情線을 의식하고 완급과 강약을 조절하며 이끌어가야 한다.

여기 미니 선인장의 시설 재배로 일가를 이룬 농가가 있다 치자. 일반적 질문의 흐름은 계기·규모·특징·보람·어려운 점·계획 등의 흐름도를 보일 것이다. 드라마는 어디서 이루어질까. 바로 보람과 어려운 점이다. 거기서 상대의 속내가 나올 수 있다. 보람이라면 성과에 대한 자부심, 수출 목표 달성, 기술력 입증, 수상 경력, 자랑스러운 가족 등일 것이며 당국의 비협조, 판로의 현실, 지원 자금의 허실, 말 못할 사정 등은 어려운 점일 것이다. 리포터의 노력 여하에 따라 선인장 화분은 감동의 서사敍事가 될 수 있는 것이다. 상식적인 대화의 흐름과 구성을 따르되 문학·연극·영화적인 부분을 결코 놓쳐서는 안 된다.

끝으로, 당연한 이야기이겠으나 강한 호기심을 띠어야 한다. 일상적인 인터뷰는 리포터의 긴장감을 흐트러뜨린다. 리포터 생각에는 아이템이 흥미롭지 않을뿐더러 비슷한 인터뷰를 많이 했으니 대수롭지 않게 생각할 수 있으나 시청자 입장은 그렇지 않다. 그 리포팅을 처음 접하는 사람도 있을 수 있고, 그 인터뷰 소재가 대단히 유익할 개연성도 있다. 리포터는 따라서, 어떤 아이템이 주어지더라도 처음 다루는 태도로 강한 호기심을 갖고 임해야 한다. 스스로 관심이 부족한데 어떻게 시청자를 향해 산뜻한 분위기에서 참신한 멘트를 구사하겠나. 다른 측면으로 보면 세상은 넓고도 좁으며 사람들 기호의 스펙트럼은 매우 다양하다.

미국의 사회심리학자 스탠리 밀그램(Stanley Milgram, 1933~1984)의 '6단계 분리 이론'이란 게 있다. 지구상의 모든 사람은 여섯 단계만 거치면 모두 연결된다는 것이다. 우리는 과거보다 훨씬 촘촘한 관계망 속에서 살고 있다. 더구나 트위터·페이스북·블로그 등 SNS의 파급력은 실로 가공할 만하다. 이런 분위기 속에서 리포팅에 열의를 보이지 않고 허투루 임하는 자세는 언젠가는 비판을 받게 된다. 지금 만나고 있는 대상과 단 한 번뿐인 인터뷰, 지금 하는 리포팅이 처음이자 마지막이라는 마음가짐으로 최선을 다하는 자세야말로 가치 있고 아름답다.

인터뷰 때의 태도

인터뷰어의 자세를 톺아보자.

첫째, 무엇보다 예의 발라야 한다.

무슨 꼰대 같은 이야기인가 할지 모르겠으나, 이게 가장 중요하다. 현업에서 PD들이 일반적으로 리포터들에게 강조하는 것 중 하나가 소위 분위기를 띄우라는 주문이다. 현장감의 중요함을 강조하면서 전체 리포팅의 기조基調를 유쾌하고 발랄하게 이끌라는 의도일 것이다. 틀리지 않는다. 그러나 경험이 적거나 능력이 달리는 리포터들은 이를 다른 덕목과의 균형감을 상실하고 모든 것에 앞서 그저 소리 크게 내고, 작은 데 놀라고, 연신 웃고, 호들갑 떨고, 감탄사를 연발하는 걸로 여기는 경우가 적지 않다. 그 와중에 리포팅의 정보성과 교양성은 실종되고 인터뷰이와의 괴리감은 커진다.

가장 치명적인 것은 방송인의 기본 조건이라야 할 예의와 매너가 파괴되는 것이다. 한국어의 언어예절은 특별나다. 연령·직업·계층·성별 등 각종 요소에 의해 다양하게 변이된다. 20~30대 젊고 아름다운 리포터가 만나는 사람들은 거의 예의를 갖추어야 할 대상이다. 특히 할아버지·할머니·아버지·어머니뻘 출연자 앞에서 철없고 무례하며 불손한 말투와 태도는 눈살을 찌푸리게 한다.

"응, 음" "그러네" "그랬구나" "끝내줘요" 등의 버릇없는 응대는 시청자들의 반감을 사기에 충분하다. 리포팅의 다른 요소를 모두 잘 한다 쳐도 예의의 실종은 치명적이라는 점을 명심해야 한다. 모든 것에 우선하는 방송인으로서의 기본 덕목은 예의 바르며 친절하고 겸손한 자세임을 잊지 않을 일이다.

둘째, 말하고 싶은 분위기를 만드는 것이다.

보통 대화에서 제일 말하기 싫은 유형은 누구일까? 거만한 표정과 인상으로 거리감을 주는 사람이 아닐까? 현장에서 일어나는 웃지 못할 풍경 중 하나는 인터뷰할 대상, 즉 인터뷰이가 리포터가 아닌 PD에게 붙잡혀 줄곧 이야기하고 있는 상황이다. PD가 두꺼운 스프링노트를 펴고 출연자의 말을 받아 적고, 주문도 하는 장면. 물론 그럴만한 이유가 있다. 스튜디오 원고용 글감도 챙겨야 하고 내레이션 원고도 비축해 두어야 하기 때문이다. 그런데 정작 리포터는 줄곧 코디(Coordinator: 분장, 화장, 의상을 챙겨주는 사람)와 한담을 나누거나 분장 중인 경우가 목격된다. 이러면 안 된다. 단언컨대 방송 전, 리포터는 언제나 인터뷰이 곁에 있어야 한다. 인터뷰이로 하여금 서먹한 분위기를 갖게 하고 차가운 느낌을 주어서야 되겠는가. 출연자가 사전에 친밀해져야 할 사람은 다름 아닌 리포터다. 리포터, 인터뷰어는 출연자를 외롭게 만들어서는 안 된다. 인터뷰이를 PD나 다른 사람에게 맡겨놓아서는 리포터 자격이 없다.

셋째, 상대의 배경에 유념한다.

리포팅에 등장하는 인물들은 실로 다양하다. 특히 한국 사회에서 이들의 연령·성별·직업·계층 등은 긍정적이든 부정적이든 유·무형의 지대한 영향을 끼친다. 일반 회사원·전문직 종사자·교사·공무원·농어민·자영업자·기업인·정치인·예술인·학생·실업자·노숙인·장애인·외국인 노동자·공장 노동자·다문화 가정 구성원 등의 의식과 가치관·생활양식·관심사 등에 늘 깨어 있어야 한다. 해당 직업 특유의 전문 용어, 해당 계층의 실제적 이슈 등을 미리 익혀두는 꼼꼼함도 큰 자산이 된다. 인터뷰이가 던지는 대답의 배경지식을 몰라 그 맥락을 이해하지 못하는 리포터를 원하는 시청자는 없다.

넷째, 출연자의 지위를 의식하지 않는다.

현장에서 만나는 인물들은 웬만한 경우 명함을 주고받게 된다. 만약 유명 대기업의 CEO나 주요 간부, 공직에 있는 장·차관을 비롯한 1급 이상의 공무원, 문학·음악·미술 등에서 일가를 이룬 저명인사 등을 만나게 된다면 어떡할 것인가. 혹시 그 아우라에 주눅이 들거나 스스로 팬임을 자처해 중립성을 잃게 되지는 않을까. 그런 우려는 충분히 가능하며 실제 그런 일이 많이 벌어진다.

힘센 사람, 돈 많은 사람, 유명한 사람들을 만날 때 리포터는 오히려 더 당당해져야 한다. 리포터는 시청자를 대리해 그 사람들을 만나는 것임을 잊지 말라. 당당하고 떳떳하되 겸손하고 예의 바르게 말하고 행동해야 한다. 반대로 상대가 장애인·어린이·노인·외국인 등 소수자나 약자일 때에는 좀 더 친절하고 상냥한 태도를 견지해야 한다. 시청자는 리포터에 자신의 기대와 바람을 투영하는 경향이 강하다. 강자에 강한 리포터, 약자에 약한 리포터를 시청자는 보고 듣고 싶어 한다.

다섯째, 타인의 아픔에 마음을 써야 한다.

사회적 양극화가 심각하다. 비단 소득 차이의 비교 문제뿐만 아닐 것이다. 생각과 가치관, 생활문화의 이질화가 점점 심해져 계층·세대 간의 소통이 단절되는 것이 더 아픈 지점이다. 극복 방안엔 어떤 게 있을까. 공유共有와 공감共感의 분위기 조성이야말로 양극화를 이겨내는 첫걸음일 것이다. 방송은 동시대 사람들의 생활상을 반영함은 물론, 추구해야 할 가치를 프로그램을 통해 투사한다. 리포팅도 리포터의 말과 태도로 이 가치에 동참할 수 있다. 가난한 사람, 힘없는 사람, 병든 사람, 버림받은 사람, 일상에 지친 사람, 절망과 좌절에 빠진 사람에게 벗이 될 수 있는 소양과 배려심을 키워야 한다. 남의 아픔에 진정으로 공감하고 마음에서 우러나오는 인터뷰를 이끌며 훈훈한 리포팅을 구현해야 한다.

여섯째, 잘난 체와 뽐내기는 최대의 적이다.

TV 속 리포터들에게 시청자가 갖는 가장 큰 불만은 대체로 이 두 가지다. 밝고 명랑한 분위기로 리포팅을 이끌어가는 것은 좋으나, 인터뷰이의 말을 가로채고 끼어들며 자신을 돋보이려 하는 멘트나 행동은 오히려 스스로를 깎아내리는 결과를 낳는다. 가령 결혼하는 신부들을 만나며 웨딩드레스숍의 허와 실을 취재하면서, 왜 리포터가 올메이크업all make-up을 한 채 비싼 웨딩드레스를 입고 "어때요, 저도 예쁘죠?"를 남발해야 하는가? 주인공인 다른 신부들을 제쳐두고 온갖 민망한 포즈를 취하는 생각 없는 리포터에 환호할 시청자는 없다. 왜 어민들이 힘들게 잡아 올린 귀한 물고기를 리포터가 제일 먼저 시식을 하며 '쫄깃해요, 고소해요'를 연발해야 하나? 언제부턴가 TV에서 고착화된 저급한 장면들이다. 대우받는 리포터, 스스로를 대단한 사람으로 여기는 리포터는 시청자의 사랑을 받을 수 없다.

이번엔 구체적으로 인터뷰의 테크닉을 짚어본다.

인터뷰의 기술

첫째, 상대가 좋아하는 말부터 시작한다.

칭찬은 고래도 춤추게 한다는 말도 있듯 첫 질문에 앞선 도입부에 간단히 칭찬, 격려를 언급하고 들어가는 게 좋다. 가령, "반갑습니다" "어서오세요" "애 많이 쓰셨습니다" "어려운 걸음 하셨습니다" "멋진 옷을 입고 나오셨네요" 등을 쓰는 것은 대단히 효과적이다. 특히 배려가 필요한 계층, 즉 노인이나 어린이,

외국인 등에게는 어떤 답변을 듣고서 가벼운 칭찬으로 감싸고 다음 질문으로 나아가는 기술이 바람직하다.

노인에게 나이를 묻고 답을 듣고는 "젊어 보이세요" "정정하세요" 등을 붙이는 것이 적절한 예의다. 어린이에게 자기소개를 시켰을 때도 반사적으로 "참 똑똑하네요"라고 격려하고, 한국과 한국어에 관심이 많은 외국인이 우리말을 서툴지언정 열심히 구사했을 때도 "한국말 잘하시네요" 하며 추어올려주어야 분위기가 밝아진다. 어르신이 촌스러운 정장에 요란한 색상의 넥타이를 매고 나왔을 때, 아주머니가 형형색색의 옷차림으로 멋을 한껏 부렸으나 객관적 아름다움에는 문제가 있을 때 등은 '인상적이다' 정도가 유용하다. 상대를 언짢게 하지 않으면서 공정성(?)도 담보할 수 있는 것이다.

둘째, 첫말이 실례가 되지 않도록 주의한다.

자신은 그럴 의도로 던진 말이 아니었는데 상대가 기분 나쁘게 여겼다면 어쨌든 실례를 한 셈이다. 일상회화에서 뜻하지 않은 오해를 빚고 사이가 틀어지는 경우도 대개 의도하지 않은 말실수에서 비롯되지 않던가. 하물며 전문방송인이 진행하는 방송 리포팅에서 이런 일이 벌어진다면 실로 난감한 상황이 아닐 수 없다.

예컨대 외양外樣만을 갖고 섣불리 재단해 사적私的인 멘트를 하는 것이다. 아무개를 닮았다는 둥, 의상이 어떻다는 둥, 콘셉트가 특이하다는 둥 충동적이고 즉흥적인 인상평은 위험천만이다. 연예인들이 주가 되는 일부 연예·오락 프로그램들이 이런 경향을 부추겼다고 보는데, 이들은 이미 여러 인맥으로 친연성親緣性을 담보하고 있는 집단이다. 흥미와 화제를 이끌어내기 위해 감정선의 아슬아슬한 경계도 마다하지 않는다. 게다가 자극적이고 강렬한 멘트가 담긴 대본도 한몫 거든다. 사정이 이렇기에 이런 특수한 상황을 일반 시민들을 대상으로 한 인터뷰에 대입하는 것은 대단히 부적절하다.

다른 하나는 직업적인 편견을 드러내는 것이다. 해당 직업군을 바라보는 리포터의 시각을 아무렇지도 않게 일반화시켜 선입관을 주입하거나 확대하는 우憂를 범하면 안 된다. 설사 이제껏 그래왔지만 더 이상 아니라는 메시지를 전하고 싶을 때도 리포터의 입을 통해서는 그런 발언이 나오지 않도록 유념한다. 여군·여경·남자 간호사 등이 가장 비근한 예가 될 것이다.

셋째, 상대의 기분과 함께 가야 한다.

어떻게 보면 상식적인 것이다. 출연자는 신이 나서 이야기하는데 리포터는 덤덤한 표정이라든지, 인터뷰이는 담백하게 말하는데 리포터는 들떠 있거나 흥분한다거나 하면 곤란하다. 화면이 없는 라디오에서라도 에티켓 차원에서 이 덕목은 반드시 지켜야 하는 것이 예의다. 간혹 TV 리포팅의 경우 카메라의 앵글만을 지나치게 의식해, 투샷일 때만 출연자와 같은 분위기를 연출하고 출연자 원샷만 잡을 때는 리포터가 딴 사람(?)이 되는 경우. 그리고 이런 장면이 어쩌다 카메라에 포착되는 사례를 종종 보게 되는데 리포터에 대한 인상은 물론 전체 리포팅의 신뢰에도 악영향을 준다.

넷째, 인터뷰이에게서 눈을 떼지 않는다.

경험이 적고 긴장을 많이 하는 리포터일수록 준비한 질문지에 연연할 수밖에 없다. 혹여 빠뜨린 질문은 없는지, 순서가 뒤바뀐 것은 없는지, 시간은 적당한 것인지 눈은 출연자를 보고 입은 웃고 있는데 생각은 온통 손에 쥔 질문지나 휴대폰에 가 있다. 이마에는 땀이 흐르고 마이크를 잡은 손은 흔들리고 다리엔 힘이 빠진다.

내 질문과 상대의 답변에 오롯이 몰두하기에는 꽤 긴 시간과 적지 않은 경험이 필요하다. 그러나 줄곧 질문지에 의존하는 리포터일수록 실력은 늘지 않고 리포팅은 좋은 품질을 담보하기 힘들다. 꼭 필요한 질문 서너 개 정도만 기억하고 상대의 눈과 대화의 흐름에 자신을 맡겨야 한다. 준비한 질문을 기계적으로 소화하며 인터뷰이와 판에 박은 인터뷰를 하는 것보다 대화가 조금 엉키더라도 친밀하고 분위기 속 알맹이 있는 인터뷰가 더 낫다. 그러기 위해서는 상대와 계속 눈을 맞추고 있어야 한다.

다섯째, 말이 길어지면 자연스럽게 무리 없이 끊는다.

시간은 없는데 도무지 말을 매듭짓지 않는 출연자. 리포터를 난감하게 만드는 대표적인 경우다. 그러나 역으로 리포터의 감각과 순발력을 증명해 보이는 기회로 삼을 수도 있다. 이웃돕기, 헌혈 독려, 재난 극복 등 좋은 의도로 기획된 생방송 행사 마당에는 으레 관료·국회의원·기업인·지역 유지 등이 출연하는데 이들의 특징은 거의 예외 없이 할 말이 많다는 것이다. 한마디라도 더 하려 하며 판에 박힌 말을 주로 한다는 특징이 있다.

이들을 어떻게 다룰 것인가. 우선 중요한 것이 예고된 불상사(?)가 발생하기 전에 미리 출연자의 상태(?)를 읽는 눈이다. PD가 그만 끊으라는 사인sign이 떨어지기 전부터 어느 정도 대비를 해야 한다는 의미다. 출연자의 말 속도, 말하는 품새, 말하는 내용 등을 간파해 소위 '위험'의 징후가 보이면 '아, 네' '네, 음' '네, 네' 등 응대를 바투 하면서 시간이 촉박함을 간접적으로 알려야 한다. 끝까지 못 들어서 아쉬운 듯한 표정을 짓거나 고개를 자주 끄덕여줌으로써 마무리의 암시를 주는 것도 괜찮은 방법이다.

그러다 PD가 손으로 목을 자르는 시늉을 하는 최악의 경우가 닥치면 "그러니까 ~라는 말씀이시군요. 잘 알았습니다" "좋은 말씀인데 시간이 부족하네요. 말씀 잘 들었습니다" 등으로 재빨리 처리하고 끝낸다. 생방송에서 우유부단優柔不斷은 치명적 악덕이다. 상대에게 미안해서 어떡하지? 좋지 않은 인상을 남기면 어쩌나? 이런 식으로 쩔쩔매다가는 방송을 망치기 십상이다.

여섯째, 흥미로운 내용은 더욱 발전시킨다.

미리 정해놓은 질문 항목에만 연연하는 것은 어리석은 일이다. 인터뷰이가 흥이 나 기발한 소재나 사람들의 관심을 불러일으킬 만한 이야기를 쏟아낼 때, 이건 가뭄 속 단비와도 같다. 설사 준비한 몇몇 질문을 소화하지 못하더라도 리포터는 분위기를 고조시키고 이야기를 확장해 나가야 한다. "네, 정말이세요?" "아, 놀랍네요!" "그래서, 그다음은 어떻게 됐나요?" 등 갖은 추임새를 넣어 인터뷰이를 고무해야 한다. 이런 상황에서 주어진 질문·대답의 틀에 얽매여 상대의 말을 자르거나 분위기를 깬다면 그 리포터는 복을 걷어차는 것이다.

일곱째, 원치 않는 반응에 민첩하게 대응한다.

예정에 없던 돌발적 상황에서의 인터뷰는 특히 어렵다. 어린이나 노인, 무뚝뚝한 사람, 시큰둥한 사람을 상대할 때는 보통 이상의 주의를 필요로 한다. "좋아하는 과목이 뭐예요?" 어린이에게 물었는데 대답이 없다. 실제 좋아하는 과목이 없을 수도 있고, 잘하는 과목과 좋아하는 과목을 구분 짓기 어려울 수도 있고, 여러 개의 좋아하는 과목이 있어 특정하기 힘든 것일 수도 있고. 어린이의 마음속으로 들어가 볼 수 없는 상황에서 어색한 침묵만 흐른다. 어떻게 할 것인가? 질문을 바꾸는 것이 상책이다.

"불쑥 질문하니 그렇군요. 여기 오니까 어때요?" "아, 금세 생각이 안 나나 봐요, 미안해요. 오늘 뭐가 제일 좋았어요?" 등

답하기 좋은 질문을 던진다. 여행을 마친 관광객에게 "제주도에서 가장 좋았던 곳은요?" 머뭇거림이 계속된다 싶을 땐, "다 좋으셨나 보죠? 뭐가 제일 맛있었나요?" "어딘지 잘 생각 안 나시나 보죠? 그럼 불편했던 점은요?" 등으로 질문에 변화를 주는 순발력을 탑재해야 한다.

좋은 질문이란?

이번에는 질문만을 따로 떼어 요령을 정리해 본다.
첫째, 긴 질문이 가장 나쁘다.

긴 질문은 크게 두 가지 때문에 비롯된다. 하나는 질문 요지를 확실히 정하지 않고 뛰어들어 우왕좌왕하는 것이며 다른 하나는 질문보다 자신이 준비한 것, 내세울 것에 함몰해 그것을 소화하느라 길어지는 것이다. 이건 인터뷰이에 대한 예의로 볼 수 없다. 인터뷰 상대를 상식적 기준보다 긴 시간 기다리게 하는 것은 바람직한 인터뷰어의 자세가 아니다. 더 심각한 것은 시청자의 알 권리와 시청권의 문제다. 이슈의 핵심과 내용의 상세성을 알고자 하는 시청자에게 인터뷰어가 방해가 되어서는 안 될 일이다.

"○○당 상황이 지금 심각한데요. 대표 한 사람은 일찌감치 사퇴했고, 한 사람은 집회에서 당원들한테 폭행을 당해 척추 수술까지 해야 하는 처지고, 비례대표는 사퇴를 완강히 거부하고 있고 말이죠. 원내대표로서 책임감이 막중할 것 같은데 어떻습니까?" "올해 춘향제는 규모도 크고 또 어느 해보다 화려한 것 같은데요. 또 미스 춘향들이 연예계, 방송계에서 활약이 대단하잖아요. 그리고 이번에는 해외에서도 미인들이 대거 참가한 것으로 들었습니다. 어떻습니까, 올해 춘향제의 특징을 말씀해 주신다면요" 이런 식이면 곤란하다.

둘째, 질문은 하나씩 하는 것이 원칙이다.

방송 출연은 긴장되는 일이다. 평소에 말을 조리 있게 잘하고 생각이 반듯하게 잘 정리된 사람일지라도 방송국 로고가 찍힌 이동방송차와 낯선 사람들, 마이크를 쥔 리포터 앞이면 떨리는 법이다. 더구나 평소와 달리 심각하거나 뭔가 급박한 상황, 감정의 변화가 큰 경우 그 긴장도는 배가된다. 예컨대 42.195km를 완주한 마라토너가 골인하는 순간 컨디션과 우승 소감, 누구에게 감사하고 싶은지 등을 한꺼번에 묻는다는 것은 무리다. "끝으로 이번 행사를 이끌어오시면서 힘들었던 점과 앞으로의 계획을 말씀해 주시겠습니까?" "이번 사태는 어떤 점에서 심각하고 앞으로 어떻게 전개될지 궁금하네요" 인터뷰이를 혼란케 하는 질문 사례다.

셋째, 복수複數의 출연자에게 같은 질문을 삼간다.

미디어나 사회심리학 쪽의 동조·종속이론 등은 꽤 유의미하다. 특히 독일의 여성 미디어학자 엘리자베트 노엘레-노이만(Elisabeth Noelle-Neumann, 1916~2010)의 유명한 '침묵의 나선(Die Theorie der Sweigespirale)'이론은 여기 바로 적용된다. 하나의 특정한 의견이 다수의 사람들에게 인정받고 있다면, 반대 의견을 갖는 소수의 사람들은 고립과 따돌림에 대한 두려움으로 침묵하려 한다는 게 골자다. 바로 다음과 같은 상황을 가리킨다. 출연자가 여럿인 상태에서 비교적 간단한 인터뷰에다 주어진 시간마저 짧으면, 리포터는 같은 질문을 던져도 무방하리라 방심하게 된다. 그 결과는 이렇다.

"(어린이에게) 오늘 여기 오니까 기분이 어때요?". 어린이: "좋아요".

"여기 옆에 빨강 모자 어린이요. 어때요, 기분이?". 어린이: "좋아요".

부화뇌동附和雷同을 배후 조종한 장본인은 바로 리포터다. 성의 없고 아둔한 질문으로 상대의 느낌·생각·주장을 묻히게끔 만든 것이다. 이래서는 안 된다. 짧아도 변화는 주어야 한다. 솔직한 기분, 가장 좋았던 것, 힘들었던 점. 바꿔야 할 것, 앞으로 하고 싶은 일 등 그때그때 다른 질문을 골라 재미있고 인상적인 답변을 이끌어내야 한다.

넷째, 대답 속에서 질문을 찾는다.

메모는 메모일 뿐이다. 준비한 질문은 어디까지나 예상 가능한 범위 안의 무난한 콘티(←Continuity: 구성 흐름도) 안에서만 기능한다. 그러나 주인공은 어디까지나 출연자, 인터뷰이다. 상대가 '지금' '여기서' 생생히 말하는 것이 내가 '미리' '만들어놓은' 것보다 우선이다. 무엇보다 출연자의 대답에 적극적으로 귀를 열고 들을 일이며 거기서 다음 질문의 순서와 실마리를 찾는 자세를 늘 견지해야 한다. 종종 자신은 질문만 해놓고 질문지에 코를 박고는 다음 질문만 신경 쓰는 모습이 화면에 비친다. 시청자에게 비웃음을 사거나 혀를 끌끌 찰 일을 만들지 말라. 다시 한번 강조하지만 상대의 대답 속에 가장 근사한 다음 질문거리가 들어 있다.

다섯째, '예/아니오' 답이 안 나오게끔 유의한다.

리포팅의 인터뷰는 법정이나 청문회가 아니다. 아니 오히려 그런 등속과 대척점에 있어야 마땅하다. 예나 아니오로 출연자의 대답이 나왔다면 리포터의 질문 스킬이 부족한 것이다. "여기 처음이세요?" "정말 맛있죠?" "보람 있으시죠?" "기분 좋아요?" 등으로 물으면 십중팔구 '예/아니오'가 나오기 마련이다. 물론 그렇게 물어도 대답에서 하고 싶은 이야기를 맛깔나게 엮어나가는 출연자도 있으나 리포터는 그런 행운을 바라면 안 된다. 아무리 갑작스러운 상황일지라도 무심하고 싱거운 대답이 나오지 않게끔 하겠다는 각오를 다져야 한다. 다양한 상황에서 써먹을 수 있는 여러 버전version의 오픈open형 질문들을 비축하고 있어야 한다.

여섯째, 대답의 융통성을 고려한다.

'무엇'을 묻기보다 '어떻게'로 이끄는 게 더 낫다는 의미다. "이 일을 시작하게 된 계기는 무엇입니까?"와 "이 일은 어떻게 시작하시게 되셨어요? 계기가 궁금합니다"는 질문 요지가 같다고 볼 수 있다. 그러나 인터뷰이가 받아들이는 정서情緒는 전자前者가 정확한 답을 묻는 것 같아 부담스러운 반면, 후자後者는 마음 편히 답할 수 있는 여유가 느껴진다. 질문은 주관식 단답형 문제를 강요하는 듯한 느낌을 주면 안 된다. 인터뷰이로 하여금 여유로운 분위기 속에서 하고 싶은 대답을 이끌어내야 한다. 정확하고 자세한 정보도 중요하지만 느긋하고 기분 좋은 정서가 윗길이다. 리포터는 인터뷰이가 편안한 상태에서 대답하기 쉽고 내켜 하는 기분을 갖게끔 유도하는 기술이 필요하다.

일곱째, 때에 따라 상대가 싫어할 말도 물어본다.

생각보다 어려운 일이다. 인터뷰 전체가 틀어질 수도 있다. 그러나 따지고 보면, 듣기 편한 말만을 따내는 건 누구나 할 수 있다. 실력 있는 리포터라면, 시청자들이 궁금해한다는 전제하에 인터뷰이로 하여금 '불편한 진실'을 이끌어낼 수도 있어야 한다. 물론 불편한 질문의 수용에 대한 어느 정도의 공감대가 선결 조건이다. 녹음·녹화물인 경우는 사전에 고지하고, 생방송일 경우는 PD와 상의하고 시도해야 한다.

타이밍이 중요하다. 연예인 같으면 근황, 활약상 등으로 분위기를 돋우고 한 템포 쉬어가는 그 포인트가 바로 '듣기 싫은 질문'의 최적 포인트가 될 것이다. 각종 연예 프로그램에서 영화 개봉을 앞두고 감독과 배우들이 줄지어 나와 벌이는 허망한 말잔치는 사실 인터뷰라 하기 민망하다. 그건 홍보이지 인터뷰가 아니잖은가? 그런 의미에서 지금은 없어진 '무릎팍도사'는 의미 있는 프로그램이었다. 거기엔 반드시 불편한 질문이 있었고 대중들이 잘 모르는 비화가 베일을 벗곤 했다. '강호동'이라는 미워하기엔 너무 익살맞고 질책하기엔 다소 버거운(?) 캐릭터를 띤 인물이 소화하기에 딱 알맞았던 미션이 아니었나 싶다. 질곡의 개인사부터 사회적 물의를 일으킨 발언이나 행동, 그리고 그 진상真相과 뒷이야기는 리포터의 실력에 따라 얼마든지 민낯을 내놓을 수 있다.

여덟째, 두 가지 해석을 의식한다.

지금 인터뷰하고 있는 사람만 국민이 아니다. 입장과 상황이 판이한 다른 국민도 있다. "겨울은 오늘같이 추워야 겨울답지 않을까요? 그렇죠?" 달동네 주민에게는 보일러 온도를 높여야 하기에 난방비 부담이 늘어난다. "흡연 금지 식당이 점점 늘고 있는데 바람직한 현상이라고 봐야 할 것입니다" 타인에게 간접흡연 영향만 안 준다면 기호嗜好 존중의 차원이라는 시각이 엄연히 있다. "과일값이 유통업자들 때문에 이렇게 비싼데 대책이 없는지요?" 진부한 질문이며, 유통업자도 합법의 테두리 안에서 어엿한 민주시민이고, 탓할 대상이 아니다. 지금 진행하고 있는 인터뷰의 내용과 대상에서, 부지불식간에 그 반대되는 견해를 지닌 집단·계층 등을 무시하거나 함부로 타자화他者化·소수화少數化하고 있는 것은 아닌지 유의해야 한다.

인터뷰 후의 피드백과 반성은 실력을 고양한다.

바둑이 오묘하고 근사한 이유 중 하나는 바로 복기復棋라는 과정 때문일 것이다. 마찬가지로 방송 능력이 일취월장해 빼어난 리포터로 발전한 경우를 보면, 그 뒤에는 반드시 자신의 방송에 대한 꼼꼼한 모니터, 즉 철저한 반성이 숨어 있다.

겸손하고 예의를 잘 지켰는지. 인터뷰에 필요한 사전 조사가 과연 철저했으며 혹여 빠진 내용은 없었는지. 내용이 핵심에서 벗어나지는 않았는지. 상대의 심리를 이해하면서 접근했는지. 인터뷰 도중 자신이 어떤 얼굴이었는지 알고 있는지. 임기응변 臨機應變을 잘 발휘했는지. 상대가 싫어하는 질문도 과감히 던졌는지, 그리고 성공했는지. 혹시 힘센 자·지위가 높은 자·돈 많은 자 등 앞에서 저자세였거나 비굴하지 않았는지. 남의 비판을 흔쾌히 받아들일 수 있는 마인드를 지니고 있는지. 마이크 사용법은 적절했는지 등을 되짚어볼 일이다.

매력자본 키우기

 마침내 '말하기' 영토에 다다랐다. '스피치'로도 통용되는 말하기는 연설이나 담화로서 자신의 입장과 견해를 공중 앞에서 밝히는 '공적 말하기'로 보면 될 것이다. '화법'으로도 쓰이나, 이건 말 그대로 말하는 방법이다. 다분히 기술과 예절이 가미된 느낌을 준다. 이 둘을 아우르는 개념을 여기서는 '말하기'로 뭉뚱그린다.

 우리는 말하기의 중요성이 그 어느 때보다 빛을 발하는 시대에 살고 있다. 아무리 아이디어가 뛰어나고 창의적인 생각이 돋보인다 해도 그것을 제대로 '표현'하지 못하면 헛일이다. 보통의 직장을 예로 들어보자. 보고서·기획안·제안서 등이 있다 치면 예전에는 서류를 들고 윗사람에게 조용히 보고하거나 일반 직원에게는 문서 공람으로 끝났다. 요즘은 어떤가? 대부분이 파워포인트power-point 작업에다 프레젠테이션presentation 과정까지 수행해야 마무리된다.

 어떤 회사든 프레젠테이션을 잘하는 이로 평가받는다는 건 경쟁력이 있는 사원이라는 말과 다르지 않다. 취업 현장은 또 어떤가. 필기시험 성적과 소위 '스펙'이 아무리 훌륭하더라도 마지막엔 자신의 생각·주장·느낌을 표현하는 면접의 관문을 통과해야 합격의 축배를 들 수 있다. 기분 좋은 비근한 예도 있다. 남아프리카 공화국 더반에서 2018년 평창 동계올림픽을 가능케 한 인상적인 사건은 무엇이었던가? 나승연, 김연아의 빼어난 프레젠테이션이 만약 없었더라면 과연 올림픽 유치가 가능했을까? 말하기의 힘은 이제 가히 결정적 순간, 최후의 한 방이라고 해도 과언이 아니다.

말하기의 포인트라면 우선 읽기와 구분 짓는 것이라고 할 수 있겠다. 읽기와 말하기가 가장 크게 다른 지점은 바로 '텍스트의 유무有無'. 사람들이 말하기를 읽기로 착각하고 읽기처럼 하는 게 문제다. 텍스트를 힐끔힐끔 보면서 최대한 말하듯 하는 행위를 '말하기'와 혼동한다. '말하기' 패러다임이 아닌 글화化된 텍스트 형태로, 말하는 형식만을 빌려 전달하는 모습은 말하기가 아니다. 텍스트를 보지 않더라도 외워서 읽기를 말하기로 치부하면 안 된다. 이 모두 '말하기'가 아닌 것이다.

말할 때 늘 염두에 두어야 할 점은 바로 "~을(를) ~에게 말하다" 패턴이다. 곧 말하는 행위 자체가 내용과 더불어 반드시 상대를 전제로 한다는 것이다. 말하기는 '말'로 연습해야 실력이 는다. 무언가를 일단 적는 순간 말하기와 멀어진다. 물론 말하기 전 뭘 말할까 단계에서 메모가 필요할 수도 있다. 그러나 메모는 메모로 끝내야지 텍스트가 되어서는 안 된다. 메모를 바탕으로 이렇게도 말해보고 저렇게도 말해보는 연습을 통해 텍스트 없이 말할 수 있어야 비로소 제대로 된 말하기다.

따라서 말하기는 내용의 큰 줄기는 대동소이하되 그것을 감싸고 꾸며주는 형식型式과 수사修辭는 다를 수 있다. 처음에 이 과정은 대단히 고통스럽고 시간도 많이 소요된다. 말하다 보면 보태야 할 내용이 생기고 반대로 빼는 게 나을 것 같은 부분도 나타난다. 이 표현이 좋은 줄 알았는데 최근 접했던 새로운 표현이 더 근사하고, 그래서 자꾸 고치고 바뀌게 된다. 그러나 바로 이런 일련의 과정이야말로 말하는 능력이 강해지는 징후다. 이것이 습관화되면 어느새 말하기 자체가 좋아지고 말하기의 근육이 단단해지며 체급이 상승한다.

예전에 『아프니까 청춘이다』라는 책이 베스트셀러에 오른 적이 있다. 그러나 냉정히 따져볼 때 신선하고 놀랍고 절절한 내용이었는지 의문이다. 그래도 굳이 성공의 이유를 찾자면, '공감'과 '진정성'이라는 화두로 접근 방식을 새롭게 한 것이리라. 사실 '긍정적인 사고가 인생을 바꾼다' '꿈과 희망은 삶의 추동력이다' '실패를 모르면 성공할 수 없다' 등의 메시지는 다 좋은 말이지만 다분히 진부한 언급이기도 하다. 이런 걸 전문용어로 TbU라고 하는데 True, but Useless. 곧 맞는 말이긴 한데 쓸모가 없다는 뜻이다. 그러나 이야기를 어떻게 풀어나가느냐에 따라 가슴에 와 닿을 수도 있고 하염없이 지루할 수도 있다. 이게 바로 형식의 힘인 것이다.

어떤 프레임을 갖추고 어떤 흐름으로 무슨 방식으로 주제를 이끌어나갈까, 이게 관건이다. 여성이 남성에게서 반지를 선물받는다 치자. 남성A는 18K 반지를 감색 비로드 케이스 그대로 가져왔다. 남성B는 비록 14K짜리지만 포장을 새로 하고 예쁜 카드에 사랑의 글귀를 써서 미니백에 넣어왔다. 누가 승자일지는 명약관화하다. 남성B. 내용(story/contents)이 물론 중요하지만 접근 방법(method)이 설득적이어야 통하는 시대다. 골자·핵심·본질(substance)과 메시지message 전달로만 끝나서는 안 되고 그것을 담는 형식(form)과 스타일style이 세련되고 근사해야 통한다. 그래야 사람의 마음을 움직일 수 있다.

말은 몸을 필요로 한다. 비언어적(준언어적) 표현, 흔히 보디 랭귀지body language라 일컬어지는 것으로 몸짓·손짓·표정·시선·동선動線을 비롯해 넓게는 화장·옷차림·헤어스타일·액세서리 등도 포함한다. 어떻게 보면 서양인과 동양인을 가름하는 가장 도드라진 지점이라고도 볼 수 있다. 희로애락喜怒哀樂의 감정을 서양인은 말과 제스처로 확실히 표현하는 반면, 동양인은 소극적이다. 역사·문화·사회적으로 오랫동안 감정을 드러내는 건 비례非禮이며 말로 표현하는 것도 삼갔던 습속과 관련이 있을 것이다.

그러나 일단 말하기의 영역에 들어온 이상 감추고 숨기는 건 이제 미덕이 아니다. 몸 전체를 활용해 자신의 주장과 생각을 밝히고 상대의 반응을 이끌어내야 한다. 무표정한 얼굴, 움직임 없는 자세, 그저 그런 평범한 분위기의 말하기를 청중과 관객은 사절한다. 비언어적 표현에 왕도는 없다. 자신에게 맞는 제스처·눈빛·표정을 만들고 익히는 수밖에 없다. 비언어적 표현을 써야 한다는 당위성에 자신의 말하기를 억지로 맞추면 그것도 어색한 일이다. 자연스럽게 마음에서 우러나오는 몸짓·표정·눈빛이 자신의 것이다. 이런 걸 가리켜 매력자본Erotic Capital이라 칭한다. 영국의 사회학자 캐서린 하킴(Catherine Hakim, 1948~)이 만든 용어다. 자신의 매력자본을 중단 없이 다듬고 개발하는 노력을 게을리하지 않을 일이다.

말하기는 상대에 따라 다가가는 방법이 달라야 함은 물론이다. 연령·계층·직업 등에 따라 콘텐츠와 스타일에 변화가 있어야 한다. 핵심은 화자話者가 그만큼의 전문성과 능력, 융통성과 순발력을 갖추고 있느냐 하는 점과 청중, 관객이 과연 예상대로 그런 변화에 긍정적 반응을 보일 것이냐 하는 부분이다. 마구 떠드는 학생들, 졸기를 각오한 수련생들, 까칠하게 노려보는 참가자들의 흥미와 관심을 유발하는 일은 결코 쉬운 일이 아니다.

스트레스학學의 권위자인 오스트리아 의사 한스 셀예(Hans Selye, 1907~1982)는 그의 저서 『삶의 스트레스(The Stress of

Life)』에서 이렇게 말한다. "스트레스는 내가 어찌할 수 없다는 절망에서 비롯된다" 강의나 수업이라면 아예 듣기를 포기한 젊은이들, 의무감과 연수 점수에 찌들어 억지로 앉아 있는 공무원들은 어쩌면 강의를 듣고 싶지 않아도 안 들을 수 없는 '절망적 스트레스'에 직면한 그룹이다. 이들을 움직이게 만드는 힘은 무엇일까? 배려·열정·동질감·동기 부여 등으로 요약된다.

그래서 화자는 어디까지나 인내하고 웃음을 잃지 않는 배려에 꿋꿋이 메시지를 전달하겠다는 정열과 의지, 나와 상대가 다르지 않다는 동지 의식, 그리고 반드시 무언가 성취할 수 있다는 용기를 주는 게 필요하다. 그러기 위해서는 적절하고 피부에 와 닿는 사례와 예화, 상대의 귀가 솔깃할 만한 정보와 관심사, 참여를 유도하는 적극성과 자신을 낮추는 자세 등이 수반되어야 한다. 중고생들이라면 유행어·연예인·히트곡, 핫한 밈meme이나 '짤' 등을 정리해 머리에 입력해 놓고, 공무원들이라면 고과와 승진 사례, 언론사 준비생들이라면 최근 채용 정보, 합격 수기 등으로 일단 자신을 단단히 무장한 채 말하기에 뛰어들어야 한다.

설득 · 감동 · 유머

말 잘하는 사람의 특성을 분석하면, 대개 설득, 감동, 유머 이 세 가지 요소를 골고루 탑재하고 있음을 알 수 있다. 우선 설득의 의미를 고찰해 본다면 '상대편이 이쪽 편의 이야기를 따르도록 여러 가지로 깨우쳐 말함'. 이게 '설득'의 사전적 정의다. 어찌 보면 권위적이고 폭력적이며 무엇보다 수용자 입장을 전혀 고려하지 않은 면이 있다. 일례로 수용자가 설득의 자세나 준비가 돼 있지 않다면 어떡할 것인가. 난감하다. 설득의 다른 정의로는 '상대의 생각과 입장을 나의 것으로 만드는 것'. 여기에도 한계가 있다. 무엇으로, 어떤 방법이나 수단으로 그렇게 하는가 말이다. 설마 '설득'으로? 그렇다면 수단과 기술, 목적과 결과가 같게 되는 도돌이표 수렁에 빠지고 만다.

설득은 어떤 주제를 논리적으로 진정성을 갖고 열심히 말하고 듣고 대화하는 행위가 아니다. 우리가 기존에 알고 있는 설득은 대부분 설득이 아닌 '설명'이다. 자신은 열심히 설득하고 있다고 생각되는데 상대는 장황하게 설명하고 있다고 느끼는 게 보통이다. 그럼 도대체 설득의 요체는 무얼까? 지식(knowledge), 정보(information), 접근 방법의 새로움(new method) 등으로 요약된다. 어쨌든 something new/something fresh, 즉 신선하고 참신해야 한다. 교수가 강의를 하고 학생이 듣는다 치자. 학생이 '설득적이었다'라고 반응한다면, 그것은 이제껏 몰랐고 접해보지 못한 새로운 지식을 얻은 것이며 그래서 설복設伏된 것, 설득당한 것으로 정리될 수 있다. 펀드매니저가 투자의 기법과 요령에 대해 강연했고 참가자가 설득적이라며 긍정 신호를 보냈다면 그것은 달리 말해 '새로운 정보'를 건졌다는 의미다.

이런 예를 들어보자. 노인 운전 사고의 해결책으로 재면허 시험 시행이나 70세 이상은 운전대를 잡지 못하게 하는 등 주로 규제 쪽을 이야기할 때, 기능이 단순한 노인용 자동차 보급이나 속도제한이 있는 경차를 늘리는 등 순기능을 제시하는 쪽이 있다면 참신한 접근 방법, 즉 설득적이라 할 만하다. 또 시민을 향한 공권력의 남용이라 여겨지는 지시를 받은 경찰이 양심에 꺼려 주저할 경우 불복종할 것인가, 아니면 불의不義를 수용하고 진압 임무를 수행할 것인가. 양자택일이라는 막다른 골목에서 '경찰노조'라는 일종의 구조적 해법을 제시한다면 대안 제시로서, 역시 설득에 속한다.

입사 면접시험에서 "죽을힘을 다해 열심히 일하겠습니다" "뽑아만 주신다면 회사를 위해 최선을 다하겠습니다" "이 회사만을 바라보고 준비해 왔습니다" 등의 멘트로는 좋은 결과를 거머쥐기 힘들다. 진부하고 식상하기 때문이다. 참신한 발상, 새로운 내러티브, 차별화된 콘텐츠, 이런 것이 설득의 그릇을 채운다.

다음은 '감동'이다.

감동은 머리보다 마음을 움직이는 힘이다. 감동적인 말하기는 그래서 누구나의 꿈이다. 어떻게 해야 사람들에게 감동받았다는 평가를 들을 것인가. 자신이 직접 느끼고 겪고 체험한 이야기(experience/someone's own story)가 바탕이어야 하는 게 핵심이다. 스스로를 먼저 펼쳐 보이고 나서 타인과 공유하는 접점 내지 교집합이 생성되어야만 한다. 이런 교감交感의 요소가 없이 감동은 없다. 감동은 심리학에서 말하는 라포Rapport와 통한다. '친근감', '관계성'이라는 뜻이다. 내 감정을 타인에게 이입하고, 상대 감정의 흐름도 내 것과 적극적으로 호응할 때 감동은 움튼다. 감동은 눈높이를 맞추는 게 관건이다. 인용문으로 압축한다면, "당신 마음 내가 다 알아요. 나도 그랬거든요. 함께 풀어봅시다"쯤 될 것이다. 2012년 오바마 대통령의 한국 방문 당시, 그가 구사한 멋진 엔딩 멘트 "같이 갑시다. Go Together!"도 같은 맥락이다.

비근한 예를 들어보자. 게임에 미쳐 있는 아들을 구하는 방법은 "계속 그런 식이면 인생의 낙오자가 될 거다" "좋은 대학을 가야 좋은 직업을 갖고, 그래야 번듯한 사회구성원이 된다. 그렇게 게임만 계속하면 어쩌냐" "우리 집안에서 너만 잘되면 아무 걱정이 없다. 제발 게임 좀 그만해라" 이런 진부한 설명의 릴레이로는 가망이 없다.

방법은 단 하나. 부모 중 누군가가 일단 게임 안으로 들어가야만 한다. 자녀와 게임 보드를 앞에 두고 악의 무리를 처단해 본 후 함께 두런두런 의견을 나누어야 한다. 부모가 게임을 자신과 함께한 후라야 자식은 마음의 문을 연다. 아들은 부모가 자신을 이해하려 최대한 애쓰고 있으며 자신과의 눈높이를 맞추려 엄청나게 노력하고 있다는 것을 인지하고 나면 비로소 진정성을 접수한다. 그러고 난 후 부모는 비로소 설득과 제안의 기법을 구사할 수 있는 것이다. 동질의식 공유, 공감(empathy)의 형성이야말로 감동의 가장 친근한 벗이다.

설득과 감동에 이어 나머지는 웃음의 요소다. 설득이 유익과 통하고 감동이 공감과 통한다면 웃음은 바로 재미다. 청춘 남녀의 이상적인 배우자 설문조사 같은 걸 하면, 여성들은 외모에 집착하는 남성과 달리 유머러스한 남성을 원한다는 응답이 항상 상위권에 있음을 알 수 있다. 그러나 보통 사람이 상대를 말로써 웃게 만들거나 즐겁게 한다는 것은 결단코 쉬운 일이 아니다. 유머로 쓰고 음담패설이나 개그맨 흉내로 읽는 경우가 얼마나 많던가.

그럼 대안은 뭘까. "내가 먼저 웃어야 남이 웃는다" 이게 답이다. 아니 내가 웃어도 남은 안 웃을 수 있다. 그러나 내가 웃지 않으면 남은 절대 웃지 않는다. 그러니 나는 웃어야 한다. 해마다 수많은 선남선녀善男善女가 아나운서 시험을 치러 방송국 건물을 에워싼다. 하나같이 똑똑하고 모두가 미남미녀. 그럼 누굴 뽑을 것 같은가? 남녀 공통인 것은 '웃는 얼굴'이다. 서글서글한 인상, 친절한 미소, 상냥한 몸가짐이 작위적이 아니라 자연스레 몸에 밴 젊은이들이 성취를 이룰 공산이 크다.

보통 사람의 면접 현장에서도 그렇다. 분명 면접관의 질문에 똑똑히 답했고, 실력도 제대로 잘 발휘했는데 결과가 번번이 불합격의 쓴잔이라면 '웃음과 미소' 부분을 간과하지 않았는지 돌아보라고 충고하고 싶다. 물론 작위적 미소와 급조된 웃음은 역효과다. 따라서 시간을 갖고 체화할 일이다. 폴 발레리(Paul Valery, 1871~1945)였던가, 사는 대로 생각지 말고 생각하는 대로 살라는 말. 그렇다. 웃음과 미소가 핵심이다. 그런 얼굴을 만들겠노라 마음먹고 꾸준히 노력하면 언젠가 그렇게 된다.

응시생이 면접을 마치고 뒤돌아 나갈 때 심사위원은 그 뒷모습을 보며 최종 판단을 내린다. 마지막 포인트는 저 친구가 나와 우리 회사에 잘 적응해 순기능順機能을 할 사람인가 아닌가 여부다. 지성미가 철철 넘치는구나, 다양한 경험이 빛나는구나, 이런 덕목은 그 아래다. 웃음은 긍정의 기운을 내뿜는다. 미소는 가장 인상적인 메시지다. 웃음과 미소가 결정적 포인트임을 상기할 일이다.

경험 · 지식 · 생각

이번에는 말하기의 실제 내용에 집중해 그 구성에 대해 생각해 본다.

말하기에 무엇을 담을 것인가가 핵심이다. 내용이라는 그릇을 채우는 데도 정석과 요령이 있다. 혹자는 글쓰기가 아니라 말하기인데 그저 생각하는 바를 자유롭고 진솔하게 전달하면 되는 것 아니냐고 한다. 물론 틀린 말이 아니다. 요점은 자신의 생각·느낌·주장 중 기왕이면 더 근사한 것, 알찬 것, 유효한 것이 낫지 않겠는가 하는 점이다. 말하기의 내용 구성은 경험·지식·생각으로 집약할 수 있다. 이 세 요소를 골고루 버무리는 게 핵심이다.

일반적으로 어떤 주제를 주고 말하기를 해보라 하면 대부분은 소위 '경험의 나열' 범주에서 머물고 있음을 보게 된다. 가령 '여름'이다 하면 해수욕 갔던 일, 휴가철 도로 체증으로 인한 고생담, 해외여행 이야기 등으로 채우고, '어머니'를 제시하면 아팠거나 다쳤던 경험과 학창 시절 성장기 때 어머니의 헌신적인 사랑을 떠올린다. 이렇게 되면 평범한 말하기일 뿐 '좋은 말하기'라고 하긴 어렵다. '지식'과 '생각(관찰·아이디어)'이 보태져야 한다.

예컨대 주제가 '지하철'이라면 자기는 몇 호선 어느 역에서 타고 내리고, 예전엔 몇 호선을 탔었는데 어떻고, 꼴불견 승객을 본 이야기, 물건 놓고 내린 기억 등 이런 것만 죽 늘어놓으면 곤란하다. 지하와 열차를 연결 지은 사람은 누구였을까, 무슨 의도와 어떤 발상이었고 난관은 무엇이었을까, 이 지하철을 통해 생계를 이어가는 사람은 얼마나 될까, 지하철 운전을 하는 기관사는 어떻게 근무하고 애환은 무엇일까, 이렇게 생각의 지평을 확장하는 습관을 평소에 가져야 하고 그것이 말하기에 투영돼야 한다.

'커피'에 대해 말한다고 치자. 잘 가는 커피 전문점은 어디고, 맛이 어떻고, 가격이 어떻고, 할인이 어떻고, 거기서 누구와 주로 만나고 점원들은 어떻고 메뉴가 어떻고 분위기가 어떻고…. 이렇게 눈에 보이는 것, 그저 경험한 것, 피상적으로 느끼는 것 등으로만 채우면 내용이 공허해진다. 커피를 개념화도 해보고, 커피의 역할과 기능에 대해 탐색도 해보고, 불우이웃을 위해 기부하는 서스펜디드 커피suspended coffeee도 다루어보고, 공정무역을 떠올려 아프리카 커피 농장의 실상을 추체험追體驗해보는 등 자신의 커피에 대한 스펙트럼이 다양함을 드러내야 근사한 말하기가 되는 것이다.

'자전거'를 주제로 삼아보자. 자전거를 처음 배웠을 때의 기쁨, 자전거 타며 놀았던 이야기, 요즘엔 좋은 자전거가 너무 많다, 비싸다 이런 것 외에도 자전거는 인간이 발명한 다종다양한 탈것 가운데 가장 인간적이라든지(근육의 힘을 빌려 페달을 밟은 만큼 나아가니까), 아파트에 버려진 채 먼지가 뽀얗게 앉은 자전거들을 수리해 저소득층에 나누어주면 효과적이겠다든지 이런 주의력과 관찰력을 드러내는 게 좋다.

정리하면, 말하기의 내용은 항상 구체적인 것, 특수한 것, 개별적인 것과 그와 대별되는 개념적인 것, 보편적인 것, 추상적인 것이 근사하게 맞물리고 엮여야 한다. 여기에 시의성時宜性과 관찰력이 가미되면 금상첨화다.

말하기가 서툰 경우, 자주 맞닥뜨리는 현상 가운데 하나가 바로 '주제의 끈'을 놓치는 것. 말하자면 이렇다.

"저는 자전거를 초등학교 5학년 때 배웠습니다. 친구들이 타는 걸 보고 별것 아니구나 여겼는데 막상 타려 하니 쉽지 않더군요. 몇 번을 넘어져야 했는지 모릅니다. 기울어지는 쪽으로 핸들을 틀라고 친구들이 말하는데도 자꾸 반대로 하게 되더라고요. 그러나 시행착오 끝에 결국 저는 자전거를 배웠습니다. 뭔가 스르르 미끄러지는 느낌이 나더니 뒤를 잡아주던 친구들 말소리가 들리지 않았어요. 잠시 뒤를 보니 혼자 타고 있더라고요. 참 친구 얘기가 나왔는데요. 초등학교 친구들과 전 아직도 교류합니다. 김혜숙, 이연주, 박진경이 제 단짝 친구죠. 연주가 특히 자전거를 잘 탔는데요. 그 후 우리 넷은 한동안 자전거를 참 많이도 탔습니다. 제 인생은 사실 친구를 빼놓고는 딱히 할 말이 없을 정도로 저는 친구들과 많은 시간을 보냈습니다. 부모님께 털어놓을 수 없는 말 못 할 고민도 친구에게는 가능하다는 것, 공감하시리라 믿어요. '친구란 두 신체에 깃든 하나의 영혼이다'란 말을 저는 좋아하는데요. 제겐 혜숙이가 그런 친구예요. 혜숙이는 저와 초등학교 때부터 고등학교 때까지 같은 학교를 다녔거든요. 집도 가까워서 통학도 늘 함께했어요. 혜숙이와 저는~".

친구 이야기는 아직도 계속될 참이다. 한데 주제는 뭐였던가? '자전거'였다. 왜 이런 함정에 빠지는가? 스스로 자신 있는 이야깃거리, 할 말 많은 아이템에 과도하게 집착하는 게 이유다. 해결책은 그러니까 자명하다. 맛있는 음식이라고 덥석 급하게 너무 많이 먹으면 체하듯 자신에게 유리한 소재에서는 오히려 자제하면서 압축적인 메시지를 전달하는 것이다. 짧지만 굵게, 그리고 어디까지나 주제를 견지하고 거기서 벗어나지 않으며 주제와 관련된 부분을 중심으로 잇대야 한다.

어느 면접장에서의 일화다. 이제껏 살아오면서 삶의 터닝포인트가 무엇이었나 하고 면접관이 물었다. 한 응시생이 이렇게 답했다.

"중학생 때였습니다. 부모님과 함께 강원도의 한 계곡으로 놀러 갔었어요. 한참을 재밌게 노는데 아버지께서 사진을 찍자고 하셨어요. 마침 그 무렵 아버지는 학원에 다니시며 사진 기술을 열심히 배우셨고 새 카메라를 사신 터라 그날 가족들의 단란한 모습을 멋진 앵글로 담고 싶으셨나 봅니다. 그러다 보니 위험한 곳에서 우리 모습을 찍으려다 그만 뒤로 넘어지셨고 카메라는 계곡물 아래쪽으로 쓸려 내려갔어요. 저는 겁도 없이 카메라를 향해 헤엄쳤고 그러다 빠른 물살에 휩감기고 말았죠. 마침 주위에 있던 한 아저씨가 제 목숨을 구해주셨어요. 그때 만약 제가 생명을 잃었다면 이 자리에 선다는 게 아예 불가능했을 것 같아요. 생사가 오갔던 아찔한 순간이었습니다".

지원자는 분명 솔직했다. 죽음의 문턱에서 살아났는데 더 이상의 터닝포인트가 어디 있겠는가. 그러나 지금 여기는 어떤 자리인가? 입사시험장이다. 자신의 개성·열정·포부·패기 등 보여줄 게 너무나 많은데 주어진 시간은 제한적이지 않은가. 곧 이런 답변은 비효율적인 것이다. 솔직하다는 게 나쁜 건가? 그럼 거짓말을 하란 말인가? 반문할지 모르겠다. 요컨대 이야기를 꾸며내거나 거짓을 말하라는 게 아니다. 솔직하되 목표에 부합하는 이야기를 골라 전략적으로 대응하라는 것이다. 장소와 대상에 입각해 맞춤형 말하기를 구사해야 효과적인 스피치다.

비근한 예로 같은 회사라 하더라도 인사·재무 등 파트에 지원한 사람은 성실성·꼼꼼함·책임감 등의 자질이, 영업·마케팅 등 분야는 패기·친화력·성취욕 등 측면이 유리한 덕목이 될 것이다. 방송사도 그렇다. PD 지망생의 말하기는 기획하고 안案을 짜고 사람·돈·장비 등을 조율하는 데 재능과 관심, 경험이 있음을 직·간접적으로 드러내야 유리하다. 기자는 이슈와 사안을 분석하고, 다른 시각으로 비틀어보고 비판하고, 건전한 문제의식을 보여주고, 정의감 등의 덕목을 갖추고 있음을 표출하면 좋을 것이다. 아나운서는 우리말에 대한 감각, 정보와 뉴스에 대한 예민한 촉각, 사람과 사회를 향한 따스한 시각, 사회司會와 진행에 대한 재능, 경험 등을 은연중 강조하는 말하기가 경쟁력에 부합한다.

진정성眞正性에 대하여

과거에는 좀체 잘 쓰지 않던 '진정성眞正性'이란 단어가 어느 때부턴가 회자되고 있다. 참되고 올바른 성질이나 특성을 뜻하는데 표준국어대사전에 등재된 규범언어는 아니다. 어쨌든 이 진정성은 말하기에서도 무시할 수 없는 팩터로 의외로 파괴력이 있다. 청자가 화자의 말하기에서 '진정성'을 느끼고 인지하는 순간 그 영향력은 다른 모든 것을 상쇄하고도 남는 효과를 갖는다.

30년 넘게 월요일 밤을 지키는 전통가요 TV프로그램이 있다. 'KBS가요무대'다. 원로 진행자 김동건 아나운서의 위상과 아우라는 특별하다. 우리 나이로 82세. 그의 트레이드마크는 특유의 오프닝과 클로징이다.

"댁에서 '가요무대'를 시청해 주시는 시청자 여러분, 한 주일 동안 안녕하셨습니까? 오늘 '가요무대'를 직접 관람하러 오신 방청객 여러분 환영합니다. 그리고 멀리 해외에 계신 동포 여러분, 이국異國 땅에서 고생하시는 근로자 여러분도 안녕하셨는지요?"(오프닝)

"오늘 '가요무대'를 시청해 주신 KBS 시청자 여러분, 스튜디오를 직접 찾아주신 방청객 여러분, 멀리 해외에 계신 동포 여러분, 근로자 여러분, 내주 이 시간까지 안녕히 계십시오"(클로징)

그가 이 프로그램을 진행해 온 이래 이 인사말은 언제나 똑같다. 어찌 보면 지독한 스테레오타입에 진부하기 짝이 없는 멘트라고 할 수 있다. 그런데 왜 인사를 그 오랜 세월 동안 똑같이 하는가 하는 시청자 항의를 받은 적이 없다. 외려 그의 인사는 '가요무대'를 그토록 빠짐없이 사랑해 주는 고객들에 대한 진중하고 예의 바르며 절절한 감사의 인사로 다가선다. 바로 이게 진정성의 힘인 것이다. 다른 젊고 발랄한 진행자가 매번 똑같이 오프닝과 클로징을 그렇게 했다면 같은 효과를 냈을까? 아니라고 본다. 그의 목소리·표정·태도·연륜 등이 한데 어우러져 진정성의 위력을 뿜어낸 것이다.

몇 년 전, 어떤 오디션 프로그램을 보았다. 보통 주부들의 가요 경연이었는데 주부라고 하기엔 앳된 모습의 출연자가 노래를 무난하고 순박하게 불렀다. 그러고 나서 그녀와의 인터뷰가 이어졌다. 그녀는 넉넉지 않은 집안에 주위의 갖은 반대를 무릅쓰고 아이가 딸린 데다 나이 차이도 많은 남자와 결혼했다. 그 힘겨움과 고통이 얼마나 심했겠는가. 자신의 사연을 이야기하다 감정이 복받쳐 눈물샘이 터졌다. 결과는 합격이었다. 노래 자체만 갖고는 결과가 불확실한 상태에서 그녀의 진정성이 심사위원들의 마음을 움직였다고 판단한다.

그러나 진정성을 오해해 입사시험 면접 같은 데서 자신의 절박함을 과하게 표출하는 경우가 더러 있다. 시도 때도 없이 눈시울을 붉히거나 자세를 흩트리며 안달하는 모습 따위다. 심사위원은 부담을 느끼게 되고 결과는 역효과로 나타난다. 정리하면 이렇다. 진심을 담아 말하는 과정에서 상대와 인간적 공감이라는 접점을 만나 소통·유대·협력 등의 동지적 감정이 빚어질 때 비로소 담보되는 것이 진정성이다. 어떤 작위적 감상이나 태도가 함부로 넘볼 영역이 아니다. 그러므로 진정성이 동반되는 말하기는 강력하지만, 그만큼 위험하기도 한 것이라 볼 수 있다.

메소드method적 말하기

말하기는 형식과 스타일 면을 간과할 수 없다. 우선 의상과 목소리다.

첫째, '의상衣裳은 보이는 첫 말 한마디'란 말이 있다. 청중은 시각에 민감하다. 내용과 메시지도 중요하지만, '지금 보이는 이 모습'에 많이 좌우된다. 무엇보다 중요한 것은 T.P.O.(Time/Place/Occasion), 즉 시간·장소·상황에 걸맞은 옷 입기다. 공공

기관, 지자체 공무원들을 대상으로 하는 스피치를 캐주얼, 스포티한 차림으로 했다가는 무례하고 경박하다는 타박을 들을 것이다. 반대로, 청소년 대상 캠프나 야외 팀 빌딩 사원 연수 등에 검정이나 감색紺色 정장은 어울리지 않는다.

입사를 위한 면접시험에 갈 때는 어디까지나 예의를 갖추되 남성의 경우 너무 천편일률적으로 검정이나 진남색 정장, 여성도 검정 바지나 스커트를 고집할 필요는 없다. 남성 같으면 개성을 살려 콤비 정장을 입는다든지, 행커치프나 넥타이를 인상적인 것으로 해서 변화를 주는 것도 괜찮은 방법이다. 여성도 자신의 용모가 상대적으로 화려한 편이라면 수수하고 얌전한 의상을, 단아한 인상이라면 그것을 상쇄하는 다소 튀는 패션도 나쁘지 않은 선택이다.

둘째, 목소리는 다분히 선천적이다. 그러나 좋은 목소리가 따로 있는 게 아니다. 목소리가 좋다 나쁘다 하는 것은 상대적이다. 목소리에 지나친 자부심을 가질 필요도 없고 그렇다고 너무 고민할 이유도 없다. 정확하고 명료한 발음, 교양 있고 부드러운 말씨와 말투가 목소리 자체의 문제를 상쇄하고도 남는다는 생각이다.

셋째, 경쾌함과 생동감이다. 이 시대 대부분의 말하기는 이 두 요소가 매우 중요하다. 물론 말하는 내용과 화자의 캐릭터, 상황 및 장소가 걸맞지 않을 때도 있을 것이다. 그러나 아주 특수한 경우를 제외하고는 '경쾌함'과 '생동감'이야말로 경쟁력 있는 말하기를 위한 필수 항목이다. 먼저 '경쾌함'은 말의 속도와 관련이 깊다. 무엇보다 느리면 안 된다. 학창 시절 교장 선생님의 훈화는 구구절절 옳은 말씀이었는데도 왜 졸음을 참을 수 없었는가? 느렸기 때문이다. 복잡다단한 현대 사회에서 '느림'을 강조하며 삶의 여유를 찾자는 분위기도 있지만 말하기에서

적어도 느리다는 것은 마이너스다. 다음으로, 생동감이 있어야 한다. 이건 우선 스피드가 장착되어 있어야 가능하다. 스피디speedy하다는 것은 '빠르다'라는 직접적인 의미보다는 경쾌한 느낌을 주라는 주문이다. 스피디한 스피치가 무엇보다 핵심. 만화영화를 보면, 어린이가 좋아하는 주인공들은 쉬지 않고 움직이고 떠들고 달린다. 그래서 활기차고 생동감이 넘친다. 만화영화(animation)는 애니메이트animate(생기를 불어넣다), 즉 생동감을 주는 것이다. 누군가의 말하기에서 활력과 용기를 얻으려고 하는 사람이 침착성과 안정감을 배우려는 사람보다 훨씬 많다. 따라서 말하는 화자는 스스로의 존재감에서 먼저 생동감을 뿜어내야 한다. 참선과 기도의 장場을 제외하고는 말이다.

단순함과 자신감도 빼놓을 수 없다. 심플함simple은 복잡함(complex)을 항상 이긴다. 적어도 말하기에서는 예외 없이 그렇다. 텍스트가 어렵고 복잡하고 얽히고설켜 있으면 하나도 못 건진다. 명제가 간단명료해야 한다. 단순화하면, 청중들이 오해할까 봐 설명이 필요하다는 생각에 말을 자꾸 덧붙이는 경우가 많은데 그건 오해이며 착각이다. 설명이 길어지면 메시지는 약해진다. 설명도 간결, 함축이 생명이다. 긴 설명을 한꺼번에 하지 말고 짧은 설명으로 나누어 할 일이다.

자신감自信感은 글자 그대로 스스로에 대한 믿음이지만, 독일어에서는 Selbstbewusstsein(젤프스트베부스트자인)이다. Bewusstsein(베부스트자인)은 바로 '자각自覺' '지각知覺'이란 의미로 스스로 누구임을 느끼고 깨닫는 것이다. 사실 '자신감을 가져라' '자신감이 가장 중요하다'라고 말은 많이 하지만 이것만큼 사람을 혼란스럽게 하는 진술도 드물다. 마음먹는다고 잘 되던가? 아무리 풍부한 스피치 경험과 해박한 전문지식으로 무장해도 언제나 자신감에 충만하기는 쉬운 일이 아니다. 자기 자신을

'믿는다'라는 부담에서 조금 벗어나, "나는 나 자신을 잘 알고 있다. 나의 능력과 한계까지도 인정한다. 내가 가진 것, 내가 아는 것, 내가 잘 할 수 있는 것을 그저 다른 이와 공유하려 한다" 이 정도의 마음을 먹고 임하면 되지 않을까 싶다. 과도한 자신감은 독이 되기도 하기에 이를 미연에 방지하는 효과도 있다.

또한 동선動線이 예전보다 중요해진 걸 의식해야 한다. 테드 TED(Technology/Entertainment/Design)는 원래 비영리단체의 강연회로 출발했고, 주제도 기술·연예·디자인에 국한되었다. 그러나 요즘은 '18분 Ted Talk'라는 말이 있을 정도로 주제도 광범위해졌고 전 세계적으로 인기다. 이제 헤드셋을 끼고 자연스러운 제스처로 강의하는 연사들이 익숙해졌다. 이런 추세인데 가만히 앉은 상태에서 스피치를 하는 모습은 답답하고 비루해 보이는 게 사실이다. 팔과 다리를 움직이지 않는 강사는 더 이상 흡인력을 얻기 힘든 세상인 것이다.

검은 터틀넥 티에 청바지 패션으로 유명한 천재, 애플의 스티브 잡스(Steve Jobs, 1955~2011). 그의 스피치가 멋지고 자연스러운 것은 "Stay hungry, stay foolish"도 물론 한몫하지만 바로 그의 동선, 움직임 때문이다. 청중은 의자에 의해 정지된 자신을 앞에 보이는 이의 움직임으로 상쇄·이완시킨다. 따라서 화자의 물 흐르듯 미더운 움직임이야말로 굿 스피커로서 두말할 나위 없이 중요한 요소인 것이다. 좋은 동선을 익히기 위한 방법은 놀랍게도 연습뿐이다. 물론 재능을 타고난 이도 있다. 그러나 '움직임의 프로'가 되기 위해 범인凡人들이 선택할 수 있는 유일한 길은 훈련 또 훈련뿐이다. 요령을 몇 가지 요약하면 이렇다.

무엇보다 청중을 골고루 바라본다는 생각이 첫째다. 사람들 앞에 선 사실 자체를 감사히 여기는 마음과 청중에 대한 애정을 담아 시선을 보내라. 강연·강의에 적극적 동참의 눈빛을 보내는 청중에게서 수시로 위안을 받는 것도 요령이다. 한두 번쯤은 뒤편에 앉은 사람들을 향해 앞으로 다가가는 자세를 취하고 질문을 던지거나 호응을 유도하는 것도 좋다. 서서 말하기를 지향하되 중앙에서 한 번은 오른쪽, 다음번은 왼쪽, 이런 식으로 천천히 움직인다. 이때 시선은 줄곧 청중을 본다.

중요한 대목일 때는 잠시 아래를 보며 숙고하는 모습을 보이다 고개를 똑바로 들어 또박또박 말한다. 손 처리는 자신이 강조하고자 하는 부분에서 자유롭게 움직이게끔 놔두는 것이 좋다. 몸의 자연스러운 반응을 믿어라. 두 손이 자유로운 핀 마이크가 그래서 유리하다. 유머를 쓸 때는 중앙에 서서 톤의 완급에 신경 써서 한다. 그래야 청중의 집중을 유도하고 효과를 높일 수 있다.

그리고 상대가 누구인가를 의식하는 것 역시 매우 중요한 포인트다. 남성과 여성, 청소년과 성인, 회사원과 자영업자, 저학력층과 고학력층 등에 따라 말하기가 달라야 한다. 말투와 태도, 관심사와 사례 들기로 차별화해야 성공적인 말하기가 됨은 물론이다. 여기서 역으로 소위 을乙의 입장에서 비근한 예를 들어볼까 한다. 아나운서 실무능력 테스트에서의 일이다. 어느 응시생이 프로그램 오프닝 실연을 보이며 이렇게 운을 뗐다.

"오늘 같은 날엔 빌리 홀리데이(Billie Holiday, 1915~1959)의 노래, I'm a Fool to Want You를 들으며 진한 에스프레소 한 잔을 마시고 싶네요".

꽤나 춥고 바람도 쌩한 을씨년스러운 날씨였다. 정말 미국 흑인 재즈 가수 빌리 홀리데이의 끈적하고 애절한 목소리, 그와 더불어 정신을 쨍하게 만드는 에스프레소가 어울릴 법도 했다. 그러나 심사위원들의 표정은 뜨악했다. 이들에게 빌리 홀리데이는 생소했으며 에스프레소는 거리감 있는 커피 종류인 것이 그 이유. 설사 가수를 알고 커피가 친숙해도 마찬가지다. 지나친 자의식에 빠져 대상을 고려하지 않는 이로 비쳐질 수 있기에 패착인 것이다. 크게 보면 '공감'의 키워드를 장착하지 못한 탓이다.

다시 스피치 일반으로 돌아온다. 여러 의견과 주장이 있으나 강력한 메시지는 역시 앞부분에 놓여야 한다는 생각이다. 지금 내 앞에 서 있는 사람이 유익하고 재미있는 말하기를 펼칠 것인가, 그 반대일 것인가를 청중은 보통 10초 내에 파악한다고 한다. 약간의 과장이 섞여 있을 수 있다. 그러나 시작이 그만큼 중요하다는 점에서 긍정할 수밖에 없다. 화자는 자신의 메시지를 앞에 우선 배치하는 게 절대 유리하다. 처음에 관심과 흥미를 끌지 못한 채 출발하면 필패다.

학생들의 집중력에 관한 연구 결과도 있다. 한 시간짜리 수업일 경우 첫 15분 내용은 75% 정도 기억하며, 이후 그 강도가 떨어져 마지막 15분은 20%의 발표 내용만 머릿속에 남는다는 것이다. 그렇다고 용두사미龍頭蛇尾라도 괜찮다는 게 물론 아니다. 맨 앞에 가장 먹히는 내용과 스타일을 깔아놓고, 내용이 평이하고 지루해질 때쯤 다시 처음과 버금가는 것을 배치해야 효과적이다.

디테일 챙기기

디테일로는, 이야기의 국면이 전환될 때 새 화두를 던지고 간단히 판서板書를 하는 것이 좋다. 주의를 집중하는 데 효과적이다. 충실한 내용 전달에만 집중하며 숫자·도표·그림을 총동원해 판서하는 방식은 구식이요 소구력도 한참 떨어진다. 무엇보다 청중을 등지게 돼 보기가 안 좋고 세련되지 못하다. 또한 판서라는 행위 자체가 어떻게 보면 청중으로 하여금 '현재'를 희생하고 '나중'에 내용을 잘 익히는 행위라 쳤을 때 그럴만한 수고의 필요성도 요즘은 특별히 없다. 판서를 주의 집중의 수단으로 삼아야지 핵심 메시지 전달 방식으로 여기는 것은 시대착오적이다.

다음은 쉬어가고 돌아가는 가치, '빛나는 국면 전환'이라고 명명해 본다. 주제에 관한 한, 할 말이 무궁무진할지라도 내내 그것만 하면 지겹다. 말하기도 그렇다. 화자가 다른 데 한눈팔지 않고 오직 주제와 메시지에만 몰입하면 되레 청중의 집중도는 떨어진다. 한숨 돌릴 틈, 주의 환기의 욕구를 알아채야 굿 스피커다. 대표적인 기법은 비교比較와 대입代入이다.

주제가 크든 작든 연관되는 다른 모든 인물·사회·제도·문화 등과 견주고 대보는 작업이 필요하다. 그래야 객관성·공정성·명확성이 담보된다. 신문이나 잡지 등에 종종 정리, 발표되는 사회 경제 지표나 통계 자료 등에서 굵직한 것을 메모하고 준비해 놓는 노력은 유용하다. 대입도 같은 맥락이다. 비교의 대상을 지금 여기 말하고자 하는 것에 대신 적용시켰을 때 어떤 현상과 결과가 빚어질 것인가, 그 상대화相對化에서 오히려 말하고자 하는 주제가 오롯이 드러날 수 있다. 전체 말하기의 포션 portion에서 비교 및 대입을 통한 국면 전환이 빠진다면 세련되고 매끄러운 말하기로 보기 힘들다.

끝으로 파워포인트PPT의 허와 실을 짚어본다. 결론부터 먼저 제시한다면 파워포인트는 파워포인트일 뿐, 그 이상은 아니라는 사실을 기억하자. 시각이 다른 감각들을 압도하는 세상이다 보니 파워포인트를 이용한 강의·강연·강좌가 대세다. 이를 부인하기는 어렵다. 화려하고 세련된 파워포인트를 보면 정성과 준비성에 대한 노고가 보이고, 따라서 강사 및 발표자에 대한 호감도도 상승하는 것이 보통이다. 그러나 파워포인트의 기능과 효과에 너무 집착해 메시지의 대부분을 파워포인트에 의존하는 것은 문제다.

즉, 파워포인트가 자신이 말하고자 하는 내용을 똑같이 반영하거나, 메시지의 많은 부분을 파워포인트가 중복해 보여주는 것은 좋지 않다는 뜻이다. 이럴 때 파워포인트는 화면에 글·그림·도표들이 어지럽고 **빽빽**이 구성돼 있는 경우가 보통인데 청중은 그러면 오히려 마음이 떠난다. 어디까지나 중심은 화자에 있어야 한다. 파워포인트는 단지 보조기구일 뿐이다. 파워포인트를 도드라지게 하기 위해 때로 발표자 쪽 조명을 아예 어둡게 하는 경우도 있다. 이는 대단히 잘못된 것이다. 한마디로 주객전도主客顚倒라 할 수 있다.

파워포인트에 주도권을 맡긴 채 자신은 스테이플러가 그대로 박혀 있는 텍스트에 코를 박고 침 묻혀가며 페이지 넘기는 모습을 보이는 것은 프레젠테이션을 확실히 망치는 행위다. 파워포인트는 말의 내용을 보완하거나 말로 표현하기 힘든 내용을 보여주는 그 이상 이하도 아니다. 절대로 주인공이 되어서는 안 된다. 주인공은 강사·발표자·화자이어야 마땅하다.

21C 다독 · 다작 · 다상량

숙명의 겸임교수로 몸담은 지 10년쯤 됐을 때던가, 슬럼프가 왔다. 스스로 강의에 대한 믿음이 점점 시들해졌다. 강의 내용이 과연 학생들한테 도움이 되는가, 숙명인은 이걸 배워 진정 유용하게 느끼고 있는 것인가, 이런 확신이 서지 않았다. 급기야, 어느 날 설문을 돌렸다. 무엇을 가장 배우고 싶은가, 무엇이 가장 어려우면서도 본인에게 절실한 수업인가, 놀랍게도 답은 글쓰기. 아나운서에게 글쓰기라…. 물론 그 전에도 글과 관련된 내용이 있긴 있었다. 낱말·표현·수사 등을 드문드문 띄엄띄엄 가르치곤 했다. 그러나 학생들은 글쓰는 법, 구체적으로는 언론사 입사를 위한 논술과 작문을 실효적으로 공부하고 싶어 했다.

나는 강펀치 한 방을 맞은 듯했다. 손님이 원하는 메뉴는 따로 있는데 엉뚱한 차림표만 내밀고 있는 웨이터를 떠올렸다. 곧장 글쓰기 관련 책들을 독파하기 시작했다. 번역서를 주로 많이 읽었고, 국내 저작물도 알짬 있다 싶은 것을 골라 밑줄 쳐가며 섭렵했다. 수십 권의 목록이 쌓이고, 메모와 견출지가 늘어가고, 모범 텍스트와 샘플 문제들이 정리되니 방향타가 어느 정도 잡혔다. 이후 나는 매 학기말에 글쓰기 수업을 집중 배치해 가르치고 토론했다. 수업평가에서 거의 예외 없이 최고는 글쓰기 수업이었다는 결과를 접하며 수고에 보답받은 느낌을 간직했다. 그 노하우와 결과물을 공개한다.

말이 생각이라면, 글은 행동이다. 뇌의 언어기능이 작동해 입을 통해 구현되는 건 쉽고, 빠른 시간 안에 가능하다. 생각이 깊건 얕건 말은 즉시성이 동반된다. 말은 잘하느냐 못하느냐의 차이가 있긴 해도 글보다 수월하다. 반면 글은 용기가 필요하다. 생각을 정리하는 데 시간이 걸리고, 엉덩이를 의자에 대고 버티는 수고와 인내가 따라야 한다. 말 잘한다고 노벨문학상을 주진 않는다. 글은 그래서 지성과 인간정신의 척도인 것이다.

평소 말하는 데는 별 두려움이 없는 사람도 글쓰기 앞에서는 사뭇 주저하는 게 보통이다. 말에 비해 글은 정돈돼 있어야 하고 함축의 묘미도 필요하며 멋진 표현도 구사해야 한다는 생각이 부담으로 다가선다. 그러나 다행인 건, 글쓰기와 말하기는 그 관통하는 원리와 작동 메커니즘이 여러모로 유사하다는 점이다.

중국 송宋나라 때 문호文豪인 구양수(歐陽修, 1007~1072)는 글쓰기의 왕도와 관련해 명언을 남겼다. '다독多讀, 다작多作, 다상량多商量' '많이 읽고 많이 쓰고 많이 생각하라'. 이보다 더 함축적이고 핵심을 관통하는 글쓰기 비결은 없다고 본다. 다만 시대에 비춰 해석을 달리할 뿐. 우선 '다독', 많이 읽으라는 말이다. 결론부터 제시하면 그 대상이 반드시 책일 필요가 없다는 말을 하고 싶다. 나는 학생들에게 항상 이 부분을 강조한다. 그러면 일단 분위기가 편해지고 얼굴 하나하나에 화색이 돈다.

책이라는, 보통은 두껍고 무뚝뚝한 대상을 붙들고 그 모난 활자들을 처음부터 끝까지 읽어 내려가는 건 결코 유쾌한 일이 못 된다. 책을 왜 읽는가? 대부분은 지식·교양·감성·안목·경험을 키우려 함이 아니던가. 목적이 과연 그러하다면, 그 대상이 반드시 책이어야 할 필요는 없다는 말이다. '책은 앉아서 하는 여행이요, 여행은 서서 하는 독서다'라는 말도 있다. 글쓰기

능력 제고와 향상이 목적인데 독서 행위 자체가 부담이라면, 책의 대체재를 찾을 일이다. 여행, (예술)영화, 미술관, 공연장, 봉사활동 등을 적극 체험하라. 대신에 그 느낌·감동·통찰을 글로 옮기면 어떻게 될까를 염두에 두고 메모하고 간직하라. 또한 이런 말을 해주고 싶다. 꼭 책이 아니더라도 '매일의 책'인 종이신문과 전문서·잡지 등을 가까이하라고.

많이 써보라는 '다작' 대목에서 보통 사람들은 더 오그라든다. 책을 많이 안 읽었는데 어떻게 글을 잘 쓸 수 있지? 지레 겁먹고 후회하고 좌절하며 어찌할 바를 모른다. 휑뎅그렁한 모니터 화면과 시커먼 키보드를 마주하면 맥이 빠진다. 더구나 뭘 써보란 말인가, 자기가 주제를 정해서 아무거나? 얼마나 생뚱맞고 열없는 일인가 말이다. 글쓰기라는 지루하기 짝이 없는 행위는 어떤 자극과 동기라는 추동력이 없이는 친해지기 힘든 것이다.

그런 글쓰기에 다가서는 방법, 다시 말해 다작을 현대적으로 해석하는 나의 주장은 이렇다. '자신의 글이 활자화되는 순간을 맛보라' 학생이라면 교지, 회사원이라면 사보 등 비교적 만만한(?) 것부터 글쓰기 도전의 장場으로 삼을 것을 권한다. 미담도 좋고 생활에세이도 괜찮고 업무 관련 제안도 상관없다. 어쨌든 자신의 이름이 박힌 자신의 글을 접하는 작은 감동의 순간을 실현해 보길 제안한다. 그 쾌감과 희열은 이전 그 무엇과도 다를 것이다. 목표가 확실하면 준비가 동반된다. 자기 글이 무시당하지 않기 위해서라도 노력하게 된다. 그 과정이 소중한 것이다.

글 잘 읽었다는 주위의 칭송은 색다른 보람이다. 자신이 생각해도 스스로가 대견해 쓴 글을 읽고 또 읽게 된다. 그러다 보면 뭔가 아쉬운 점이 하나둘 눈에 띈다. 이 부분은 쓰지 말걸, 여기서는 더 좋은 소재가 있었는데, 이런 식의 피드백을 하게 되는 자신을 발견한다. 놀랍게도 다음 순간은 또 다른 글쓰기를 준비하는 자신을 마주하게 될 것이다. 글쓰기는 몸에 좋은 마약(?)과 같은 속성을 지녀서 그렇다. 한번 손대면 자꾸 하게 된다. '호사유피 인사유명虎死留皮 人死留名'이란 말을 되뇔 필요도 없다. 자기 이름과 얼굴이 박힌 글을 남기는 일이야말로 확실한 실천이다.

이제 '다상량'이다. 여기서 상商은 장사·상업의 뜻이 아니라 '헤아리다/짐작하여 알다'의 의미로 '추측하다/헤아리다'의 량量과 똑같다. 이를 풀면 곧 '생각'이다. 이리저리 머리를 써보고 관찰하라는 의미다. 책을 많이 읽지 않아도 글을 자주 쓰지 않았어도 몇 차례 글을 시도해 보면 부쩍 실력이 느는 부류가 있다. 그건 틀림없이 이런 경우다. 평소 일상에서 만나는 사람·사건·배경을 허투루 지나치지 않는 예민한 감성의 소유자들이 해당된다. 이 감각을 키워야 자기만의 개성 있고 독특한 글쓰기가 가능하다.

달리 말하면 관찰력과 감수성이 관건이다. 이 능력을 갈고닦고 스스로 북돋우면 금상첨화다. 필살기는 역시 메모다. 주변의 변화, 감성의 움직임 등을 포착할 때, 그걸 기록해 놓아야 한다. 기억보다 강한 것이 기록이기 때문이다. 설사 이걸 미래의 글쓰기에서 써먹지 못하는 한이 있더라도 그 행위 자체가 다상량의 근육을 탱탱하게 만드는 원동력이라는 점을 잊지 말자.

참고로 책을 쓰는 행위를 톺아보자면, 우선 책을 단번에 거리낌 없이 쓰는 사람은 매우 드물다는 사실이다. 아니, 거의 없을 것이다. 소박한 마음으로 썼던 조각 글들이 모여 책이 되는 게 보통이고 정석이다. 비근하게는 나의 과거 책들도 전문지에 연재하거나 신문에 기고하면서 썼던 짧은 글들이 그 바탕이 됐음은 물론이다.

말하기와 글쓰기는 한 뿌리

또 하나 짚고 넘어갈 것은 말하기와 글쓰기의 큰 원리는 궁극적으로 통한다는 사실이다. 우선 구성으로 볼 때, 글쓰기와 말하기는 교집합적이다. 서론·본론·결론이나 기승전결起承轉結이 뼈대의 공식이라면 그 내용은 설득·공감·긍정(유쾌)이다. 다시 풀면, 주지의 사실로 문을 열어 시의성을 붙잡아 살을 붙이되 자신의 생각·주장·느낌을 밝히고 그것을 정리·요약·강조·전망하는 방식이다. 여기서 '전轉'의 묘미를 살리는 것이 중요하다. '전'은 '바꾸다/구르다' 의미이잖은가. 이는 음악과 통한다. 4악장 구성의 교향곡은 1악장 빠르게-알레그로Allegro, 2악장 느리게-안단테Andante 다음에 마지막 4악장 빠르게-알레그로Allegro로 가기 전, 반드시 3악장에서 변환을 주지 않던가. 미뉴에트Minuet나 스케르초Scherzo 등 춤곡풍 음악이 그곳에 배치된다.

글쓰기는 여기서 변화를 넘어 다른 사례라든지 발상의 전환 등을 보여줘야 한다. 비교·대입 등의 기법을 활용해 자기주장에 힘을 실어야 한다. '알고 있는 지식과 정보를 짜내되 감성적인 부분과 공감대를 의식하며 글 속에 긍정·유쾌·희망의 미덕을 간과하지 말 것' 내용의 짜임새를 요약하자면 이 정도가 될 것이다.

마지막으로 스킬 측면에서 글쓰기는 더 이상 선형적linear 행위가 아님을 기억하자. 즉 먼저 서론을 떠올려 그걸 쓰고, 다음은 궁리 끝에 본론, 이어서 마지막으로 결론을 쓰는 식이 아니라는 것이다. 그렇게 모든 줄거리가 머릿속에 체계적으로 정리돼 있기는 힘들다. 이제는 난 리니어Non-linear, 즉 비선형적인 글쓰기가 대세다. 다시 말해 리스티클Listicle, 즉 덩어리 글을 떠올리고 그걸 조각 맞추듯 엮는 게 실효적이다. 시퀀스Sequence, 즉 순서나 목차를 계속 의식하며 흐름에 너무 연연하지 않아도 된다. 흡인력 있는 전轉을 먼저 구상하고 그걸 받쳐주는 서론과 본론을 만드는 게 유리하다.

글쓰기 일반 이론과 언론사 시험용 글쓰기는 다른 점이 있다. 바로 채점자의 존재다. 잘 싸운 게임이라도 승리하지 못하면 헛수고일 터. 언론사의 정체성도 고려해야 하고, 중견 선배 사원인 채점자를 의식하며 포인트 위주의 공략을 펼쳐야 하는 것이다. 특히 작문은 주제가 무엇이건 간에 소재나 단락에서 자신의 긍정적 퍼스낼리티와 연결 짓는 전략이 유효하다. 선배 사원은 부지불식간에 답안지 속에서 미래의 후배 모습을 떠올리려 하기 때문이다. 차가운 지성과 아울러 따스한 인간미를 은연중 표출할 수 있는 절호의 기회를 놓쳐서는 안 된다.

먼저 논술. 논술은 특히 구성이 중요하며 논리 전개가 명확히 이루어지는 흐름을 보여주는 게 핵심. 서론·본론·결론. 기승전결起承轉結이 그 형식이 돼야 옳다. 오프닝인 기起는 흔히 유혹하기, 관심 끌기 기법을 추천하나 사실 그렇게 쓰기는 힘들다. 귀납적이냐, 연역적이냐 접근법을 두고도 여러 주장이 있을 수 있다. 그러나 내가 선호하는 건, 그 사안이 정치·경제·사회문화적 테두리 중 어디에 속하느냐를 파악하고, 그에 대한 상식·배경지식·일반론을 깔아두는 것이다. 물론 그러기 위해서는 신문·방송 등에서 그 아이템에 관한 지식, 정보를 접하고 평소 자신의 생각과 입장을 어느 정도 정리해 놓을 필요가 있다. 이런 걸 '밑글'이라고 하는데, 이게 취약하면 글을 풀어나가기가 힘들다.

승承은 글자 그대로 '잇는 것/연결 짓는 것'으로 구체적으로는 서론에다 살을 입히는 단계다. 여기에는 '논란의 문제-사실의 언급'이 들어가야 한다. 바야흐로 지금 벌어지고 있는 일들을 언급하고 무엇이 논란이 되고 있는지 핵심을 밝혀야 마땅하다. 시의성時宜性을 간파하고 분석·해석하는 부분이다.

본론 단계인 전轉에서는 자신의 색깔을 드러내야 한다. '자신의 주장-적절한 근거'로 요약된다. 현안이 무엇이며 얼마나 알고 있는지는 일차적 과정이다. 물론 그것도 모르고 있다거나 정리가 안 돼 있다면 논외로 한다. 이 사안, 지금 다루고 있는 논제에 대한 자신의 입장을 밝히고 아울러 그 명분을 세우며 신빙성 있는 증거를 보여야 하는 것이다. 이게 약하면 죽은 글쓰기다. 그리고 마무리 결結인데 여기서는 강조·정리·전망·여운 등의 기법이 흔히 요구되며 그것이 무난한 선택이다. 결론을 폼나게 하려고 시간을 지나치게 할애하면 오히려 낭패를 보는 수가 많다. 리포팅처럼 오프닝보다 클로징이 길 필요는 전혀 없다. 만약 주제를 관통하는 명언·격언·잠언 등을 뽑아내고 간단하되 힘 있는 부연을 통해 글을 맺는다면 대성공일 터다.

글의 내용은 지식·정보·설득에 주로 방점을 두고 써야 유리하다. 본론 부분에서 첫째, 둘째, 셋째 식으로 명료하게 나가는 것은 채점자에게 친화적인 방식으로 득점에 효과적이다. 단 그것이 어디까지나 내용 면에서 달라야지 단어나 표현만 조금 바꾼 식은 아니어야 한다. 결론 부분은 아무리 어두운 주제라도 긍정과 희망 쪽의 분위기로 마무리해야 바람직하다. 정의에 입각해 있고 순수한 의도라 할지라도 냉소와 비판 모드는 어디까지나 채점자를 우울하게 만들며 점수에도 어두움이 깔린다.

"종편과 케이블 등의 시스템적 안정, 유튜브나 넷플릭스 등의 약진 등 수용자 시청 형태의 변화로 공영방송을 비롯한 레거시 미디어는 수익 악화 등 고전을 면치 못하고 있다. 최근 미디어 환경을 짚어보고 KBS의 전망과 미래에 대해 기술하시오"

이런 논술 문제가 나왔다 치자. 마무리에서 A는 "기성 미디어의 고전은 범세계적 현상이며, 특히 젊은 층의 TV 이탈은 해결이 난망하다. KBS는 지상파 중에서도 디지털 접근성 등 여러 변화에 취약하다. 덧붙여 공영방송의 존재감을 잃어가고 있는 마당에 KBS의 미래는 어둡다고 밖에 할 수 없다"라고 지면을 채웠다.

반면 B는 이렇게 적었다. "레거시 미디어의 추락은 정확한 용어가 아니다. 이제 공정한 경쟁 체제에 돌입하고 있다고도 볼 수 있다. 메기 효과란 말도 있지 않은가. 정신을 차리고 업業에 대한 엄중함을 다잡을 일이다. 독일·중국 등은 아직도 지상파의 세력 우위가 증명되고 있다. KBS의 경우 공적 재원인 수신료가 정체돼 있어 어려움이 크다. 그러나 과감한 자구 노력과 양질의 콘텐츠가 뒷받침된다면 새로운 가능성이 있을 것이다"

둘 다 KBS의 앞날은 녹록지 않다는 이야기지만, B는 희망과 긍정의 시선으로 마무리한 게 다르다. 당신이 채점자라면 어느 답안을 높이 칠 것인가, 결과는 자명하다.

실전 논술

몇 해 전 D사의 논술 문제는 공지영론論이었다. 어떻게 쓸 것인가. 우선 그녀가 많은 사람의 사랑을 받고 있는 베스트셀러 작가라는 점을 전제하고, 그녀의 작품 목록을 제시할 필요가 있다. 『무소의 뿔처럼 혼자서 가라』, 『고등어』, 『봉순이 언니』, 『도가니』, 『인간에 대한 예의』, 『우리들의 행복한 시간』, 『별들의 들판』 등. 그중 자신이 읽은 작품과 간단한 내용 설명, 감흥 등을 드러낸다. 이 정도가 도입, 즉 서론이 될 것이다. 공지영에 대한 세간의 반응, 자신과의 연관성에 대한 개괄 정도가 좋다.

이어 본론으로 가는 길목에서 몇몇을 덧붙인다. 요즘 그녀 주위의 화두나 화젯거리가 없나 살펴야 할 것이다. 이때를 즈음해 공지영은 쌍용자동차 해고노동자와 관련된 르포 형식을 활용한 소설을 썼다.『의자놀이』. 이걸 간파하고 다루면 틀림없는 가점의 수혜자가 될 수 있었으리라. 왜 이 시점에 이 논제를 던질까 늘 의식하는 버릇이 그래서 중요하다.

이어 비교·대입의 시간, 전轉이 왔다. 승承과 연관 지어 작가는 보통 순수문학파 작가와 현실지향파 작가로 나뉘는 패러다임을 제시하고, 공지영은 후자에 속한다는 명제를 던진다. 이것만으로도 일종의 인사이트로 평가받을 만할 것이다. 양쪽의 장단점을 나름대로 판단해 기술한다. 이어 자신의 생각과 근거, 명분을 대고 마무리. 결론부에서 고려할 사항은 입사할 언론사의 성향이다. 극우나 극좌가 아닌 이상 응시생의 입장에서 언론사의 지향성에 부합하는 쪽으로 맺는 게 유리할 것이다. 자신을 속이라는 말이냐고 볼멘소리를 한다면 시험에 붙고자 하는 목표를 저버린 거냐고 반문하고 싶다.

2020년, C사는 선택형을 택했다. 논술 두 문제를 내고는 고르라는 식. 이럴 때도 요령이 있다. 난이도가 크게 차이 안 나고 글쓰기에 어느 정도 자신이 있는 사람은 더 어려운 것, 남들이 덜 쓸 법한 주제를 고르는 게 유리하다. 같은 주제를 계속 채점하는 것보다 희소한 주제를 택한 사람의 답안을 눈여겨볼 개연성이 채점자 입장에서 높다. 1. '공정'과 '정의'에 대한 자신의 평소 생각을 기술하시오. 2. 코로나 이후 우리 사회의 모습을 입체적으로 기술하시오.

언론고시 사이트에서 설문 피드백을 한 결과, 1번과 2번의 선택 비율이 4 대 1이었다고 한다. 2번을 안 고른 이유는 '입체적으로'라는 대목이 애매해서가 아니었을까 추측한다. 그러나 입체적이란 게 별 건가. 코로나가 전 지구적인 위기임에는 틀림없으나 반면 새롭게 얻은 것, 깨달은 것, 심지어 좋아지고 나아진 것 등 이런 걸 찾아내면 그게 입체적인 게 아닐까. 그런 적극적 사고와 도전해 보겠다는 용기만 있다면, 2번을 택했을 거고 유리한 고지를 선점했으리라. 1번은 사실 평범한 답들이 나오기 딱 좋은 조건이라고도 볼 수 있을진대 2번을 택해 관문을 통과한 응시생들이 분명코 많았으리라고 본다.

우선 1번 문제를 보자. 글감과 밑글로서 조국·추미애·윤미향 등의 인물과 사건이 불가피한 소재다. 그러나 함정은 이걸로 일관한 답안은 곤란하다는 것. 흔히 뉴스나 기사에서 접한 정보, 소위 들은풍월을 잘 정리하는 걸 좋은 답안으로 여기는 부류가 있는데 오해다. 자기 이야기가 반드시 들어가야 한다. 실제로 겪은 불공정과 부정의不正義의 사례, 혹은 역으로 스스로 저지른 경우는 없는지 돌아봐야 한다. 그리고 거기서 얻은 반성·지혜·인사이트 등을 설득적으로 엮어내는 과정이 꼭 필요하다.

여기서 만약 마이클 샌델(Michael Sandel, 1949~)의 책 『정의란 무엇인가』에서 한 대목을 이끌어낸다든지, 샌델 교수의 '공동체주의' 이론을 요약해 적용시킨다든지 하는 기술記述이 있다면 금상첨화일 것이다. 존 롤스(John Rawls, 1921~2002)의 '정의론'과 '공리주의'를 다루어도 틀림없이 멋진 답안이 되는 동시에 합격의 열쇠를 움켜쥐는 건 따 놓은 당상일 테고 말이다.

2번 문제는 코로나가 국가·사회·개인에 던져준 부정적 측면을 하나하나 짚어나가되 의외의 긍정적 현상을 놓치지 않아야 하는 게 관건일 것이다. 국가는 보건·방역·건강이라는 가치를 담보하지 않는 한 경제와 산업이라는 게 무의미하게 되는 교훈을 얻었다. 사회는 더는 코로나 이전의 양상으로 돌아가지 못한다는 게 중론이다. 말 그대로 뉴노멀(새 기준)이 급속도로 대두될 터. 이런 자각 속에 비대면 업무의 일상화와 효과적 적응으로 회사 업무의 패러다임이 효율적으로 변한 걸 빼놓을 수 없으리라. 재택근무가 활성화되리란 건 명약관화하다. 학교와 직장을 안 가니, 주부들의 고된 일상에 대한 이해가 늘었으며 가족애가 좋아졌다. 이혼율이 낮아졌다.

출근 인력이 줄어드니 기업의 시설비, 운용비 등 비용이 축소되었다. 영업비의 위축은 관리비의 절감이라는 의외의 효율을 빚어냈다. 산업시설이 정체되니 미세먼지가 감소하고, 대기질이 몰라보게 좋아져서 깨끗한 공기와 시야를 얻게 됐다. 택배와 온라인쇼핑이 대박을 치면서 마트·백화점 등 오프라인 쇼핑의 정체성을 고민해야 하는 시점이 됐다. 레토르트·밀키트 등 간편식은 제 세상을 만났다. 식당·카페·술집 등에서의 위생 관념이 제고되었다. 전체적으로 사람들 이동이 줄면서 교통사고율이 낮아졌다. 이 밖에도 많이 있을 것이지만, 무엇보다 우리가 평범한 일상으로 여기던 것의 소중한 가치를 깨닫게 되었다는 사실이 가장 큰 수확이리라. 이런 점들을 골고루 체계적으로 짚어줘야 '입체적'이라는 조건을 충족시키게 될 것이다. 내처 코로나19도 따져보면 과도한 탄소 배출로 인한 생태 파괴가 시작이고 이제는 생태적 전환이 필요한 시점이라는 담론으로 확장하면 '입체적'의 격을 높이는 데 실효적이다.

수년 전 좋은 반응을 얻었던 J사 문제는 이렇다.

"다음 키워드 중 3개 이상을 활용해 한국 사회의 문제점을 진단하고 해결방안을 논리적으로 논하시오. 어나니머스/마거릿 대처/우고 차베스/레미제라블/프란치스코(교황)".

우선 기억할 것은 쉬운 길은 가지 말라는 것이다. 힘든 길을 뚫고 나가야 보람이 더 큰 법. 3개는 유혹이요 시험대다. '3개만 써도 돼' 이건 안일함을 떠보는 것이다. 5개의 실체와 개념을 다 알고 있다면 이를 꿰어내는 일만 하면 되는 것 아니겠는가. 5개를 파악하고도 3개만 골라 쓰는 건 어리석은 선택이다.

이런 게 나오면 짝짓기가 필요한 건 상식이다. 분명히 한편으로 엮일 것과 대척점에 놓일 것이 상존한다. 우선 마거릿 대처와 우고 차베스가 선명하게 갈린다. 전자는 우파·보수·시장주의자·자유주의자, 후자는 좌파·진보·포퓰리스트·사회주의자. 그렇다면 이념·정파·양극단, 이런 개념어가 떠오르면서 이 둘을 대비시키되 화해·상생 쪽으로 결론을 도출하면 되겠구나 하는 구도가 짜여진다.

어나니머스는 해킹집단이다. 당시 '우리민족끼리' 명단을 공개해 북한과 직간접적으로 교신, 연락하는 인물들을 까발렸다. 색깔론 공세요 좌우 이념 대립의 부산물이라고 볼 수 있겠다. 이걸 앞에 놓고, 대처와 차베스를 비교·기술한다. 교황 프란치스코를 어떻게 바라보아야 하는가 대목이 어려울 수 있다. 그러나 당시 시사·뉴스를 주의 깊게 모니터링한 사람이라면 어렵지 않게 열쇳말을 찾아냈을 것이다. 그는 바티칸 주류와는 대비되는 남미 출신 최초 교황이다. 교황청의 전통과 관성 타파, 마이너리티 지향 감수성, 다름을 인정하는 새 노멀, 나아가 상생 정신을 엿볼 수 있는 선택이었다.

빅토르 위고(Victor Hugo, 1802~1885)의 명작 『레미제라블』을 관통하는 가치는 무엇이던가? 바로 화해와 평화 아니던가? 나와 반대되는 사람에 대한 이해와 존중이다. 장발장이 편히 죽을 수 있었던 건 자베르 경감에 대한 용서. 그러니 어나니머스-대처/차베스-프란치스코-레미제라블, 이런 흐름으로 써나

갔다면 좋은 결과를 얻었으리라는 생각이다. 글을 쓰기 전에 구도 찾기가 그만큼 중요한 것이다.

작문은 논술과 다르다

 이제 작문이다. 글의 흐름이 중요한 건 작문도 마찬가지다. 그러나 작문은 어떻게 논리 전개가 이루어졌느냐보다 무엇을 제재題材로 썼느냐가 더 중요하다. 더 비근하게는 단락 하나라도 인상적인 내용을 적시하는 게 효과적이라는 이야기다. 가장 결정적인 건, 주제가 무엇이든 해당 주제와 자신의 강점을 연결시키는 고리를 찾아내는 노력이다.

 S방송국은 논술·작문 경계를 없애고 '마중물'이란 문제를 냈었다. 마중물은 무엇인가? 펌프질을 할 때 물을 끌어 올리기 위해 위에서 붓는 물이다. 배관에 어느 정도의 물기가 있어야 양수가 원활해지기 때문이다. 마중물을 모른다면 정말 난감할 상황일 터. 그런데 막상 대학 2~3학년생을 대상으로 물어보니 과반이 처음 들어본다는 표정이었다. 어휘력 부족이 심각한 상황이라고 할 수밖에 없다.

 자, 그럼 마중물을 마주해 보자. 어떻게 쓸 것인가? 우선 논술형으로 접근한다면 드라이한 어조로 시사성과 함께 논리의 흐름이 명확해야 한다. 가령 개성공단은 남북 화해 시대의 마중물이라든지, 재난지원금은 위축된 경기의 회복을 위한 마중물 역할을 할 것이라든지, 친환경 재생에너지 지원책은 그린뉴딜 사업의 마중물이 될 것이라든지 기타 등등. 이렇게 풀어가는 형식이 될 것이다.

그러나 마중물은 느낌상 작문 형식이 더 적합하리란 생각이다. 그래야 자기 자신을 좀 더 어필할 수 있는 기회가 생긴다. 보통의 흐름은 도입에 마중물에 관한 자기 경험을 쓰고 이와 관련한 시의성을 찾아 글의 덩치를 키운다. 본론, 특히 전轉의 위치에서는 자기 생각과 주장을 펼치되 개념어 등을 발굴, 연결해 사회 현상 쪽으로 논의를 확장시키는 게 전략이다. 결론에서는 가장 좋은 게 앞에서도 강조했듯 이제까지의 주장을 관통하는 금언·잠언·격언·속담 등을 인용해 간략히 정리·강조·요약하는 것이다. 그러나 쉽지 않은 일일 터. 적어도 차별화된 단어·표현·구문 등으로 마무리한다는 원칙만은 견지하는 게 좋다. 안 좋은 선택은 다시 구체적 사례를 드는 것이다. 그러면 길어지고 논의가 원점을 맴돌며 앞으로 나아가지 못한다.

위에서 작문은 한 단락paragraph만이라도 임팩트가 있으면 효과적이라고 했다. 아니, 패시지passage(구절) 하나라도 강렬한 인상을 주면 실효적이다. 왜냐하면 채점자의 뇌리에 각인되기 때문에 그렇다. 마중물을 개념화한다면, 사자성어 줄탁동시啐啄同時/줄탁동기啐啄同幾를 떠올리게 된다. '줄'은 알 속의 병아리가 껍질을 깨뜨리려 부리로 쪼는 걸 의미하며, '탁'은 어미닭이 밖에서 이를 돕기 위해 역시 알의 겉껍질을 쪼는 행위를 말한다.

여기서 우리는 어떤 '계기'나 '동기動機', 혹은 '멘토링' 등의 개념어를 이끌어낼 수 있으며 이를 통해 담론의 근육을 키우는 수확을 거두게 된다. 아울러 고사성어와 한자어漢字語를 썼다는 건, 채점자와 눈높이를 맞춘 셈이다. 기성세대들은 신세대들이 한자어에 약하다는 고정관념을 갖고 있을 확률이 농후한데 그 편견을 깨는 동시에 신선한 차별화라는 측면에서 분명한 고득점이라고 볼 수 있다. 이것 한 방으로도 필기 통과라는 서광

曙光을 맞이하리라 본다. 입사용 글쓰기의 특징은 바로 이런 것이다.

덧붙여 인사이트를 주는 한시漢詩라든지, 고사성어를 한자로 쓰고 풀이한다든지, 혹은 셰익스피어 류의 고전에 나오는 텍스트 일부를 영어 원문으로 적고 해석해 놓는다든지 하는 건 충분히 좋은 전략이다. 다만 그런 것으로만 일관해서는 안 된다는 것도 유의할 일이다.

작문을 좀 더 정밀 분석해 보자. 우선 메이저 신문사와 방송사의 필기시험은 대개 논술·작문·상식으로 이루어진다. 비율은 논술(45~50), 작문(35~40), 상식(10~20)이 일반적이며 약간의 조정이 있을 수 있다. 글의 양은 보통 A3 기준 논술이 한 장 반, 작문은 한 장이 적당하다. 배점은 논술이 더 크니까 여기에 방점을 찍고 가중치를 더 두어야 한다고 생각하기 쉽지만, 다년간의 채점 경험으로 볼 때, 꼭 그런 건 아니다. 논술의 경우 소위 들은풍월로 대동소이한 답안들이 많아 점수대가 비슷한 반면, 작문은 점수의 편차가 크다. 곧 작문을 멋지게 인상적으로 쓰면 대세를 바꿀 수도 있는 것이다.

작문 주제를 받으면 두 가지를 고려해야 한다. 우선 시의성時宜性을 살피는 것이다. 왜 하필 지금 이 시점에 이 문제를 냈을까에 대한 의문과 추측, 그것의 간파 과정이다. 다시 말해 출제자의 의도 알아내기라고 할 수 있다. 모든 솔루션의 시작 아니던가. 이거다 싶은 게 떠올라 확신이 드는 순간, 그건 반드시 적시해야 한다. 단, 그걸로 일관해서는 곤란하다. 그저 한두 단락에 경제적으로 배치하되 핵심 내용을 빠뜨리면 안 된다. 보통은 서론과 본론을 이어주는 부분이 시의성이 들어가기 적당할 위치일 듯하다. 핵심은 그걸 자기 생각·주장·느낌의 디딤돌로 삼아 글을 살찌우는 것이다.

딱히 시의성과 관계없는 문제다 싶으면 다양하게 떠오른 생각을 브레인스토밍 방식으로 메모하되, 누구나 떠올릴 법한 평범한 건 과감히 버려야 한다. 자신의 답안이 N분의 1로 빠르게 치부되기를 바라는 이는 아마도 없으리라. 주의할 건, 금세 먼저 떠오른 생각은 대개 좋을 수가 없다는 점. 평이하고 무난한 건 과감히 거부하는 습관을 들여야 한다. 내 작문 글을 보고 상대, 즉 채점자가 "오, 이건 좀 색다른데"라는 반응이 나오도록 끊임없이 새로운 걸 탐색, 발굴해야 한다. 그러기 위해서는 물론 평소에 남다른 '생각 주머니'를 꿰차고 수시로 넣고 빼고 하는 습관을 들이는 게 중요하리라.

글의 스타일에 있어서 작문은 문체에 변화를 주는 것이 이롭다. 논술은 정보와 지식, 논리에 근거하다 보니 어쩔 수 없이 딱딱해진다. 문체도 따라서 종결어미가 '-다' 위주로 구성될 수밖에 없고 그렇게 안 하면 오히려 정석에 어긋나 보인다. 그러나 '작문作文'은 말 그대로 문장을 짓고 만드는 행위다. 논리로 풀어가는 텍스트를 원하는 게 아니다. 바흐·모차르트·베토벤 등 고전음악이 논술이라면 록·팝·재즈가 작문이다. 종결어미의 다변화가 현실적이고 실효적인 선택이다. 수사의문문 식의 강조, 반어법反語法이라든지, 감탄문 형식의 종결형, 또는 청유형·추측형 문장, 그 밖의 생략·도치 등 다양한 형식을 골고루 보기 좋게 배열하는 게 유리하다. 전체 글 속에서 조화와 리듬감을 추구하는 게 보이게끔 하라.

앞서도 적시했으나 작문은 자기를 드러낼 수 있는 절호의 기회임을 잊지 말아야 한다. 제목에 부합하는 관련성을 띤 구성요소를 적절히 배치하는 것 외에 자신의 긍정적인 퍼스낼리티를 연결 짓는 시도와 노력을 완곡하게 드러내는 게 중요하다. 채점자, 심사위원, 회사 선배가 나의 글을 읽으며 글쓴이를 궁금하게 여기고 "이 친구는 썩 괜찮은 캐릭터군" 이런 인간적 반응을 일으키게끔 만드는 호소력이 진정으로 강력한 무기다.

'평범한 자신'을 만들지 말라

D사는 '섬'을 작문 주제어로 제시했었다. 좋은 문제라고 생각한다. 한편으론 보기 좋은 함정 문제였다고도 볼 수 있다. 작문은 앞서 딱딱한 논술과 다르다고 했다. 그러니 주제와 걸맞은 소재가 무겁고 건조하면 필패일 터. 그럼에도 많은 응시생들이 '독도'를 선택했다. 이렇게 되면 전개는 뻔하다. 독도-일본-아베(스가)-독도는 우리 땅. 이런 귀결이라면 흥미도 반감되고 다른 사람과의 차별화도 물 건너가며, 작문이 아닌 논술의 모양을 띠게 되는 것 아니겠는가. 첫 번째 든 생각, 그게 독이라는 걸 적나라하게 보여준다 할 것이다.

입사시험을 위한 작문이 지향해야 할 또 하나의 가치가 여기서 대두된다. 바로 긍정성이다. 기왕이면 선순환善循環적 글감을 선택해야 보기도 좋고, 포인트에 유리하다. 네거티브적인 전개밖에 펼칠 수 없는 아이템이라면 다시 생각해야 한다. '섬'은 소외·격리·배제·외로움 등의 부정적 정서를 갖기에 딱 좋은 단어다. 그래서 그걸로 풀면 다시 평범성의 늪에 빠지게 되며 글의 주조主潮가 어두워진다. 이 구도를 피하는 게 좋은 선택이라 하겠다.

누군가는 정현종의 '섬'을 인용했다. "사람들 사이에 섬이 있다. 그 섬에 가고 싶다" 단 2행으로 이루어진 짧은 시. 그러나 매우 유명하다. 여기서 섬은 가고 싶은 존재다. 바다가 외려 인간관계에서 오는 스트레스·오해·미움·질투 등의 메타포어다.

그 질곡을 건너 공감과 연대의 가치가 숨 쉬는 섬에 가고 싶다는 의미다. 이 시를 떠올렸다면 그는 이미 승자다. 시적 감성을 입증받았고 긍정 쪽으로 글이 풀렸으며 높은 감수성의 소유자로 판명되었다. 분명코 글도 논술이 아닌 작문의 꼴을 띠었을 테니 더욱 그렇다.

작문 주제 'B'. 역대 언론사 시험문제 중 가장 좋은 평가를 받는 것 중 하나다. KBS 작품이다. 절대 아전인수가 아니다. 이런 게 좋은 문제다. 답안의 스펙트럼을 넓히게 하는 점, 그 이유다. 섬-독도 패턴과 마찬가지로 쉬운 생각에 기초한 건 저조한 성적을 면하기 어려울 터. 학점 B나 혈액형 B의 선택은 일찍이 패배자가 되었다. 글이 수준급이라도 생각이 신선하지 못하면 닥쳐오는 건 굴욕뿐이다.

작문에 있어 참신성과 상상력은 초강력 무기와 다름없는 경쟁력이다. B가 지닌 형상에 주목해 왼쪽의 수직선과 오른쪽의 곡선 모양을 단초로 강온強溫의 조화를 풀어낸다든지, B라고 소리 냈을 때 울리는 그 특유의 안정성과 진중함을 글로 엮어본다든지, 이런 창의적인 답안을 낸 응시생이 있었다. 특상特上이라 아니할 수 없다. 그 진술陳述이 검증된 것이냐 아니냐는 중요하지 않다. 그런 생각을 도출한 게 중요한 것이다. 이런 게 바로 채점자를 미소 짓게 하는 게 아닐까.

반면, 평범한 수준 내지 그 이하들은 이런 사례가 될 것이다. 주제를, 주제에 관한 것을 쓰지 않고 주제를 소재화해 자의적으로 쓰는 것이다.

"그날도 B는 지하철 2호선에 몸을 실었다. 출근 시간이 지났는데도 빈자리가 거의 없었다. 물론 B는 그렇게 자리를 밝히는 편은 아니다. 그래도 어제 과음한 탓으로 피곤한 몸을 앉혀줄 작은 좌석은 아쉬웠다" 등으로 푸는 방식이다. 이런 것을 스스로 참신한 시도 아니냐며 자위하는 응시생이 의외로 많다. 이것은 B를 쓴 게 아니다. 그 자리에 A를 넣어도, C가 와도 되지 않나? 그저 평소 자기가 즐겨 쓰던 일기나 에세이 식의 글에 B를 대입한 것뿐이다.

B를 무턱대고 'Be/Bee/비' 등으로 변형해 적는 것도 반칙이다. 앞에다 그렇게 된 충분한 설명과 명분을 부여해야 하며 그랬다손 치더라도 이런 시도는 정면 승부를 회피하는 인상을 지우기 어렵다. 문제는 로마자 두 번째 글자인 B 아니었던가 말이다. 심지어 "그가 돌아왔다. 그의 이름은 비, 아니 정지훈!" 하는 답안도 있었다. 적어도 저널리스트를 뽑는 시험에 그 '비'는 어울리지 않을뿐더러 그는 이른바 레이니즘Rainism을 모토로 하지 않았던가. 그 비는 이 B가 단연코 아닌 것이다.

파격을 가장한 편법도 문제다. #부호 등을 사용하며 에피소드 형식으로 몇 개를 단락 지어 흥미롭게 이어가겠다? 기승전결起承轉結이 버겁고 귀찮아 구사하는 편법임을 채점자는 모르지 않는다. 주제를 A와 B가 나누는 방송 대담 형태로 구성해보겠다? 서론·본론·결론 쓰기가 힘에 부치고, 그러다 틀려 지우려면 난감하니 택한 시도임을 채점자는 다 안다. 기승전결 구성은 글쓰기의 정석이며 그렇게 쓰기가 가장 어렵다. 그래서 시험이다. 노력을 안 하고 편히 쓰면 딱 그만큼의 얄팍한 점수가 기다리고 있음을 명심할 일이다.

제목 자체가 중의성重義性을 띨 때도 있다. 여러 의미 중 소수少數를 찾아내 글로 풀어나가는가를 참신성과 상상력의 잣대로 삼기도 한다. C사 시험에 '땅'이라는 문제가 나온 적이 있다. 부동산 광풍, 재산 증식의 전통적 수단, 천민 자본주의, 황금만능주의 등의 답안이 다수였고, 일부는 아파트 텃밭, 조그만 땅에서 작물을 키운 이야기, 땅의 생명력, 뿌린 대로 거둔다 등의 담론으로 A3 지면을 채웠다. 그런데 누군가는 '땅'이라는 소리에 주목했다. 육상 경기에서의 권총 신호음으로 '땅'을 상정하고 '출발' '도전'이라는 키워드로 발전시켜 초심初心의 가치, 예비 저널리스트로서의 마음가짐 등으로 풀어냈다. 이런 게 바로 발상의 승리라는 것이다.

중의적인 단어가 나올 때는 덜 알려진 희소함에 일단 방점을 찍어보고, 다소 무리가 있더라도 차별화의 가치를 염두에 두면서 색다른 답안을 내는 게 절대 유리하다. 미국 시인 프로스트(Robert Frost, 1874~1963)였던가, 그이도 그러지 않았나? 자신은 두 갈래 길 중에서 늘 사람이 적게 다닌 길, 가지 않은 길(The Road not Taken)을 택했노라고.

남다른 선택을 한다는 건, 충분히 가치가 있다. S방송국이 냈던 문제 중 하나. "원숭이, 바나나, 돌고래. 이 셋 중 둘을 골라 연결 지어 맥락에 맞는 글을 완성하시오." 원숭이가 좋아하는 먹이가 바나나, 돌고래와 원숭이는 같은 동물이자 포유류. 여기서 멈추면 필패다. 출제자가 그걸 원했겠는가? 물론 이렇게 둘을 엮어 놀라운 글발로 흥미롭고 준수한 글을 생산할 수도 있을 것이다. 그러나 새로움과 발랄함, 창의성과는 일찌감치 척지는 안이한 선택이다. 설사 '고난의 행군'이 기다릴지라도 우선 돌고래와 바나나를 묶어야 한다는 생각이다.

일단 힘든 결정을 하고 그다음 그에 맞게 생각의 씨줄과 날줄을 꿰어야 한다. 예컨대 둘은 유선형의 형체를 가지지 않았는가. 유선형이란 무엇인가? 물이나 공기의 저항을 최소화하기 위해 앞은 둥그런 곡선으로, 뒤쪽으로 갈수록 모난 형태를 띠는 형상이렷다. 이걸 삶에서의 유연성이나 융통성으로 연결하고, 자신의 경험을 녹여 어떤 인사이트로 발전시켜 보는 글이라면 고득점을 얻을 것이다.

작문 답안지를 톺아보다

 '아저씨'란 제목을 주고 학생들의 답안을 살펴볼 기회가 있었다. 몇 가지 사례를 소개한다. 의사는 지칭할 때 선생님이라고 하는데 경찰·군인·소방관 등은 아저씨를 붙이는 문제의식에서 출발해 아저씨 호칭·지칭의 계급적 격하를 지적한 학생이 있었다. 관찰의 힘이다. '아저씨'라는 단어에 걸맞은 형용사는 '듬직하다/든든하다'였는데 어느새 불온하고 거북한 존재가 된 게 안타깝다는 대목도 와 닿았다.

 그런데 어떤 학생은 시장에서 손님이 '아줌마'라는 호칭을 듣자 격분해 싸움이 난 상황을 언급하며 글을 시작했다. 비교적 최근에 접한 일이라 강렬했다고 한다. 그런데 아줌마를 앞세웠으니 아저씨로 '물타기'를 해야 했고, 이어 아줌마와 아저씨의 한데 묶기를 반복하다가 '혐오언어'로 논의를 발전시켰다. 그러다 급기야 '언어는 존재의 집'이라는 철학자 하이데거를 소환하기에 이르렀다. 이런 걸, '현학衒學의 늪'이라고 부른다. 너무 어렵고 고상한 걸 택하면 거기서 빠져나오기가 힘들고, 글을 쓸데없이 어렵게 만들며, 읽는 사람은 피곤하고 부담스럽게 되는 것이다. 비극은 '아저씨'가 아닌 '아줌마'를 택한 데서 비롯된 것이다. 퍼뜩 떠오른 인상적인 체험일지라도 어디까지나 주제어와 부합해야 한다. 비슷한 데서 대충 출발하면 이처럼 예기치 않은 불행한 사태를 초래하는 것이다.

 아저씨를 페미니즘의 득세와 연관 지어 과도하게 비판의 대상이 된 희생양이 아닌가 하는 시각과 더불어 '아가씨' 호칭의 평가 절하와 비교해 보고, 드라마 '미스터 션샤인'에서 아가씨 호칭은 우아하지 않았던가, 이런 식으로 반론을 편 학생의 글은 빼어났다. 여성의 시각에서 과도한 여성주의를 냉정히 진단해 보고자 하는 시도는 충분히 신선하다. 아울러 박찬욱의 영화 '아가씨'도 바로 이러한 관점에 입각한 감독의 의도적 타이틀이었다는 걸로 자신의 주장을 뒷받침한 것 역시 놀라운 수준임에 틀림없었다.

'아저씨'를 어떻게 글로 풀어내야 바람직할까? 물론 글쓰기에 정답이 있는 건 아니다. 큰 줄기에서 세 번째, 즉 전轉에 해당되는 지점에 자기 생각을 넣고, 명분과 이유를 부여해야 한다고 했다. 또한 긍정·희망·유쾌의 코드가 주된 정서로 관통해야 유리하다는 점, 그리고 자신의 강점 캐릭터를 은근히 배치하고, 채점자와 눈높이를 맞출 수 있는 내용 전개가 요구된다는 점 등을 두루 고려했을진대 다음과 같다.

좋았던 아저씨와의 추억과 경험, 지금 여기 아저씨의 추락한 위상과 실태, 그리고 아저씨를 다시 보는 작업, 프레임을 바꿔 관찰하는 절차가 필요하다. 이어 아저씨와 나와의 새로운 관계 설정 및 미래를 위한 제안 등 구도를 짜는 작업이 동반되어야 하며 그게 관건이다.

─어린 시절, 동네에 꾀죄죄한 차림, 왜소한 체구의 아저씨가 있었다. 사람들은 그를 피하거나 경원시했다. 그러던 어느 날 우리 집에 뜻하지 않는 불행한 일이 생겼다. 그가 발 벗고 나서 도왔다. 아저씨는 소중하고 든든한 존재로 탈바꿈했다. 우리는 아저씨 혐오 시대에 살고 있다. 대개는 고갈된 윤리 의식, 둔감하고 고루한 사회성, 상습화된 허세와 무례 등으로 뭉뚱그려진다. 그러나 이들은 사실, 오늘날 우리가 누리는 이 사회의 기틀을 형성한 세대다. 산업화의 역군이요 민주화의 기수였다. 청년 시절 '아저씨'의 수고와 분투가 없었다면 지금의 대한민국은 상상하기 어렵다. 영화 '아저씨'의 주인공은 뜻밖에

도 원빈이다. 아저씨도 누가 어떻게 대하고 바라보느냐에 따라 달라진다는 생각이다. 아저씨를 따스하고 감사한 마음으로 바라보는 시선이 아쉽다.

대개 이런 흐름 정도면 어떨까 싶다.

이제 필기시험의 끝자락, 상식을 짚어본다. 상식은 의외로 점수에서 크게 차이가 나지 않는다. 물론 강호의 상식 박사들이 모든 문제를 싹쓸이하는 경우도 있으나 매우 드물다. 주의할 것은 한 문제가 5점이라면, 아는 건 다 써야 한다는 거다. 채점자마다 기준이 달라서 '알고 있구나' 판단이 들면 5점을 주는 이가 있는가 하면, 세세히 따져 박하게 점수를 매기는 축도 있다.

가령 문제가 '기생충'이라면, 봉준호 감독의 영화라고만 쓰면 1~2점을 받을지도 모른다. '봉준호 감독의 영화로 우리 영화 최초로 아카데미 작품상·감독상·각본상 등을 받았으며 계층 간 갈등 구조를 입체적으로 조망한 작품. 송강호·조여정 주연' 정도로 써야 안전하다. 그러나 너무나 상세하고 지엽적인 기술은 물론 독이다. '라파엘 나달'이라면, 테니스 선수라고만 써놓으면 불안하다. '스페인 테니스 선수로 메이저대회 20차례 우승. 특히 클레이코트에 강해 '흙신'으로 불림. 프랑스오픈은 그래서 나달의 독무대' 이래야 명백히 5점이다.

반대인 상황도 있다. 모른다고 공란으로 두면 손해다. 비슷하게 적기라도 하면 1~2점을 주는 착한(?) 심사위원도 있으니 머리를 쥐어짤 만하다. 아무것도 안 쓰면 0점. 그러나 뭐라도 적으면 노력이 가상해 1~2점 받을 수도 있다. 당락은 의외로 작은 점수 차로 갈린다. 허투루 대할 일이 아니다.

논술·작문·상식을 매조지면서 굳이 글쓰기 관련 팁을 하나 덧붙이자면, 신문 읽기를 권하고 싶다. 책을 많이 읽어야 글을 잘 쓴다는 사실은 확실하나, 문제는 책을 읽을 여유와 시간이 없는 것 아니겠는가. 대안은 신문 읽기다. 신문은 책보다 덜 지루하다. 그게 무시할 수 없는 장점이다. 물론 아이템 중에 글쓰기에 별 보탬이 없는 것도 많다. 야무지고 효과적인 선택은 신문의 뒤부터 읽는 것이다. 더 구체적으로는 칼럼 읽기다. 가로로 된 상대적으로 긴 것이 논술, 세로쓰기의 짧은 분량이 작문용 연습으로 더없이 적절하다.

시험용·입사용 글쓰기로는 이만한 게 없다는 확신이다. 단 주의할 것은 두 번을 읽어야 한다는 게 내 지론. 한 번은 내용, 그다음은 구조다. 글쓰기의 두려움은 바로 구성·구도·구조를 못 잡는 데서 비롯된다. 여러 글쟁이들의 글을 자꾸 접하다 보면 따로 열심히 분석하지 않더라도 특유의 짜임새를 자연스레 익히게 된다. 그렇게 시간을 들이고 글의 **뼈**대를 주목해 눈에 익히면 어느새 머리 안쪽에 어렴풋이나마 그 윤곽이 잡힌다. 바로 그게 '비비고 기댈 언덕'이다. 글쓰기의 두려움은 막연하고 의지할 게 하나도 없는 흰 공간과의 대결 아니던가. 그럴 때 이제껏 읽었던 칼럼들과 그 아스라한 구조를 떠올리면, 위안을 받고 희망을 품을 수 있다.

가능하면 오프라인으로 접해야 눈에 잘 들어온다. 모바일이나 온라인은 어지러운 배너광고와 좁은 공간이 이해를 방해한다. 신문 읽기가 주는 덤은 이른바 밑글, 글감을 축적시킬 수 있는 기회라는 점이다. 정치·경제·사회·문화의 이슈들을 두루 짚기에 절로 상식을 공부하게 되고, 어떤 주제든 시의성을 띠는 오프닝용 텍스트들이 어느 정도 머리에 저장되는 효과가 있기에 일석이조라고 아니할 수 없다.

슬기로운 자소서 쓰기

자기소개서를 가외로 짚어보자.

그 어느 때보다 자소서가 중요한 시대다. 자기소개서는 이제 입사뿐만 아니라 대입 수시전형에서도 필수사항이 된 지 오래다. 강의나 교육 시장에서, 어딘가에 응모·응시하고자 할 때, 자신의 공적서 등을 쓸 때도 빠짐없이 제출해야 한다. 당연히 관련 서적은 넘쳐나고, 온라인강의도 성업 중이며, 서울 강남에는 건당 수백만 원짜리 자소서 대필업체까지 등장했다고 들었다. 수많은 조언과 충고가 넘실댄다. 자소서를 다루는 나의 방식을 공개한다.

자기소개서는 면접과 연계되어 있다. 면접관들은 자소서를 이미 파악하고 있거나 면접 시, 대개 모니터로 보고 있다. 자소서를 왜 온라인으로 보낼까를 유추해 본다면 자명한 일이다. 자소서는 그래서, 어쩌면 면접보다 더 중요하다. 면접 상황에서는 말을 잘 못해도 외모·이미지·인상·아우라·태도 등이 면접관의 기대치를 맞출 수 있는 개연성이 있다. 그러나 자소서는 정제된 글이란 형식이기에 그에 쏟은 정성과 노력을 냉정히 평가받게 된다.

무엇보다 자소서에 이 시험의 당락이 달려 있다는 생각으로 최대의 투자, 최선의 노력을 쏟아부어야 함을 강조하고 싶다. 자소서 마감 당일이 다 되어서야 부랴부랴 키보드에 앉아 기억을 더듬고 자료를 찾고 부산을 떠는 경우를 상정해 보자. 글이 안정적이고 세련되어질 수가 없다. 다 작성해 자판의 센드send 버튼을 누르고 나면 그제야 더 좋은 아이템이 생각난다? 결단코 이런 자소서로 소기의 성과를 거둘 수는 없다.

자소서는 적어도 일주일의 시간 여유를 갖고 작성하기를 강력히 권한다. 충분히 그럴만한 가치가 있다. 처음 1~2일은 생활 속에서 계속 자소서 글감만 궁리하는 시간이 필요하다. 걸으면서, 전철 안에서, 차 마시면서, 샤워하면서 무엇으로 자소서를 채워야 근사할까 지속적으로 고민하는 것이다. 떠오르는 것을 메모하거나 휴대폰에 차곡차곡 저장해 둔다. 다음 3~4일은 메모한 것을 말 그대로 잘 선별해야 한다. 무엇이 소구력이 높은 부분인가 숙고하며 버릴 건 과감히 버려라. 그러고는 침착하게 자소서를 채우기 시작하라.

제시어에 맞추어 부합되게 쓰고 글자 수도 얼추 맞추어놓아야 한다. 이어 임시저장, 일종의 애벌구이인 셈이다. 물론 궁리작업은 계속이다. 5~6일째, 애벌구이한 것과 그동안 다시 생각해 놓은 것을 대조하고 첨삭작업을 병행하며 자소서를 꼼꼼히 완성한다. 7일째 자소서를 올곧게 노려보며 오타와 맞춤법을 최종 점검한다. 맞춤법 오류는 심사위원에 따라 사소한 것들도 대단히 부정적 영향을 끼칠 수 있으니 특히 주의해야 한다.

얼마 전 어느 신문사는 청년실업이 안타까워 남녀 대학생 한 사람씩을 지면에 할애해 공개 구직 기회를 준 적이 있다. 그중 한 여학생의 장점 중 이런 게 있었다. '거절을 잘 못하는 성격'. 찬찬히 생각해 보자. 이게 과연 기업 채용 측에 긍정 요인으로 작동할까? 보통은 선한 인격에 마음씨가 착한 게 미덕일 것이다. 그러나 지금은 기업체 신규 인력 채용을 위한 마당이다. 가령 관련 업체와 협력사업을 하는데 그것이 불법이라도 거절을 못하는 체질이니 그대로 추진한다?

백보를 양보해 설사 이게 장점이라 해도 젊디젊은 그녀가 이제껏 살아온 삶 속에서 거절을 잘 못했다는 그 일들이 과연 기업 입장에서 긍정적으로 작용할지 의문이다. 자소서에 자신의 강점을 쓰는 마당에 이렇게 좌표를 잘못 잡는다면 결과는 안 좋을 것임이 분명해 보인다. 자신이 지원하고자 하는 기업·직종·분야를 항시 기억하고 의식하면서 스스로 내세울 수 있는 특장特長을 적는 것만큼 중요한 건 없다. 그런데도 많은 젊은이들이 이를 망각하고 평범하기 짝이 없고 아무런 도움도 안 되는 것들을 죽 늘어놓고 있어 안타까운 것이다.

성과와 활동 부분 또한 심사위원들이 각별히 신경 쓰는 부분이다. 그런데 문제는 그 양量에만 집중하는 경우가 의외로 많다. 응원단을 했고 오케스트라 활동도 했고 그 밖에 독서클럽 총무, 학교 도서관 알바, 학교 행사 도우미, 중소기업 인턴, 이벤트 사회 등을 빼곡히 적는다. 한데 이런 건 실효적이지 못하다. 선택과 집중의 미덕이 바로 여기서 발휘되어야 한다. 지원 분야가 원하는 덕목에 자신의 적합성을 드러낼 수 있는 부분만 2~3개 안팎을 선택하고 그 안에서 자신의 강점을 각각 한두 가지씩만 집중해 드러내는 게 좋다.

학교 오케스트라 총무를 맡으며 화합과 조정의 미덕을 배웠다. 탁송업체 알바에서 시간 관리의 중요성을, 공사장 시멘트를 나르며 인부들의 애환, 돈의 가치 등을 절감했다. 이런 식 말이다. 물론 구체적 실례와 경험을 반드시 적시하고 거기서 얻은 지혜와 통찰을 빼놓아서는 안 된다.

또한, 자소서에 심사위원으로 하여금 자신과 관련해 매력적이고 흥미를 끌게 할 만한 요소를 2~3개 정도 배치해 놓으라는 말을 하고 싶다. 자소서를 열심히 써놓고서 평가자가 과연 무슨 질문을 할까 고민하거나 "그 질문을 하면 곤란한데" 이렇게 떨고 있는 학생들을 보게 된다. 한 마디로 난센스다! 심사자들은 응시생을 골탕 먹이려고 존재하는 사람들이 아니다. 누구인지 제대로 알고 싶어 하는 사람들일 뿐이며 대개는 응시생 누구에게나 애정 내지는 연민의 감정을 갖고 있다.

이들은 항상 자소서에서 눈에 띄는 것을 찾는다. 자소서 안에서 '무뚝뚝하지만 성실한 아버지와 자상하고 따뜻한 어머니'엔 별 관심이 없다. 흥미로운 것과 독특한 것을 찾고, 반면 어딘가 이상한 것, 불투명한 것 등도 가려낸다. 그러니 답은 나와 있다. 자소서에다 심사위원이 이 질문을 하기만 하면 자신에게 절대 유리한 아이템을 미리 깔아놓는 것이다. 그걸 선택 안 하면 실수나 낭패가 될 만큼 말이다. 달리 말하면 마치 옆 사람의 옆구리를 슬쩍 찔러보는 '너지nudge효과'처럼 심사위원을 자신의 영역으로 은근히 유인하는 전략이 필요하다.

덤으로, 최근 어느 대기업에서의 면접 문제를 마주해 보자. "당신이 생각하는 '낭만'이란 무엇인가?"라는 질문. 소소한 일상, 마음의 여유, 아름다운 추억, 행복한 꿈 등을 말할 요량인가? 아니면 더 비근하게 강변에서의 맥주 한잔? 멋진 카페에서 즐기는 커피? 이런 식의 답변은 평범성의 굴레에서 벗어나지 못한다. 상황은 대기업에서의 면접장이다. 응시생들에게 보통의 낭만을 듣고 싶어 문제를 던졌을까?

문학, 음악 등 모든 예술사조는 고전주의 다음에 낭만주의가 온다. 전통·규범·안정이 고전주의라면, 낭만주의는 일탈·변화·개혁이다. 낭만은 그러니까, '바꿈' '새로움' '벗어남'과 친화적이다. 요즘 ESG(Environment/Social/Government, 환경/사회/지배구조)가 중시되면서 기업의 사회적 책임을 강조하지만, 어디까지나 기업의 본령은 이윤 추구다. 회사의 이익을 위해 주어진 일을 성실히 수행하는 게 '고전적'이라면, 자신은 보다 창의적이고 혁신적인 사고를 탑재하고 능동적으로 업무를 즐기는 '낭만적'인 사원이 되겠다. 이런 게 답으로서 근사할 것이다.

강의 · 교육 · 발표 · 토론에 빠지다

 2005년 늦여름 베를린발 인천행 비행기 안에서 나는 결심했다. 앞으로는 사소한 이익에 연연하지 않고, 회사를 위해 일하겠노라고. 별 대단한 인물도 아닌 변변치 않은 아나운서에게 해외연수를 시전한 보답을 해야 하지 않겠는가 말이다.
 KBS인은 묘한 자부심을 갖는다. 나라와 회사를 동일시하는 습속이다. 사명에 코리아Korea가 들어가서인지 모른다. 어찌됐건 한국에서 제일 큰 방송국에 다니는 공사 직원이라는 소속감이 자주 나라에 득이 되는 일을 해야 한다는 사명감으로 치환된다. 그래서 그런가 비록 세련되거나 산뜻하진 못하더라도 안정감 있고 믿음직해야 한다는 DNA나 아이덴티티가 일하며 배어든다. 크지만 순하고, 느리지만 미덥고, 둔하지만 든든한 KBS의 아우라가 나는 좋았다.
 귀국하자마자 사내·외로 일이 밀려들었다. 우선 클래식 DJ로서의 아우라는 여전히 건재해 가을 개편 때 단숨에 낮 12시 방송 'KBS음악실'로 복귀했다. 이때 2FM '가요광장'은 가수 엄정화 씨가 진행했는데 그 성실성과 인간미, 친절함을 잊을 수 없다. 라디오센터 스튜디오에서 마주칠 때면 늘 내 점심 걱정을 해주며 반가운 얼굴로 인사하는 그녀는 진정한 프로였다.
 한국어능력시험은 어느덧 J사장의 히트상품이 되어 있었다. 세간의 국어에 대한 관심을 촉발시켜 급기야 2005년, 그해 1월

국어기본법이 제정되는 촉매제 역할을 했고 7월에 법이 시행되었다. 이후 정부 부처와 지자체는 국어 발전 및 보전 업무를 담당하는 국어정책관을 두고 있으며 전국 13개 거점 대학에는 국어문화원이 설치되었다. 언론매체로는 유일하게 KBS아나운서실이 자격을 갖고 있다.

나는 다시 한국어팀의 연구담당 선임팀원이 되어 한국어능력시험 주무, 한국어 포스터 제작, 한국어자문회의, 언어순화자료집, 방송아카데미 교육 배정 등의 업무를 맡았다. 그때는 팀장이 구 조직의 부장 격, 차장은 선임이라 불렀다.

또한 숙명여대는 2학기에 다시 겸임교수로 임용하겠노라고 학과장으로부터 메일이 와 있었다. 보통 길어야 2~3년 하는 겸임교수를 나는 이후 2015년까지 롱런하는 기틀을 다지게 된다. 돌이켜 보면 40대 초반쯤이던 이때 나는 일에 파묻혀 소위 즐거운 비명을 지르던 시기가 아니었나 생각된다.

뭐니 뭐니 해도 한국어능력시험 업무가 가장 신명났다. 새로운 분야를 개척하는 분야가 아니던가. 1년에 네 차례 시행하는 시스템이 정착되고, 그때마다 우리 출제 멤버는 수원 연수원에서 일주일씩 밤을 새웠다. 지금도 감사한 것은 외부의 박사·교수·교사·연구원 등의 실력을 적나라하게 알 수 있고, 출제 노하우를 배우며, 냉정히 서로의 장단점을 비교·참고할 수 있는 마당이었다는 점이다. 모자란 건 익히되, 무엇보다 발음 등 분야에서는 아나운서들이 월등히 높은 수준임을 확인할 수 있었다. 그건 그 분야 박사급 인력이 현저히 적고, 따라서 논문들도 태부족인 상태여서 가능했다. 상대적으로 우리 아나운서들은 벅찬 자신감에 기뻐했고 말이다.

시험 출제 작업은 '선한 영향력'을 끼친다. 자신이 알고 있던 국어지식은 견고화되고 약했던 부분은 보완된다. 아나운서라고

하면 무엇보다 표준어 쓰는 사람이라는 인식이 확고한 상황에서 표준문자가 아닌 표준발음의 시험문제 구성을 시연할 수 있는 타당한 명분을 탑재해 주었다. 나에게는 그게 언제나 벅찬 흥분이요 자긍심이었다.

때마침 아나운서실과 한국어팀에는 외부에서 강의 요청이 물밀듯 들어왔다. 공공 기관·기업·각급 학교·시민단체 등 다양했다. 이론이 탄탄해지고 관련 분야 지식을 탑재해 전문성이 붙으니 거칠 것이 없어 강의력이 부쩍 늘었다. 게다가 우리 아나운서들은 프로그램을 진행하며 완급을 조절하는 진행력이 체화된 터라 매우 인상적인 강사로 각인되는 덤을 누린다. 숙명에서의 미디어 이론·아나운싱·리포팅·말하기와 글쓰기 등 커리큘럼의 콘텐츠가 시너지를 이루면서 나는 스스로 놀랄 정도로 성장했다.

2006년은 여러모로 의미가 크다. 우선은 처음으로 책을 냈다는 사실이다. 미디어 비평 신문인 미디어오늘에 연재했던 '독일방송 아나운서와 진행자들' 시리즈를 단행본으로 출간하게 되었다. 원고와 사진, 각종 자료를 정리, 배치하고 편집자와 시시각각으로 의견 교환하는 일이 힘들었으나 나름대로 의미가 있었다. 책이라는 게 이렇게 만들어지는구나 하는 소중한 경험을 얻었다. 독일 하면 통일·경제·노동·사회·연금·복지 등이 주된 테마지만 방송 분야는 관심이 적은 게 사실이다. 그래서일까? 방송·시사·사회상을 씨줄 날줄로 엮은 이 책이 아직도 절판되지 않고, 특히 대학교와 고등학교의 독일어과 학생들의 부교재로 쓰이고 있다는 사실에 자부심을 느낀다.

여름엔 일본 공영방송 NHK 출장을 갔었다. 일본은 가장 가까운 나라지만, 한국어 관련 출장은 상대적으로 기피하는 지역이다. 똑같이 9시부터 6시까지 근무하며 그곳 용어로 조선어 방송요원들 중 비번 인력을 둘씩 개인지도를 하고, 무엇보다 닷새째 되는 날에는 한국어에 관심 있는 일본인들 대상으로 공개강좌를 연다. 거기다 청중 중에는 한국어 고수급 노년 식자층들이 있어 질문 공세에 시달린다는 정보를 접한 터라 약간의 긴장을 동반했었다. NHK 대강당, 백 명 정도 청중이 모인 공개강좌. 강의를 마치고, 질문을 받겠다니까 처음엔 조용했다. 자료를 챙겨 나가려는데 한 노인이 일본어와 한국어의 친연성을 바탕으로 고난도 테스트를 시도했다. 이어지는 질문 홍수에 90분 강의가 결국 두 시간이 되고 말았지만 보람은 컸다. 출장 마지막 날 짬을 내 긴자銀座의 백 년 된 독일맥줏집 '긴자라이온'에서 회포를 풀고 시부야渋谷 타워레코드에서 희귀 클래식 CD를 득템한 기억이 새롭다.

부서의 영광도 뒤따랐다. 당시 최고 권위의 삼성언론상을 받는 쾌거를 올린 것이다. '한국어능력시험 개발 성공과 국어 관심 제고 기여'가 수상 이유였다. 기자와 PD들만이 돌아가서 수상하던 전통을 깨고, 아나운서들이 당당히 이 상을 차지한 기록은 'KBS아나운서실 한국어팀' 이전과 이후 아직까지도 전무하다.

이듬해 2007년부터는 각종 외부 회의체에 이름을 내밀게 된다. 특히 달포에 한 차례씩 프레스센터에서 열리던 정부언론공동외래어심의위원회는 가장 왕성하게 활동한 마당이다. 미디어에서 새로 오르내리는 외국 인명·지명 표기에 대해 심의하고 확정하는 기능을 부여받았는데 국어원 부장급과 언어학 박사과정생 둘이 호스트, 그 외 주요 신문·방송의 부·차장급 약 12명 정도가 멤버였다. 언제나 핵심은 우리 문자·음운체계를 존중하는 표기를 택할 것이냐, 아니면 외국어 원어의 표준발음 표기를 더 존중할 것이냐 문제였다. 언중의 익숙도와 생경함의 정도를 얼마만큼 반영할 것이냐, 그 간극을 조율하는 미션이다. 위원들 간에 합의가 안 되면 다음 회차로 넘겨 다시 토의하는 등 늘 활기와 열의가 넘쳤다.

한번은 로렌스/로런스, Lawrence/Laurence가 화두였다. 현재 표준 표기는 '로런스'이나 새 표기방식 이전 확정된 인명·지명은 혼란을 방지하기 위해 '로렌스' 표기를 인정한다. 영화 '아라비아의 로렌스Lawrence Of Arabia'와 명배우 '로렌스 올리비에Laurence Olivier경'이 구 표기의 오롯한 예다.

국어원 소속 젊은 박사가 어느 날 독일어 로렌츠Lorenz가 영어Lawrence/Laurence에 해당하는 이름이라는 내용이 적힌 문건을 프린트해 왔다. 나는 라우렌츠Laurenz가 앞에 와야 하고, 로렌츠Lorenz는 그 이형異形이나 파생이라고 보는 게 타당하다고 주장해 합의하에 수정되었다. 국어원 박사가 당황했음은 물론이다. 당시 독일 기민당CDU의 사무총장이 바로 라우렌츠 마이어Laurenz Meyer였기에, 그 예를 들었더니 다들 수긍했다. 그 후에도 독일어 쪽 인명·지명 최종결정권은 내게 오는 경우가 많았다. 아주 뿌듯한 경험이다.

국립국어원에 국어문화학교 강좌가 있다. 국민들의 국어 실력 향상을 위해 마련한 과정이다. 방학 때는 주로 초등학교 교사와 중·고교 국어교사들을 대상으로 연수를 실시한다. 어문규정 각 분야를 다시금 복습하는 과정으로 꾸며지는데 강사는 주로 교수님과 국어원 학예연구사들이 맡는다. 그러나 표준발음만큼은 KBS아나운서에게 기회가 주어졌다. 실제 레슨이 필요하기 때문. 나는 6년 동안 매년 여름·겨울방학 휴가시즌에 이 강좌 강사 노릇을 했다.

선생님 대상 강의는 강한 집중력에 고무되기 마련. 하나라도 더 배워 학생들에게 가르치겠다는 집념이 표정에서 그대로 읽힌다. 교사를 가르친다는 경험은 남다른 일이 아닐 수 없다. '한국어의 빼어남은 문자에 국한되는 게 아니라 발화發話할 때 발현發現되어야 한다. 특히 텍스트 읽기와 말하기에서 그렇다' 이렇게 역설하면 새로운 가치를 터득한 듯 이내 수긍한다. 나는 특히 장단음의 중요성을 강조했다.

"문맥에서 의미를 파악할 수 있으니 장단이 별무소용別無所用이라는 주장은 근시안적이다. 문법과 독해의 영역에만 갇혀 있는 안타까운 주장인 것이다. 말소리의 음악성과 리듬감, 나아가 효과적인 전달력은 바로 장단에 있다" 이런 내 진술을 교사들은 다들 기꺼이 수용한다. 그러곤 발음 교육을 등한시하고 소홀히 한 것에 대한 반성을 토로한다. 더불어 학생들을 새 마음으로 가르치겠다는 다짐을 하는 장면을 나는 목격했다. 얼마나 뿌듯한 경험인지 모른다.

뿌듯한 기억은 또 있다. 이때는 명실공히 KBS가 장안의 인재들을 빨아들이던 때다. 소위 '언론고시'라는 이름으로 우수한 인력들이 속속 여의도에 입성했다. KBS신입사원들은 예외 없이 수원 연수원에서 집체교육을 하게 되는데 '방송언어의 이해'가 우리 아나운서실 관련 과목. 아나운서 포함, PD·기자·경영 등 전체 직종 대상으로 나는 영광스럽게도 3년 연속 이 강좌를 맡아 진행했다. 현재 이들은 KBS의 중추 구성원으로 성장했으며 엔간해선 나를 기억할 것이다.

러시아 연해주 땅 하바롭스크에서의 추억은 잊을 수 없다. 러시아 한인TV에서 하바롭스크 대학 한국어과 학생들, 교포 교사, 그리고 대학생들을 대상으로 하는 교육 일정이었다. 빼곡히 일주일, 나는 여기 사는 소위 '까레이스끼' 모습에서 발해인의 모습을 떠올렸다. 크고 강건한 한민족의 원초적 기운이랄까. 또한 항일운동의 거점이기도 했던 이 연해주에서 홍범도·이범

석·김좌진 장군의 얼도 아스라이 되새겨 보았다. 이제 오면 언제 또 오랴. 출장 막판 주말, 12시간 가까이 걸리는 야간열차를 타고 블라디보스토크 항구에서 맞았던 아침 햇살. 짙푸르렀던 오호츠크 앞바다가 아직도 눈에 선하다.

다시 격랑 속으로

2008년은 격동의 해였다. J사장은 연임에 성공하긴 했으나 정권이 바뀌었다. 진보에서 보수로. 회사의 혼란은 예견되었다. 그 전부터도 주로 시니어 기자 그룹을 중심으로 퇴진운동이 본격화하던 터. J사장은 기자 출신이면서도 PD친화적인 사업과 정책을 많이 폈다. 비서실장을 비롯한 요직에 주로 PD들을 기용했다. 내 기억에 PD저널리즘이란 말이 가장 많이 입길에 오르던 시절이었으며, PD진행자가 '시사투나잇'이란 단독 프로그램을 진행한 것도 방송 사상 처음이었다.

급기야 한여름, 8월로 기억한다. J사장의 거취를 둘러싸고 극심한 혼란이 빚어지는데 기자 출신 노조위원장이 사장 퇴진운동을 선언한다. 반면 PD들과 주니어 기자 그룹은 정권의 무리수이자 만행이라며 J사장을 옹위하는 양태를 보였다. 소위 '사원행동'의 출발이었다. 이게 KBS단일노조가 둘로 쪼개지는 비극을 초래하는 단초가 되었던 것이다. 하나는 KBS노조·1노조·구 노조라는 이름으로, 다른 하나는 KBS본부노조·2노조·새 노조로 말이다.

J사장은 좋게 말하면, 수평적 조직문화를 지향했고 제작비 걱정에서 자유로운 양질의 프로그램을 만드는 데 지원을 아끼지 않았다. 무엇보다 아나운서 조직으로서는 한국어능력시험을 밀어붙이게끔 독려한 공을 잊을 수 없다. 그러나 급작스런 팀제

조직개편은 혼란을 가져왔고, 천하장사 민속씨름 중계 중단이나 명화극장 성우 더빙 폐지 등 자잘한 무리수를 두기도 했다.

우여곡절 끝에 L사장이 부임했다. 공영방송으로서의 KBS 출신 최초의 사장이란 의미가 상당했는데 보도국 경제통으로 자회사 사장을 거쳤으며 지독한 일벌레로 소문난 인물이었다. 아나운서실 전체 간부들과 딱 한 번 점심을 같이한 기억이 있다. 사석에선 아주 부드러운 인상인데 반해 업무 면에서는 찬바람이 돌면서 완전히 불도저 스타일이었다. 별명도 걸맞게 독일 병정. 나는 독일이란 공통점에 동류의식 같은 걸 느끼던 차, 그도 나를 꽤 상세히 알고 있었던 것에 놀란 기억이 있다.

걱정은 한국어능력시험이었다. 그도 그럴 것이 J사장의 작품인 '시사투나잇' 등 그의 유산들이 하나둘 사라지는 형국이었기 때문이다. 그러나 이 시험 감독관 용역을 그가 자회사 KBS미디어 사장일 때 맡아 사업 내용을 알고 있었고, 아주 다행스럽게도 우리말, 방송언어의 중요성에 대한 이해가 확실하게 자리 잡혀 있었다. 결국 J사장의 흔적이 담긴 사업 중 한국어능력시험만 유일하게 살아남는다.

사실 그전에 신의 한 수가 있었다. 2007년 11월 한국어팀 멤버들은 그동안의 시험 진행을 통해 시나브로 커진 몸짓을 감당하기 어려웠던 터라 내친 김에 사내기업, 요즘 말로 하면 벤처 내지는 스타트업화하자는 제안서를 내기에 이른다. 실로 담대한 구상이었다. 한국 아나운서 역사상 새 지평을 여는 시도였으니 말이다. 아나운서실이란 온실을 박차고 나가 사업을 벌인다는 건 다시없는 일이었다.

문제는 누가 아나운서 직분을 멈추고 이 업무를 전담하느냐는 거였는데 나를 포함해 몇몇이 물망에 올랐다. 우리는 빨리 결정하지 않으면 안 되었다. 이유는 능력시험이 인기가 있고 좀

먹힌다 하니, 사내외에서 슬슬 입질이 들어왔다. 새 사업을 하면 자리가 생기고 예산이 붙기 마련이지 않던가. 논의 끝에 후배 P가 솔선수범하며 용감한 희생을 자임했다. 2008년 2월 마침내 '한국어진흥원'이란 시험을 관장하는 독립기구가 탄생하는 순간이었다. 박현우 아나운서, 그가 지금도 원장이다. 만약 조금이라도 그 시기가 늦춰져 독립조직 출범이 미루어졌더라면 과연 어떻게 되었을까 생각해 보면 아찔하다.

이해 봄에 두 번째 책을 낸 건, 나 자신이 생각해도 신통하다. 『방송 뉴스문장 갈고 다듬기』가 그것이다. 방송 뉴스는 신문기사와 달라서 반드시 음성으로 전달되어야 하는 숙명을 갖는다. 문장에 호흡과 리듬이 중요한 이유다. 적당한 양의 문단 구성, 알맞은 단어 선택, 간결하고 효과적인 표현, 문법과 어법에 부합하는 센텐스를 고찰한 결과물이다. 여태 절판 안 되고 팔리는 방송 기사 작성의 수련장 같은 책이다.

2009년 정들었던 'KBS음악실' 프로그램을 뒤로 하고, '정다운 가곡'으로 갈아탔다. 백남옥·이규도·오현명·박인수 등의 우리 가곡을 올곧게 듣는 것은 작지 않은 기쁨이었다. 30분짜리를 주 2~3회 녹음하는 것이라 강의와 연구를 하는 데 전혀 부담도 없을뿐더러 저녁 약속이라도 있을라치면, 자리를 파하고 밤 9시 30분 내 목소리를 들으며 가는 귀갓길은 아나운서 아니면 맛보기 힘든 호사이리라.

늦여름 카자흐스탄 출장이 잡혔다. 알마티 한국어교육원의 초청이었다. 일주일간의 교육 프로그램. 카자흐 대학 한국어과 학생들, 한국어과 교사들, 그리고 동포들과 함께한 뜻깊은 시간이었다. Y선배와 함께한 교육에서 일정 마지막 날 마침 고려인 2, 3세의 '아리랑' 연극을 보게 되었는데 눈시울이 불거졌다. 구 러시아 연방 국가 공통의 음식인 꼬치구이 요리 샤슬릭을 끼

니마다 질리도록 먹었던 일도 다 추억이 되었다.

 유난히도 강의가 몰리고, 각종 세미나·포럼에 참석해 발제·토론 등 눈코 뜰 새가 없었던 해였던 것 같다. 시나브로 한국어능력시험은 KBS 입사 시 반드시 치러야 하는 필수 과정을 넘어 각종 기관·단체·기업·학교 등에서 토익 등과 더불어 입사·입학 시 가점을 주는 형태로 자리를 잡았다. 한겨레신문과 경향신문이 우리 시험을 국어시험으로 대체해 준 것도 고무적인 성과였다.

 늦가을 회사는 다시 소용돌이 속에 휩싸였다. MB특보 출신 K사장이 와신상담 끝에 입성한 것이다. 그는 전임 사장이 오기 전 사장직을 포기한다고 공개 표명한 적이 있었기에 다소 의외였으나 공사公社 1기 출신이라는 상징성에 자신감과 야심으로 똘똘 뭉친 인물이었기에 어느 정도 예견된 결과이기도 했다. L사장은 허를 찔린 셈. 상대적으로 정치색이 적었던 전임 L사장에 비해 K사장은 언론특보 출신이라 사원행동 쪽 젊은 노조원들 입장에서는 대결 구도가 심화하는 모양새가 형성된 셈이다. 예의 연말에 대규모 인사가 났다. 나는 한국어팀에 너무 오래 있었던 탓에 아나운서팀 소속 라디오팀장으로 수평이동을 하게 되었다. 그러나 한국어시험 출제 및 검수 업무는 예외적으로 지속할 수 있었다. 왜냐하면 이걸 할 사람이 없기 때문이다. 하려는 사람도 없고 할 수 있는 사람도 마땅치 않았다.

 2000년대 후반을 전후로 참 많이도 글 쓰고, 발표도 원 없이 했던 것 같다. 기억에 남는 몇몇을 일별하면 이렇다. 가장 큰 무대는 국민대통합위원회가 개최한 대토론회. '말(언어), 통합과 신뢰의 사회자본'이란 테마로 프레스센터 대회의실에서 열렸다. 나는 여기서 '언어 생태계 변환이 필요한 시점, 방송과 학교가 답이다'란 주제로 나름의 주장을 폈다. 말하기·언어예절과 관련해 방송 프로그램과 학교 현장에서의 국어교육의 협업을 제안해 주목을 받았다.

조선일보 주최 국어정책 연속토론회의 표준어와 방언 섹션에서는 표준어 측 패널로 참석해 덴마크 언어학자 오토 예스페르센Otto Jespersen의 '표준어란 우리들이 그 발음을 듣고 어느 지방 사람인가 분간할 수 없는 말' 등을 인용, 방언 허용 쪽 참석자들의 거센 공격을 막던 장면이 떠오른다. 소논문은 '외래어의 이해와 과제', '저널리즘 문체의 변화와 방향-방송 부문', '표준화법 보안(가정·사회에서의 호칭과 지칭 및 경어법)' 등이 국어 관련 전문지에 실렸다.

문체부가 마련한 세계한국어교육자대회도 잊을 수 없다. 더케이호텔로 이름이 바뀐 서울교육문화회관에서 합숙 형태로 진행된 대규모 행사였는데 '한국어발음클리닉'이란 테마로 강연을 했다. 세계 각 대학에서 온 한국어 전공 대학생들의 호기심 어린 눈빛을 잊을 수 없다.

라디오팀장의 애환

라디오팀장 시절 이야기를 해야겠다. TV에 비해 라디오 매체는 언제나 약체다. 그래서 웬만큼 주목받는 프로그램 아니면 라디오 프로그램은 대체로 인기가 없다. 물론 과거에는 그렇지 않았다. 하지만 세월의 더께가 엄연해 아나운서들도 대개는 꺼려하는데 여기서 라디오팀장의 비극이 싹튼다. 아나운서들을 설득해 프로그램을 맡겨야 하기 때문이다. 주말 생방송 프로그램 진행자를 구하려면 거의 읍소 지경까지 이른다. 채널은 또 좀 많은가? 1·2·3라디오, 1·2FM, 한민족방송, 국제방송까지.

라디오PD들은 TV 인지도가 높은 아나운서들을 캐스팅하려는 경향이 강하다. 라디오팀장은 어찌 보면 그걸 막아내고, 잘 조율해 골고루 아나운서들을 등용시키는 게 임무. 제일 고역은 잗다란 패널 요청이다. 대개 연예인 진행 프로그램의 한 코너에 아나운서 몇몇을 출연시켜 토크를 하는 형태다. 패널은, 신인급이나 여러 이유로 방송 기회가 적어 인지도가 낮은 유망주들을 배당하는 게 아나운서실의 상식이다. 그런데 여기에 소위 라이징스타나 유명 아나운서들을 요구하는 PD들이 있다. 한번은 늘 작가를 통해 패널 요청을 하는 후배PD와 통화하게 돼 한마디 했다. 그런 건 예의가 아니라고. 그랬더니 웬걸. 바쁘면 그럴 수 있는 것 아니냐며 제대로 협조도 안 해주면서 지엽적인 것 같고 시비를 건다고 거칠게 저항하는 게 아닌가. 대단히 언짢은 기억이다.

씁쓸하고 아픈 장면은 이런 시비가 엉뚱하게 오해, 발전하는 경우. 2010년 출범한 새 노조엔 라디오PD들이 상대적으로 많았다. 회사의 주요 정책과 결정에서 이들을 배제하고 도외시하다 보니 늘 불만이 팽배했으리라. 그래서일까, 조그만 것이라도 간부들부터 비토를 당하면 박해·탄압이라고 여기고 민감하게 반응했다. 아나운서실의 역량 있는 여성 동료들과 순하고 재바른 지방기수에 밀린, 나이 많은 만년 팀장인 나에게도 예외가 아니었다.

제작·보도 쪽은 회사 측 움직임이 보다 구조적이었다. K사장은 선진국에는 PD와 기자 구분이 없다며 신입사원도 '방송저널리스트'라는 이름으로 뽑았다. 그러곤 두 직종의 협업을 도모한다는 이유로 시사 쪽도 구성원들을 PD·기자 구별 없이 섞었다. 그러나 그 과정에서 대개는 실·국장을 주로 자신이 총애하는 기자 직종으로 앉히고 정치·사회적으로 민감한 주제를 게이트키핑하는 일들이 왕왕 발생한 것이다.

더구나 2010년 '사원행동'이 민주노총 KBS본부노조란 이름으로 정식 발족해 세력화하자 노사 간의 갈등은 더 심해졌다. 정치판에서 거리를 두고 좀 더 KBS의 내부 문제에 집중하자는 1노조와 친정부 권력에 맞서는 독립적 KBS의 모습을 지향하는 2노조. 여전히 완고한 회사와 사장. 좀처럼 거리가 좁혀지지 않는 형국이었다.

K사장도 나름대로 이유와 명분은 있었다. 그의 최대 목표는 1981년부터 2천5백 원으로 40년간 묶여온 수신료 인상이었다. 오랜 정치부 기자 출신에 여야 국회의원 등 정치권 및 조야에 폭넓은 인맥을 갖고 있는 든든한 배경이 있기에 그는 회사의 숙원사업에 어느 정도 자신이 있었던 듯하다. 그 결대로 그는 정권에 부담을 주는 보도나 시사프로그램은 꺼리고 거부했다. 그런데 바로 이 틈을 교묘히 노리는 자들이 창궐했다. 정치권과의 편 가르기를 이용한 것이다. 낙하산 인사도 잦아지고, MC 및 아나운서까지 블랙리스트가 있다는 말도 들려오고 있었다. 그래도 그는 실·국별 끝장 사원대토론회 등을 통해 대내외 현안들에 대해 적극적으로 사원들의 의견을 수렴하고 경청하고 해결책을 모색해 보는 시도나 노력을 하기도 했다. 설사 그것이 제스처에 그쳤거나 실패했더라도 말이다.

여기서 한번 생각해 보자. 언론부역자란 말이 있다. 정치권과 유착해 출세와 이권을 탐하는 언론인·저널리스트들을 비난, 폄하하는 말이다. 정치권과 조금이라도 인연이 있는 이가 사장이라도 부임할라치면 으레 출근저지, 피켓 시위, 부상자 발생, 고소 고발 등이 수순이다. 그러나 생각해 볼 문제다. 우리는 윤리와 도덕으로 풀어도 될 사안에 법의 잣대를 곧잘 들이댄다. 인지상정과 역지사지로 여길 만한 일을 몰상식과 양심 불량으로 몰아붙인다.

독일정부 대변인 슈테펜 자이베르트Steffen Seibert. 메르켈 2기 내각 출범 때인 2010년 들어온 언론인 출신. 공영방송 ZDF의 메인앵커를 8년 동안 역임한 인물이다. 부대변인 울리케 데머Ulrike Demmer. 시사잡지 슈피겔Spiegel과 RBB베를린-브란덴부르크 방송국 기자를 거쳤다. 또 한 명의 부대변인 마르트나 피츠Martina Fietz 역시 디벨트Die Welt신문과 잡지 분테Bunte, 시사매거진 포쿠스Focus에서 일한 전직 기자다.

독일의 언론 자유와 독립이 과연 우리만 못할까. 독일 국민과 언론은 왜 이런 상황·현상에도 평온할까. 정부 현안들의 핵심과 요지를 꿰뚫고 이를 국민들에게 일목요연하게 설명하는데 저널리스트만한 직업이 또 있을까. 과정의 민주성에만 치중하고 결과의 합리성을 백안시하는 건 문제적이라는 생각이다. 적어도 내 입장은 그렇다.

좀 가벼운 이야기로 가볼까. 후배 J라고 있다. 나보다 기수로 20년쯤 아래인 아주 재바르고 영민한 친구다. 입사 5~6년차쯤 됐을 땐가, 예능으로 뜨고 싶어 조바심을 냈다. 버라이어티 프로그램 보조MC나 패널로 나가 나름대로 끼를 펼치고 있었다. 예능 쪽은 특히나 제작진과의 인맥이 중요하다. 아나운서 입장에서는 짐짓 자신은 소위 엄·근·진(엄격·근엄·진지) 부류가 아니라는 걸 증명하는 게 관건이다. 그래서 자의로 망가지기도 하고(?) 예능국에 살다시피 하는 경우가 있다. J가 그러했다. 그의 근태 상태가 아주 안 좋은 이유였.

어느 날 간부회의 도중 실장은 J를 더는 두고 볼 수 없다며 특별관리(?)가 필요하다고 선언하기에 이른다. 그러곤 나를 J의 전담 마크맨으로 지정해 버렸다. 그의 모든 스케줄 관리를 책임지라는 것. 까칠하고 나이도 많은 내가 J를 다루기에 적격이라는 판단.

나는 강력 반발했으나 이미 엎질러진 물이었다.

그는 10시 출근인데 점심녘에 나오는 게 다반사였다. 전화를 걸면 안 받고 문자를 보내면 답이 없었다. 생각보다 상태가 심각했고 대단한 강적이었다. 출근해서 내가 다그치면, "녹화가 너무 늦게 끝나서요" "새벽에 집에 와서 잠깐 잔다는 게 그만" "몸이 안 좋아 약을 먹었는데 너무 독했나 봐요" 등 변명도 다양했고 어떤 땐 거의 속을 법한 진정성 어린 눈빛을 발신하기도 했다. 물론 몇 개는 진실도 있었으리라.

시말서·경위서는 자꾸 쌓여만 갔다. 보다 못해 내가 아이디어를 하나 냈다. 라디오 고정프로그램을 하나 박아놓으면 어떻겠냐고. 라디오국은 환영했고, 오래되고 단물 빠진(?) 연예인 MC 하나가 희생되었다. 우리로서는 일석이조. J를 한낮 시간 고박시키는 작업에 들어갔고 목표를 이뤘다. 그러나 자유분방한 영혼을 붙잡기는 역부족이었다. 지각·펑크·태만이 반복되었다. 저녁 시간으로 옮겨봤지만 헛수고. 그는 그래도 야단을 치면 나름대로 공손한 편이었다. 나와 나이 차가 꽤 많이 나서 그랬을 수도 있다.

그가 내 타박을 가만히 듣다 반성의 의미로 자주 쓰던 멘트가 생각난다. "제가 생각이 짧았습니다" 그러면 나는 이렇게 응수했다. "그 생각은 도대체 언제쯤 길어지는 거냐?" 지금 그는 퇴사해 프리랜서가 되어 종편 등을 중심으로 종횡무진 활약 중이다. CF도 많이 찍고 어느 프로그램을 통해 한강이 눈앞에 펼쳐지는, 시쳇말로 뷰가 좋은 아파트를 장만했다고 한다. 부러움은 나의 몫이다. 어쨌든 그의 건투와 행운을 빈다.

2010년 그 와중에 나는 『한국어발음 실용소사전』이란 세 번째 책을 냈다. 뉴스에서 자주 나오는 인명·지명·기관·단체명의 장단음 발음을 일별·요약한 게 특징이다. 아울러 형용사·동사 등의 기본형과 활용형의 장단이 달라지는 경우를 한눈에 볼 수 있게 정리해 놓았다. 가령 길다·줄다·밀다 등은 기본형은 발음이 [길:다] [줄:다] [밀:다]로 길지만, 모음이 뒤에 오거나 피·사동 접사 '이·히·리' 등이 오면 짧아진다. 그래서 '밀다' 같은 경우 [밀:다] [밀:고] [밀:지] [미:니] [밀어(미러)]] [밀리다] 이런 식으로 모아놓은 것이다. 표준국어대사전이 하지 않은 시도다. 또한 국어문화, 국어상식 차원에서 주요한 국문학 작가와 작품 명을 수록해 놓았다. 전문방송인들에게 유용해 특히 인기가 좋았다.

잊을 수 없는 강의가 2010년에 있었다. 일산 사법연수원 대강당에서 8백 명의 예비법조인 대상으로 '한국어발음의 실제'를 주제로 진행했다. 독일 연수 시절 만나 교분을 튼 판사님의 제안으로 이루어진 것인데 둘도 없는 경험이었다. 장안의 최고 수재들 아니던가. 떨리기도 했으나 나는 나를 시험해 보자는 생각으로 과감히 도전했고, 새롭고 유익했다는 반응을 얻었다. 이후 나는 내 강의력을 신뢰하고 긴장이란 단어를 훌훌 떨쳐버릴 수 있었다.

2011년은 두고두고 아쉬운 해다. 나는 오후 5시에 생방송으로 '라디오 네트워크'라는 신설 시사프로를 맡게 됐다. TV에서 '문화탐험 오늘', 라디오에서 '문화 한마당' 등을 진행한 경험을 포함해 나는 주로 뉴스 외에는 음악, 아니면 문화가 내 프로그램 카테고리였다.

그러다 중앙의 테마를 제외한 지역, 즉 광역·기초자치단체의 주요 현안과 이슈를 조명해 보는 50분짜리 신설 프로그램이 내게로 격하게 다가온 것이다. 지방분권·균형발전은 시대적 과제 아니던가. 요즘 같으면 부·울·경 메가시티 프로젝트, 가덕도 신공항, 대전의 중이온 가속기, 광주·전남 행정통합, 새만금 지구의 경제성과 안정화, 대구·경북 연합안 등을 다뤘을 것이다.

PD는 라디오국의 에이스 김영준 선배. 투기자본감시센터 설립에도 관여한 진보 성향의 잘나가는 인물이었다. 이례적으로 AD도 있었으며 작가도 최상급. 나는 고무되어 열과 성을 다했고, 프로그램도 독특한 콘텐츠로 인기를 모았다.

그러나 1년쯤 지났을 때 마침 대대적인 라디오 프로그램 제안공모가 있었고, 교육 관련 응모작이 대상을 수상했다. 때는 바야흐로 한창 입학사정관제·수시·학종, 인·적성 평가 등 교육이슈가 차고 넘칠 때. 편성이 하필 '라디오 네트워크' 자리로 오게 되는 불상사가 벌어졌다. 우리 팀은 공중에 붕 뜬 상태가 되었고, 마땅한 시간대를 찾지 못해 표류하다 급기야 1년 만에 문을 닫는다. 운도 지지리도 없는 나다.

라디오 프로 배정에서도 소위 성향에 따른 비토가 일어나기 시작할 때 정말 괴로웠다. 딱히 새 노조 아나운서들을 배제하라는 구체적 지시가 없어도 보이지 않게 알아서들 처리했다. 아나운서실도 예외가 아니었는데 이런 와중에 인기 프로그램 같은 경우 실력이 처지는 일부 1노조원이 역량 있고 성실한 2노조원의 프로그램을 대체하는 사례가 심심치 않게 발생했다. 물론 후에는 그 역逆도 발생하지만.

이윽고 2012년 봄, 3월부터 K사장 퇴진 3개월 파업으로 회사 분위기는 어둡게 점철됐다. 새 노조는 4월 총선을 앞두고, 존재감과 영향력을 드러내고 사장과 경영진에 맞서 더 이상 친여적인 분위기에 끌려가지 않겠다는 계기가 필요했다고 느꼈는지 대규모 파업을 단행했다. 구 노조는 새 노조 파업에 정치적 의도가 있다고 판단해 동조하지 않았다. 프로그램 배당에는 숨통이 트였으나 노노갈등은 더욱 깊어지는 형국. 이때가 노사, 노노 간 반목이 극에 달하고 구성원들 간의 소통과 대화도 단절되는 결정적인 시기가 아니었나 싶다.

나는 이 무렵 실장으로부터 수도권 지역국장 자리를 제안받는다. 부장 직급으로 자동 승진 되는 좋은 케이스였으나 완곡히 거절했다. 이유는 그때 준비하던 책 출판에 차질이 빚어질까 걱정했고, 숙대 강의를 도중에 중단해야 하는 부담이 있었다. 더구나 제의를 수락하면 세 번째 지방행 아니던가. 실장은 내 사정을 너그럽게 이해해 주었다. 그러나 지금 생각하면, 아쉬움도 남는다. 비록 제한적이나마 내 비전대로 작은 방송국을 변화시키고, 그 모습을 지켜볼 수 있었던 좋은 기회이기도 했으리라. 그 자리는 경영직군 쪽 3년 후배에게 돌아갔다. 그즈음 우연히 로비에서 만나 그에게 축하 인사를 건넸더니 함박웃음을 지었다. 이런 것도 일종의 보시布施려나?

한여름 휴일에도 회사 나와 첨삭을 하고 윤문을 하며 피치를 올리니 9월에 책이 나왔다. 『현장리포팅과 방송스피치』. 리포팅에 관한 내용이 반, 나머지는 말하기 시대에 즈음해 아나운서 베이스로서의 스피치 커뮤니케이션 내용을 담았다. 50세까지 3~4권의 저작물을 남기겠다는 스스로의 다짐을 지킨 약속의 결과물이다. 이 책 이후로는 대학 강의에서 이것으로 교재로 삼았다.

그해 10월 9일 나는 영광된 자리에 섰다. 566돌 한글날을 맞아 국무총리상을 수상하는 감격을 누린다. 남한테 상을 주는 시상식 사회나 현장 중계방송은 많이 했어도 정부의 공식석상에서 수상의 대상이 된 건 처음이었다. 해외에서 한글 보급에 애쓴 공로로 상을 받는 외국인 교수들, 그 밖의 훈·포장 및 대통령상 수상자들과 함께 필동 한국의 집에서 가야금·대금·정가正歌 등이 어우러진 전통국악을 라이브로 들으며 한정식 상차림을 받았다. 연말에는 한국어문기자협회에서 주는 출판 부문 수상자로 또 상을 받았다. 그해 발간한 저서 『현장리포팅과 방송스피치』덕분이었다. 5년 전 방송 부문 장관상에 이어 2관왕이 되었다.

11월, 말도 많고 탈도 많았던 K사장이 임기를 마치고 마침내 물러났다. 그가 내유외강內柔外剛형이었다면, 새로 부임한 부사장 출신 K는 전형적인 외유내강外柔內剛 타입이었다. 시사·교양·편성을 두루 섭렵한 엘리트 PD로 사내 두루 신망이 높고, 공사로 바뀐 후 KBS 최초의 PD출신 사장이었다. 더구나 바람직한 내부 승진. 그는 전반적인 회사 업무에 밝고, 조용한 성품이면서도 인맥이 넓어 PD 사회는 물론이고 경영·기술·아나운서 직종에서도 인기가 많았다. 따라서 그에게 거는 기대는 컸으며, 회사에 안녕과 평화가 오기를 간절히 바랐다.

대규모 인사가 나고, 아나운서실도 수장이 바뀌었다. 나이는 위지만 한 기수 아래 K가 실장이 되자 나는 마음을 비우고 연말을 맞았다. 춥고 스산했던 저녁, 그런데 그가 내게 전화를 걸어왔다. "강 부장님, 같이 일하고 싶습니다. 잘 좀 도와주세요" 그의 목소리 너머로 나는 K사장의 미소를 떠올렸다.

부장 시절 에피소드 몇 개

 2012년 연말 나는 마침내 아나운서부장 발령장을 받는다. 그리고 이내 다가선 2013년. 아나운서실 102명 중 아나운서부는 84명. 모두 다 똑똑하고 잘났고 개성 강한 이 조직을 어떻게 끌고 갈 것인가. 나는 막막했다. 작고 아담한 한국어부의 부장이 내게 안성맞춤이었으나, 후배 여성 아나운서 몫으로 돌아갔다.

 사실 아나운서 조직은 90년 중후반엔 실장 1명, 주간 1명, 부장 4명의 간부가 이끌어갔다. 그게 규모에 맞는 것이었다. 그러나 사람은 늘어나는데 비해 간부직은 외려 줄여 인사 적체가 심했다. 실장보다 기수로 위인 데다 고참인 나였기에 그랬을까, 그는 현업과 근태를 온전히 내게 맡겼다. 과부하는 예견된 일이었다. 나는 극심한 스트레스에 디스크가 재발하고, 늘 피로에 쪄들었다. 능력을 따지고 공평을 기하며 정리情理를 안고 가는 게 참 힘들었다. 나쓰메 소세키였던가, 일본 작가의 말이 떠오른다. "이치를 따지면 모가 나고, 정에 치우치면 휩쓸리고, 고집을 피우면 옹색해지고. 사람의 세상이 참 어렵다" 그 당시 꼭 나였고, 나의 경우였다.

 기억나는 몇 토막의 에피소드가 있다. 처음 겪는 일이었던 게, 수시로 방송·문화·연예 담당 기자들의 전화를 받는 일. 아나운서는 저널리스트와 연예인의 중간 성격을 띤다는 말도 있지 않던가. 특히 생경한 인터넷 매체의 막무가내식 통화는 스트레스의 절정을 찍었다. 그러나 이들만 탓할 수 없는 것이 일부 아나운서들은 SNS로 수시로 근황을 전하는데 이것이 단초가 되는 일이 많았다.

한낮이었을 게다. 그즈음 막 주요MC로 물이 오르던 C에게서 문자가 왔다. 교통사고가 나서 병원에 있다는 것. 신호에 걸려 서 있는데 뒤의 차가 자기 차를 받았고, 이어 밀리는 바람에 앞차까지 연쇄 충돌했다고 한다. 자기 잘못은 절대 아니라고 했다. 오후 근무에 차질이 생길 걸 걱정한 끝에 대타를 섭외, 조치할 테니 염려 말고 안정을 취하라고 답했다.

한두 시간쯤 지났을까. 폰이 울렸다. "A기자입니다. C아나운서, 교통사고 났죠. 병원에 있다면서요?" "네, 그런데요. 어떻게 아셨어요?" "자기 책임 아닌 것 맞나요?" "그건 확실합니다. 차 3대 충돌인데 가운데 끼인 겁니다. 그런데 기자님, 어떻게 소식을 그렇게 빨리…" "C가 SNS에 올렸어요. 환자복 입고. 활짝 웃고 있던데요. 팬들 보고 걱정 말라고".

나는 도저히 이해가 안 되는 대목. 안정 취하라고 했더니만 그 와중에 병원에서 셀카 찍고 그걸 알리고 싶은가 말이다. 남들의 주목을 받는다는 건 근사한 일이다. 그러나 자신의 소속과 직업적 본분을 의식하고, 부정적 파장을 유념해야 할 텐데 젊은 후배들은 이런 면을 많이들 간과한다. 며칠 후 출근한 C를 나는 눈물이 쏙 빠지게 혼냈다.

이보다 더한 일도 있다. 나는 늦어도 오전 8시 전엔 나왔다. 간부는 일찍 나오는 게 기본 아니던가. 그렇게 보고 배웠다. 간밤의 방송 운행과 관련, 아나운서가 연루된 사건·사고는 즉시 문자나 전화로 접하지만, 이른 아침에 무슨 일이 또 터질지 알 수 없으니 그건 당연한 수순이다. 더구나 K사장은 꼼꼼하기가 이루 말할 수 없어서, 늘 그가 우리 조직을 두루 살펴보고 있다는 상상에 사로잡히게끔 하는 기운이 있었다. 그의 아우라이기도 하고, 어쩌면 나의 강박증이기도 했다.

어느 아침, 아나운서실 분위기가 그야말로 싸했다. 뭔가 이상했다. 몇몇 조근자들이 나를 대하는 눈빛이 두려워하는 것 같기도 하고, 외면하는 것 같기도 하고, 안쓰러워하는 것 같기도 하고, 여느 때와 달랐다. 심성 착하고 나를 잘 따르는 L과 눈이 마주쳤다.

"왜, 무슨 일 있어?" "부장님, 맥심이라고 들어보셨어요?" "커피잖아. 인스턴트커피" "헉. 아니 그거 말고, 잡지가 있는데요. 그게 좀 야해요" "그래서?" "거기, 표지모델로 J가 나왔다고…" "뭐? 미쳤구나. 어떡하고 찍었는데?" "그게… 짧은 가죽 팬츠에 모자, 그리고 채찍. 여자 선배들이 난리가 났어요"

기함을 한다는 말이 있다. 내가 고스란히 올곧게 당사자가 되었다. 곧이어 도착한 잡지를 보곤 아연실색했다. 그러나 희한한 게 자꾸 보니 그렇게 대단치 않아 보이기도 하고, J가 연예 프로그램 리포터에 활달한 성격이라 아주 조금은 이해가 되는 것도 같고, 복잡 미묘한 감정이 되었다. J는 그렇잖아도 밝고 잘 웃고 자유분방했다. 그러나 때로 자제가 잘 되지 않아 보수적인 그룹의 선배 언니들한테는 타박을 많이 받았다.

결국 나타난 J를 보는 순간, 나는 가죽 광택 차림의 팜파탈이 떠올라 멈칫했으나, 이내 평정을 되찾았다. 자초지종을 들어보니 섭외 때와 현장 분위기가 많이 달랐고, 다소 민망한 포즈를 요구하기도 해 망설였으나, 자기들이 알아서 잘 조정하겠노라고 다짐을 받았다는 이야기. 예상보다 수위 높은 커트가 타이틀로 나와 본인도 민망할 따름이라고 했다.

자꾸 마음이 누그러지는 나를 발견하기엔 그리 오랜 시간이 걸리지 않았다. 그러나 주위를 표 안 나게 둘러보니 언니급들이 짐짓 관심 없는 척 시선을 분산시키는 분위기. 그러나 촉은 우리 둘을 겨냥하고 있었다. 나는 다소 과장된 톤으로 혼줄을 냈다. 그러곤 얼굴이 붉어져 자리로 돌아간 그에게 이내 문자를 쳤다. 보는 눈이 많아 일부러 큰소리 낸 거라고. 이해하라고. 그러나 다시는 그런 일 없게 하라고. 닝큼 스마일 이모티콘이 폰에 도착했다.

다음, 도경완·장윤정 부부는 이제 명실공히 스타다. 둘의 결혼을 공식적으로 가장 먼저 안 건 공교롭게 나다. 9시 뉴스를 보고 있는데 경완에게서 전화가 왔다. 결혼한다길래 축하한다고, 그래 신붓감은 어떤 사람이냐고 물었다. "그게 저… 장윤정 씨요." "장윤정 씨? 씨는 또 뭐야. ??? 가수 장윤정?" "네. 여기저기 매체에서 벌써 소문 듣고 전화가 자꾸 와서요, 부장님께 먼저 알리는 게 도리일 것 같아서".

이튿날 오후였을 게다. 아나운서실이 웅성댔다. 나는 신문을 보다가 인기척에 안경을 치켜 올리니 눈앞에서 키 170cm는 족히 돼 보이는 쭉 뻗은 미녀가 예의 싱그런 미소를 짓고 있었다. 그리고 뒤에 경완이 보였다. 그는 나와 인연이 깊다. 입사 때 필기시험을 통과한 유일한 남자 응시생. 3차 면접에서 나와 맞닥뜨렸더랬다. 나는 그에게 최고점을 주었다. 후에 안 사실이지만, 그는 사관학교를 다니다 그만두고 호주에서 수년간 홈스테이를 하기도 하고, 다시 돌아와 마음에도 없는 대학을 다니는 둥 마는 둥 곡절이 많은 친구였다. 나이도 상대적으로 많았고.

거기까지가 딱 좋았는데, 어느 날 실장이 퇴근시간 무렵 나를 찾았다. "사장실에서 전화가 왔는데요. 도경완 결혼식 주례사를 써 달라네요. 사장님이 주례를 보시니까요. 강 부장님이 좀" 나는 난감했고, 기분이 상했다. 사장이 직접 전화했을 리는 없고 비서실장이 당사자라면, 나한테 직접 정중히 요청해야 옳

앉다. PD지만 후배 아니던가. 그러나 도리가 없었고, 나는 꾸역꾸역 A4를 채웠으며 63빌딩 연회장에서 내가 쓴 주례사를 사장의 보이스로 듣는 해괴한 경험을 해야만 했다. 그도 최근에 프리를 선언했다. 장인이 꼬박꼬박 월급 받아오는 직장의 사위가 좋다며 KBS에 죽 근무한다는 조건으로 결혼 허락을 했다는 얘기도 있던데 그 약속은 어디 갔나 모르겠다. 어쨌든 우리는 또 하나의 인재를 잃었다.

부장 시절 나 스스로 생각하기에 가장 뿌듯한 업적이라면 '뉴스자동알리미시스템'을 개발, 론칭한 것이다. 과거부터 아나운서실의 골칫거리는 라디오뉴스 펑크다. 방에 잘 안 나타나는 부류들이 주 대상이고 말이다. 어느 날 L팀장과 함께 IT 쪽 사람들과 밥을 먹다 사정을 토로했더니, 휴대폰으로 해결할 수 있다는 것이다. 젊은 층은 특히 폰 없이는 못 살고 수시로 그걸 체크하니 모바일을 일종의 알리미로 활용하자는 아이디어. 두어 달 걸렸음직하다. 매시 39분에는 출발(아나운서실)-녹색 표시, 48분에 도착(보도국 편집부)-빨강 표시 문자가 해당 뉴스 아나운서에게 전달된다. 출발/도착 버튼을 터치하면 실 전광판에 색상이 표시되고 1분이 지나도 응답이 없으면 경고음이 울리는 이 시스템은 그래서 탄생했다. 뉴스 사고가 획기적으로 줄었음은 물론이다.

또다시 대형 파업, 그리고

파업과 나는 왜 그리도 인연이 많은지. 늦여름과 늦가을. 이번엔 새 노조와 구 노조가 교대로 하는 통에 정신이 없었다. 초가을과 초겨울 두 번에 걸친 구 노조(1노조) 파업이 이번엔 더

강도도 높고 대미지가 깊었다. 이들은 이사회 구성이 여당 측 7명, 야당 측 4명으로 돼 있는 이상 정치적 입김에 공영방송이 휘둘릴 수밖에 없다며 거버넌스, 즉 지배구조 혁파를 주장했다. 그 방안으로, 복수의 이사들을 추천해 모집단을 늘리고 극단의 경향성을 띠는 인물을 거르고 추천하는 일종의 가중다수결제Qualified Majority Vote라는 비교적 참신한 방안을 내놓기도 했으나 여야 모두 공영방송이란 달콤한 먹잇감을 순순히 내줄 리가 있겠는가. 정치권의 신의성실을 믿고 기대한다는 건 그때나 지금이나 기대난망이다.

어쨌든 왕년의 아나운서실 파업을 이끌던 나는 세월의 흐름에 따라 속절없이 구사대救社隊의 초라한 일원으로 쪼그라들었다. 오며가며 노조원 후배들에게 어색한 웃음을 흘리며 "고생 많지? 그런데 언제 끝나?" 객쩍은 질문이나 하고, 혹여 기분 나빠할세라 그것도 조심스레 던지는 게 고작이었다. 실장과 구내식당 짬밥을 먹고 들어와 텅 빈 구석진 회의실에서 파업 가담 정도에 따라 후배들을 A/B/C 등급으로 나누며 자괴감에 떨었다.

세대 차이를 짙게 느끼는 것은 파업에 임하는 태도와 방송 프로그램을 대하는 자세라고 할까. 80~90년대만 해도 노사 간에 신사협정 내지 마지노선이란 게 있었다. 가령 과거에는 국책방송인 사회교육방송(한민족방송), 국제방송(라디오 코리아), 제3라디오(장애인 방송) 등의 뉴스와 몇몇 프로그램은 예외를 두고 국가기간 공영방송으로서의 정체성은 유지하자는 선에서 합의를 봤다. 이런 상호 신뢰와 존중으로 비록 전선에선 싸우지만 사적으로는 대화의 문도 열어두었다.

그런데 어느 때부턴가 방송사 파업 분위기가 너무 과격해졌다. 채널의 예외가 없는 전면 파업, 죽기 살기 식 대결, 간부와 말 섞으면 배신자, 이런 식이다. 한마디로 살벌하다. 반대로 변함없는 것도 있다. 식민지 유산, 일본풍 배제 등을 외치면서 왜 머리띠는 그대로인지. 그 조야하고 촌스런 새빨간 조끼는 무슨 이유로 여태 고집하는지 짚어볼 일이다.

11월 말쯤이었을 터. 파업이 한창이던 와중에 아나운서실은 또 하나의 사달이 났다. TV주말 프로그램 하나가 이해할 수 없는 이유로 갑자기 Y에서 K로 교체된 것이다. 당시 아나운서실은 숙원사업이던 부장 자리 하나가 늘어 아나운서2부가 신설되었고, TV·라디오·교양·예능 프로그램이 업무분장이었다. 대형 프로그램 MC를 도맡았던 여성, H팀장이 승진해 이끌고 있던 상태. 나는 아나운서 1부장으로 현업총괄·근태·뉴스·스포츠 담당이었다.

H에게 사정을 들어보니, 사장 특별 지시사항이라는 것. '아침마당'이나 '6시 내고향' 같은 기간 프로그램도 아니어서 꽤 이례적인 조치였으나, 후배 Y는 당시 데일리 주요프로그램을 진행하던 터라 선배인 K에게 양보하는 것도 과한 결정은 아니라는 데 의견일치를 보았다. 그러나 Y는 예상 외로 강력히 반발했고, 노조 측은 사장의 불합리한 간섭이라는 데 방점을 찍고는 또 하나의 좌표를 매겨 분기탱천했다. 다행히 12월 연말 분위기가 도와주고 파업도 일단락되는 바람에 일단 봉합되긴 했다.

아뿔싸, 그러나 그게 다가 아니었음을 알게 된 건 일이 터지고 이미 늦은 뒤였다. 12월 마지막 주 어느 날 집에서 저녁 먹고 TV를 보고 있는데 실장 전화가 울렸다. 나보고 다른 데로 발령이 났다고 했다. 방송문화연구소 공영성연구부장. 어안이 벙벙했다. 자기는 끝까지 막았는데 힘에 부쳤다나. 나의 후임은 앞서 파업을 틈타 프로그램 관련, 물의를 일으킨 그 K였다.

나중에 안 사실이지만 K, 그는 수신료 인상에 목매는 사장에 영향력을 줄 만한 정치권 인사를 찾아냈고, 그에게 인사 청탁을 했으며, 그곳이 바로 내 자리였다. 부장임에도 불구하고 새 노조 후배들과 자주 식사 자리를 갖는다는 죄목(?)도 살뜰히 추가시켰다. K사장을 충분히 자극시켰을 대목이다. 보통 2년 부장직을 잘 수행하면 실·국장이 된다. 자리를 일부러 탐하진 않았으나 아나운서 수장이라는 면류관 코앞에서 나는 이렇게 하릴없이 분루를 삼키고 만다. 사무실도 본관이 아닌 별관. 여의도동 18번지가 아닌 46번지. H부장과 몇몇 후배가 짐을 꾸리는 나를 도와주며 눈시울을 붉혔다. K, 그의 몹쓸 짓이 남긴 생채기는 컸으며 나는 한없이 초라해졌다. 그러나 지금은 그를 용서하고 싶다. 모두 다 지나간 일이니까.

연구소 시절, 마음을 다잡다

2014년, KBS별관 10층. 나는 방송문화연구소 공영성연구부장이란 생소하기 짝이 없는 타이틀을 부여받는다. 명색이 연구소라 방송 관련 책자를 만들고, 정기적으로 시청자들의 시청 패턴을 조사하며, 각종 프로그램 관련 지수를 평가하는 업무가 주어졌다. 그러나 2014년 당시는 수신료 인상이 당면과제였기에 각 대학 미디어 관련 학과 교수들과 소통하며 우군을 확보하는 게 최대 미션이었다.

여러 직종의 평직원들과 박사급 연구원 몇몇, 그리고 현업에서 한 걸음 물러나 분기별로 논문과제를 쓰는 직종별 연구위원들. 나는 이들을 이끌고 독려하고 다잡아야 했다. 어느 봄날 소장이 브라질 월드컵이 다가오는데 아나운서 출신 부장의 전문성을 살려 논문을 하나 만들어 보고서를 올리자고 했다. 시의

적절한 제안이었다. 국제축구연맹(FIFA)이 방송사 중계에 간섭해 국제표준신호로 같은 영상을 제작하는 시대라 방송사별 중계팀 구성이 시청률에 결정적 요인으로 작용하던 때. 여기에 대한 고민이 전사적으로 깊었다.

M방송사는 노련한 캐스터 K에 예능감 뽐내는 해설자 A, S방송국은 소위 만담식 중계로 '덕후'들에게 사랑받는 캐스터 B에 해설은 박지성과 차범근·차두리 부자. 우리는 세대교체에 실패해 캐스터가 상대적으로 약했고, 해설자는 미정이었다. 그때 스포츠국은 이영표 위원을 떠올렸다. 지도자로서는 나서지 않을 것이라던 그의 과거 발언, 그리고 옛 슈퍼리그부터 K리그 출범까지 축구에 경쟁력과 애정을 갖춘 우리 KBS PD·기자들과의 교분, 그리고 놀랍게도 영국 프리미어 리거 때부터 공영방송의 산실 BBC방송에 대한 그의 이해와 믿음, 이 3박자가 어우러져 '초롱이'의 KBS행은 이루어졌다. 한마디로 천군만마를 얻은 셈.

연구소는 '브라질 월드컵 중계의 과제와 전망'이라는 보고서를 만들며 설문을 포함시켰다. KBS중계의 강점과 약점, 누가 캐스터를 맡으면 좋은가 등등. 결론은 중계 방식의 변신이 필요하고, 예능감이 좋으며 이영표 위원과 호흡을 잘 맞출 캐스터의 발굴이었다. 예능이라면 J지만, 그는 진즉 퇴사한 상태고, 중계는 전혀 경험이 없었다. 대안은 역시 예능MC로 나름대로 존재감이 있는 C였고, 이 보고서대로 진용을 갖췄다. 중계 때마다 가슴을 졸였으나 결과는 종합시청률 KBS〉MBC〉SBS순으로 나타났다. 대역전극! 최고시청률은 대 러시아전, KBS 22.8%. 누구도 예상 못한 놀라운 결과에 우리 구성원들은 회사의 저력을 느꼈다. 2018년 러시아 월드컵은 2위로 내려앉았으나 한국 경기 중계 셋은 역시 1위를 놓치지 않았다.

아나운서실을 떠나 있는 유일한 아나운서. 거기에 연구소 부장 자격으로 나는 회사 각 조직을 객관적 시선으로 바라보는 안목이 생겼다. 그 연장선에서 나는 아나운서 조직 혁신안을 만들기에 이른다. 월드컵에다 수신료에다 더 무거운 현안에 밀려 비록 무위에 그쳤으나 윗선에서 주목했던 보고서다. 일부만 공개하면 이렇다.

-아나운서 사업단 신설이 필요하다. 현재의 한국어연구부를 대체, 확대하는 방안도 대안이다. 아나운서는 전문MC·프리랜서·기자·전문가그룹 등과 진행자라는 한정된 파이를 놓고 소모적 경쟁을 벌인다. 방송 프로그램 진행 하나만으로 국한되는 직무 영역을 다변화하면서 수익도 창출하는 구조적 혁신이 필요하다. 아나운서실은 외부행사·이벤트·세리머니·콘서트·포럼 등의 사회 및 진행 요청이 봇물을 이룬다. 이를 업무영역화하면 파이가 커져 수익 창출 조직으로 거듭날 수 있고, 그 수익의 일정 부분을 회사 자산으로 귀속해 공사 재정에 기여하는 효과를 볼 수 있다. 아나운싱 교육 분야를 자회사 KBS미디어와, 스피치·낭독 분야를 특화시켜 시청자미디어재단 및 교육청과 협업을 모색할 수도 있을 것이다.
-한국어연구부의 개선 및 확대도 필요하다. 한국어능력시험 개발의 좋은 기억을 되살려 확장적 업무 마인드가 절실하다. 국립국어원 및 한국어세계화재단에 파견형식을 통해 전문인력을 체계적으로 육성·성장시켜야 한다. 세종학당이나 재외 한국문화원과의 연계를 적극 모색해야 한다.
-EBS교육방송과 업무협약을 맺어야 한다. 수신료가 공공히 재원이며 과거 KBS-3TV 아니던가. KBS아나운서가 교육뉴스를 비롯한 교양·지식프로그램 등에 적극 참여한다면 EBS

는 적은 출연료로 양질의 진행을 담보할 수 있고 KBS는 아나운서 방송 참여의 외연을 넓힐 수 있는 일석이조의 효과를 거둔다.
- 한시적, 혹은 부정기적으로 종편·케이블·지역방송 아나운서에게 문호를 개방할 필요가 있다. PD 등 제작인력에게 모티브 부여로 아나운서 캐스팅 확장이 가능하다. 또한 공영방송의 수월성을 담보, 증명할 수 있다. 참고로 독일 공영방송은 신입사원 제도가 없다. 궁극적으로 아나운서실의 캐스팅 경쟁력이 업그레이드됨으로써 장기적으로 외부MC 출연을 줄일 수 있으며 제작비 절감 효과가 있다.

아마도 현재로서는 더 이상의 혁신 방안이 나오기 힘들 것이다.

방송문화연구소는 언론학회·방송학회·언론정보학회와 긴밀한 관계를 맺는다. 전국 미디어학계 교수들과 KBS의 첫 번째 소통 창구가 바로 연구소이기 때문이다. 소장과 나, 연구원 몇몇은 학회나 포럼에 빠지지 않고 참석해 KBS 세션을 따로 마련하는 등 부산을 떨었다. 목표는 수신료 인상, 오직 그것을 설득하려 말이다. 수신료 이야기가 나올 때마다 전가의 보도처럼 나오는 게 자구 노력 필요, 방만 경영 반성, 콘텐츠의 차별화 아니던가. 이 쳇바퀴에서 빠져나오는 아이디어가 필요했다.

공적 서비스, 이게 그중 하나. PSM(Public Service Media)의 우리말 버전이다. 기존 공영방송Public Broadcasting이란 개념이 다분히 고고하고 폐쇄적이어서 국민과 거리감을 갖는 방송 특화 매체로서의 존재였다면, PSM은 서비스를 강조하며 시청자에게 적극적으로 다가가는 미디어 총합 기구로서의 성격을 갖는다. 곧 기존의 공영방송·공영방송사 개념을 대체하는 용어로 새로운 미디어 생태계에 적응하는 시도와 노력이었다. 이건 아직도 유효하다고 본다.

아, 세월호!

 그리고 4월 16일. 이 날을 어찌 잊겠는가. 세월호 참사. 그날 이후로 역사가 바뀐 건, KBS도 예외가 아니다. 정권 맞춤형 보도, 노사 갈등, 수신료 인상 올인, 무리한 예산 감축, 사내 소통망 제재 등 가뜩이나 어수선한 회사 분위기에다 대형 사건이 터진 것이다. 집행부는 갈팡질팡했다. 5월 말쯤이던가. 월요일 확대간부회의에 부득이한 사정으로 소장이 참석 못 하니 대신 가라는 연락을 아침에 받았다. 오랜만에 만나는 사장. 어두운 분위기 속에서 회의가 진행되던 도중, 사장은 스마트폰을 움켜쥔 채 자리를 뜬다. 20여 분 동안 부재 이유는 나중에 알고 보니 발신자가 청와대였다는 후문. 나는 당시 분위기와 여러 정황상 사실일 거라 추측한다.

 K사장은 세월호 유족들에게 제대로 된 사과를 하지 않고 미적대다 시기를 놓쳤고, 노조에겐 빌미를 주었으며 막판 사후 대처도 우왕좌왕했다. 당시 측근들에 따르면 본디 사리판단이 빨랐던 사장이 막상 대혼란이 닥치자 선택안 중 가장 안 좋은 쪽으로만 결정을 내렸다고 한다. 이사회는 급기야 해임을 의결했고 K사장은 중도하차했으며 노조는 파업을 접었다.

 2015년 나는 부장 보직에서 내려온다. K사장 후임으로 온 PD출신 C사장이 평소 아끼던 후배를 내 자리에 앉힌 것이다. 아나운서실 포함, 2년 2개월 만에 자리에서 내려오니 홀가분하기도 했지만, 같은 시기 숙명 강의와도 이별하게 돼 다소간 허탈했다. 나는 아나운서실 복귀와 연구소 잔류 중 하나, 양단간에 결정을 해야만 했다.

가끔 내가 일하는 별관을 찾아와 소주잔을 기울이던 몇몇 고마운 후배들로부터 간접적으로나마 친정 소식을 접하던 터라 아나운서실의 혼란상을 알고 있던 나는 다음을 기약하며 눈물을 머금고 연구위원으로 남기로 한다. 지금 생각해도 잘한 선택이었으나, 2015년은 무기력하고 자존감 상실의 해였음을 부인하기 어렵다. 마이크 놓은 지가 언제였던가. 이러다가 아나운서 생명이 끝나는 건 아닌가. 한창 중요한 일을 맡아 가장 활발히 일할 나이, 50대 초반에 내 모습은 이리도 애잔했던 것이다.

리더십이 아니라 팔로십이다

2016년 2월, 나는 마침내 다시 아나운서실로 오게 된다. 사장도 K로 바뀌고 실장도 평소 관계가 좋은 Y선배가 바통을 이어받은 데 따른 귀결이었다. K사장은 사실 나와 동기생 기자로 아주 늦은 나이에 입사했고, 나는 좀 일찍 들어온 게 차이라면 차이다. 학번은 내가 외려 그보다 하나 위. 그는 내가 알기로 육사를 다니다 그만두고, 젊은 날 인생의 쓴맛 단맛을 다 본 다음 뒤늦게 대학을 졸업한 케이스다.

전임 C사장은 중도 퇴임한 이전 K사장의 잔여임기 동안, 연임 목표에만 골몰하느라 당시 영향력 갑이었던 L이사장에 끌려다닌 듯한 인상만 기억에 남는다. 임명 때부터 정권과 청와대가 세월호 후속 조치에 신경 쓰는 사이 여당 이사들을 단속하지 못해 어부지리로 사장이 됐다는 소문도 돌았다. 늘 애매한 스탠스에 일베 출신 기자 채용, 성우들의 보루였던 명화극장 폐지 등 논란이 있었다. 그의 재임 기간 파업이 없었다는 점은 그래도 공덕으로 칠 만하다.

이런 배경에서 취임한 K사장이어서 강경 모드로 갈 수밖에 없는 환경이었다. 보도국, 그것도 대부분 정치부에서 잔뼈가 굵은 인물이다 보니 앞으로 펼쳐질 상황이 불문가지였다. 더구나 타임 스케줄대로라면 자신의 임기 내에 대선이 치러지는 그림. 그는 정부·여당에 유리한 기사면 톱, 불리한 뉴스가 사람들 입길에 오르면 메인뉴스 머리기사를 '북한, 신형 핵무기 위협' 기사로 연달아 세 꼭지, 이런 식으로 대응했다.

그나저나 친정에 복귀한 나는 초라하기 짝이 없는 모습이었다. 2년 2개월의 공백은 예상보다 컸다. 마치 독일의 심리학자 한스 요아힘 마츠(Hans Joachim Maaz, 1943~)가 말한 '감정정체 感情停滯'가 온 듯했다. 독일 통일 후 구 동독인들이 겪었던 정서장애의 일종으로 소통이 원활치 않고 표현의 자연스러움이 방해받는 현상. 아나운서실은 잦은 파업에 인사 파행에 1노조와 2노조 간 갈등 등으로 구성원들의 반목이 극에 달해 있었던 반면, 나는 마치 실험실의 개구리처럼 딴 세상에서 살다 온 듯한 이방인 느낌이었다고나 할까. 처음 겪는 역사의 단절이었다.

그러나 배운 게 도둑질이라고 뉴스가 입에 익자 한낮의 국제방송 뉴스가 싫거나 두렵지 않았다. 해외동포와 한국, 한국어에 관심 있는 외국인이 듣는 방송이라 조금은 부담 없는 뉴스. 거기다 남녀 더블 진행이라 여성 아나운서 후배와 방송 전후 스몰토크 나누는 재미가 쏠쏠했다. 기억 회로가 자꾸 막혔던 방소식 이모저모도 듣고 말이다. 한국어능력시험 출제와 검수, 간간이 들어오는 외부강의가 부쩍 좁아진 책상과 작은 의자 앞의 나를 보듬어주고 있었다.

나는 얼마 후 제3라디오 '오늘의 신문' 프로그램까지 맡게 되는데 뉴스 기사를 일별한 후 요약해 전하고 중간에 가요를 섞는, 신문 좋아하는 나로서는 최적의 프로그램이었다. 또한 전속 신분에서 프리로 나가기 전 젊은 여성 성우들이 6개월씩 교대로 들어와 공동 진행하는 방식이라 왠지 모를 활력을 느꼈다. 나한텐 후덕한 선배PD들이 강퍅한 후배들보다 편한데 딱 그 체제, 6년이 지난 지금까지도 변함없이 MC석에 앉아 있는 이유다.

나를 따르라, 팔로미Follow Me는 더 이상 유효하지 않은 리더십이다. 그러나 사장K는 불행히도 이 부류였다. 그나마 앞의 두 PD출신 사장 둘은 분위기나 이미지만큼은 온화했던 반면, K는 좋게 말하면 사나이다웠으나 권위주의 리더십의 전형이었다. 이제는 팔로십에 부드러운 카리스마 시대 아니던가. 하여튼 본인에게나 회사에게나 아쉬운 대목이었다. 대선이 있는 2017년이 되자 게이트키핑이 심해져 정부·여당 친화적 기사가 넘치고, 그 반대는 축소, 왜곡되는 게 심해졌다.

회사 내 큰 사달은 거의 보도국에서 터졌다. 소위 잘나가는 사장 라인의 편집·취재 간부들이 친위대를 형성하고 일선 기자의 기사들을 간섭했다. 역으로 '국뽕'이 명백한 취재는 억지로 꼭지를 만들어 기사화하는 작업들이 빈번해지고 말이다. 별 대수롭지 않은 평기자들의 불만과 저항을 두고도 부장급 이상들이 울근불근하는 사례들이 속출했다. 나는 조심스레 그 이유를 추측한다. K사장도 수신료 인상이라는 거대한 블랙홀에 빠졌던 것이라고.

언짢고 힘들고 속상하더라도 조금만 참아라. 대선까지만 눈 딱 감고 직진하면 수신료 4천 원이 현실화될 수 있을 거다. 역사에 남는 사장이 되는 것이고 그러면 연임이야 따논 당상, 이런 식 아니었을까. 그러나 정도가 심했다. 급기야 2017년 가을

이 되자 1노조, 2노조 모두 들고일어나 무려 5개월짜리 파업을 마주하고 만다. 5월의 정권교체가 대형 방아쇠가 되었음은 물론이다.

파업, 이번엔 진짜다!

파업은 특히 아나운서들을 멍들게 한다. 파업을 하는 쪽도 몸과 마음이 무겁고, 그걸 대신하는 그룹도 일의 부담이 가중되며, 특히 미안하고 안타까운 마음은 이루 말할 수 없다. 방송 프로그램이라는 게 평소엔 아무렇지도 않게 접하지만, MC가 바뀌면 생경하고 어색해지는 법. 우리는 누가 파업을 하고 있는지 금세 표가 난다. TV화면에 갑자기 중년의 아나운서들이 등장하는 것도 눈에 띄는 시그널이다.

나는 방송을 하는 편에 섰다. 파업의 명분과 이유에는 찬동하나 방송을 놓는 건 반대였다. 최소한 국책 라디오 방송은 한다든지, 뉴스만 안 한다든지 하는 예외 조항이 있어야 했다. 안 그러면 너무나 큰 혼란이고 막대한 후유증을 남긴다. 내가 많이 해봐서 아는 것이다. 그러나 여느 때와 달랐던 것은 고참급 중에서도 모든 프로그램을 포기하고 파업 가담 쪽에 선 이가 더러 있었다는 사실이다. 의아했고, 이 대목에서 난 좀 비루한 기분에 휩싸이기도 했다.

사실 조금 이상하고 독특한 구도의 파업이기는 했다. 이제까지는 정권과 사장이 한편이고, 노조가 반대편에서 벌이는 싸움이었다면, 이번 건은 정권과 노조가 가치를 공유하고, 사장과 일부 간부급 사원들이 소수파가 된 형국이었기 때문이다. 어쨌든 상처가 너무 컸다. 나는 라디오 의학 프로그램 데일리 60분,

TV는 평일 글로벌 시사 프로 30분짜리를 떠맡았고, 라디오의 정오와 저녁뉴스를 도왔다. 오전 10시쯤 나와 밤 9시가 되어서야 끝났는데 체중이 3kg이 빠졌다. 저녁 약속을 못 잡으니 술을 안 하고, 구내식당 밥으로만 저녁을 때우니 영양의 균형이 생겼던 것이었을까, 아니면 힘들고 지쳐서였을까.

어쨌든 너무나 소모적이었다. K사장은 정해진 임기를 마친다는 주장을 되풀이했으나, 그전 진보 쪽 J사장도 똑같은 상황에서 물러났던 처지라 궁색했다. 정황이 그럴진대 자신의 자존심보다 사원들의 사정과 상황을 미루어 헤아려야 했다. 더구나 J사장과 달리 그는 내부 출신 사장이 아니던가. 2018년 1월 말 그는 결국 이사회에서 해임을 의결해 KBS를 아름답지 않게 떠났고, 지긋지긋한 장기 파업은 종료되었다.

2018년 정월의 끝자락, 마침내 회사는 평화를 찾았다. 아나운서들도 자신의 프로그램에 탈 없이 복귀했다. 그동안의 모습과는 사뭇 다른 풍경이었다. 전에는 파업이 끝나도 앙금이 남고, 사장과 집행부는 다음 사태를 막기 위해서라도 강성 파업 가담자에게 불이익을 주곤 했다. 아나운서들에겐 프로그램 빼앗기가 그것. 또 다른 갈등을 부추기는 악순환과 후유증이 되풀이되었었다.

그러나 정권이 바뀌고 구 시대 사장을 내쫓은 마당에 그런 불상사는 없었다. 옥에 티라면 아나운서실의 경우 도중에 파업을 접은 구 노조원과 끝까지 투쟁을 계속해 심신이 피폐해진 새 노조원 사이의 불화가 남아 있었다. 이런 와중에 NHK 국제방송국 조선어방송요원 교육 정기 출장이 내게 떨어졌고, 내내 고사했으나 복잡 미묘한 방 분위기 속에서 가고자 하는 이가 마땅치 않았다. 결국 11년 만에 나는 다시 도쿄를 가게 된다.

다시 교육·연구의 품으로

 NHK 건을 이야기하기 전에 이 무렵 나는 나름대로 기념할 만한 두 가지 새로운 체험을 가졌다. 하나는 그 전해 연말 한겨레신문 산하 한겨레말글연구소가 주최한 연구발표회에 패널로 참석해 발표를 했다. 파업의 와중이었지만, 주제가 매력적이었고, 방송 스케줄에 지장이 없었으며, 한겨레와는 그동안 인연이 없었기에 호기심이 동動했다. 타이틀은 '한국 사회의 호칭 문제'. 우리 사회 구성원들이 겪는 호칭상의 불편 실태를 점검하고 개선책을 찾기 위한 자리였다. A4 10장의 토론문을 최선을 다해 썼다. 국어학자·언어학자·신문기자·시민운동가 등이 모인 자리에서 공영방송 아나운서가 창피를 당할 수는 없는 노릇 아닌가.
 타이틀은 '생략의 재미, 맥락의 발견—방송에서의 호칭 문제'로 정했다. 핵심은 이렇게 요약된다.

−상대에게 꼭 들어맞는 호칭을 힘들여 찾기보다 맥락에 맞는 상황어를 발굴하는 것이 더 가치 있다.
−대인관계의 상대성을 일일이 따져 고정된 호칭을 찾기보다는 새로운 호칭을 위한 기제機制를 개발하는 것이 더 의미 있다.

 예를 들면 식당·카페에서의 '여기요/저기요'가 해당된다. 누군가를 적시해 부르는 게 아니라 상황을 일깨우는 방식이다. 그러니까 솔루션은 합리적 참신성에 있다 할 것이다. 한걸음 더 나아간다면, 글로벌 스탠더드와의 부합이다. 서양어는 영·독·불어 모두 Excuse Me의 연장선에 있다. 당신을 부르는 나의 상황을 용서하라는 것이요 그럼으로써 그 주체主體는 외려 교양과 품격을 얻게 되는 것 아니겠는가. 그래서 '실례합니다'로의 확장도 고려해 볼 일이라는 생각이다.

정치와 제도의 민주화를 넘어 일상의 민주화가 절실한 시대. 그에 걸맞은 언어 혁신이 필요한 건 어쩌면 당연하다. 쇄말적鎖末的 일대일 대응의 호칭·지칭을 벗어나 상황 메커니즘을 지향하는 게 더 구조적이고 생산적인 노력이 아닐까 싶은 것이다. 이때의 발제와 토론을 모아 나온 책이 『나는 이렇게 불리는 것이 불편합니다』 공저자라는 이름으로 등록된 건 처음이었다.

거의 같은 시기 조선일보의 소프트한 외부칼럼 코너 '일사일언'을 쓰게 되었다. 한겨레 세미나에서의 원고와 발표가 계기를 만들어주었다. 언어·방송·스피치·클래식·독일 등을 주제로 13편이 실렸는데 매주 A4 한 장씩에 실어 보냈다. 엔간한 필자가 보통 8번 지면에 오르는데 나는 반응이 좋아 특별한 케이스라는 데 힘이 솟았다. 일곱 번째 칼럼이었던가. 출장 중이던 NHK 방송국에서 우리 신문을, 그것도 내 글을 접했던 흔치 않은 경험은 여태 소중하다. 하나만 소개하면 다음과 같다.

독일을 시샘하다

이탈리아 땅 누군가가 창의적 아이디어를 내면, 프랑스에서 잘 살피고 다루어서 제도화시키고, 독일인이 이를 오래도록 철저히 지킨다는 말이 있다. 명실 공히 독일은 뭔가 지·키·는 데 선수다. 도심 문화재를 지·키·느라 주위에 더 높은 건물은 못 짓게 한다. 축구는 어떤가. 어디까지나 각자의 포지션을 굳세게 지·키·며 절대 '오버'하는 법이 없다. 그리고선 월드컵 우승 4회, 준우승 4회! 독일축구에 질려버린 영국 축구의 전설 리네커는 토로한다. "축구란 22명의 남자가 한

참을 공만 쫓아다니다 결국 독일이 이기는 게임!"

왜 그러는 걸까? 분석하면 아끼려는 것과 관련 있어 보인다. 건축물도 사실은, "멀쩡하고 근사하기만 한데 왜 헛돈을 쓰지?" 축구는, "이건 정신없이 90분을 뛰어야 하거든. 체력을 절약(?)해 페이스를 유지하고 실점을 안 하는 게 득이야!" 이런 식이 생각의 바탕 아닐까.

그 전부터도 돈 안들이고 효율 지향적인 데는 일가견이 있었다. 금욕에 지친 수도사들은 물에다 홉과 보리를 섞어 맥주를 만들었다. 푸줏간에선 돼지고기를 부속까지 샅샅이 챙겨 소시지를 탄생시키고, 빵은 일부러 반죽을 거칠게 해 딱딱하게 해놓았다. 그래야 두고두고 오래 먹으니까. 슈바벤 나무꾼들은 좀 심했다. 숲속을 가로지르다 낮엔 빵을 먹고, 밤이 되면 그 빵으로 베개를 삼았다나?

민주주의와 자본주의의 본좌 영국, 문화·예술과 자유정신의 프로타고니스트 프랑스, 이 두 '넘사벽'을 바라보며 독일은 내내 절치부심한 것 같다. 결국 남은 건 경제와 기술 아니겠는가. 지금은 유럽에서 가장 두툼한 지갑에다 탄탄한 기초과학 기반의 하이테크, 최근엔 국가 브랜드 이미지 챔피언까지 독일은 강성하기만 하다.

'지키기' '아끼기'에서 한 걸음 더 나아가면 '기리기'에 다다른다. 사실 독일이 칭송받는 건 바로 이 지점이다. 틈만 나면 진심으로 사죄하는 유대인을 향한 태도를 보라. 독일 의사당은 1년에도 몇 차례씩 실내악 공연에 이어 게토 생존자의 증언을 듣는 가슴 뭉클한 순간을 빚어낸다.

베를린자유대학 연구원 시절, 오고가던 전철역은 '오스카 헬레네 하임'과 '틸 플라츠'였다. 앞은 장애인병원을 세운 '핀치' 부부를, 뒤는 저명한 농학자 '후고 틸' 박사를 기리는 이름이다. 평창 개막식에서 작은 태극기를 손에 들고 입장한 독일! 이들을 따라잡고 싶다.

용서하고 화합하자

　　NHK-WORLD, 국제방송국 조선어반은 그동안 많이 달라져 있었다. 11년 전 첫 번째 방문 때 근무했던 멤버로 건재한 요원은 단 한 사람뿐. 그런데 눈에 익은 이름을 브로슈어 명단에서 발견했다. Y! 이름을 읽을 때 발음이 리드미컬해 기억에 남았었다. 아주 인상이 좋고 한국어가 능숙하며 한국인보다 한국을 더 사랑하던 남자. 그의 거취를 물으니 이제는 계약이 끝나 진행이 아닌, 출연을 위해 가끔 온다는 것. 그를 만나고 싶다 하니, 돌아온 말이 "조금, 아니 많이 모습이 변했을 텐데요".

　　무슨 이야기인가 했다. 많이 늙었나? Y, 그는 그녀, 그러니까 여성이 돼 있었다. 그의 변성變性은 동남아 모처에서 이루어졌고, 이름은 바꾸지 않았다. 가족은 자신의 의사를 존중해 준다고 했다. 무슨 대수인가. 그와 나는 일본식 호프집에서 회포를 풀었고, 이후 그가 서울을 올 때마다 만났다. 나는 그해 연말 아나운서연합회에 표준어와 바람직한 방송언어 보급에 공이 큰 인물에게 주는 '장기범 상'에 그를 강력히 추천했고, 외국인으로서는 최초로 수상의 영예를 그, 아니 그녀가 안았다.

　　그런데 '장기범'은 누구일까? 고故 장기범張基範(1927~1988) 아나운서는 KBS아나운서실의 레전드라 불리는 인물로 고귀한 인품과 뛰어난 능력으로 후배들의 전범典範이 된 분이다. 남산 중앙방송국 시절 아나운서실장, 라디오국장, 부산·대구·춘천

방송국장, 연수원장을 역임했으며 미국의 소리VOA 방송에 파견됐던 엘리트 아나운서. 그의 업적을 기려 이 상이 제정되었고, 최고 권위를 갖는다. 나는 생전의 그를 어떤 모임에서 딱 한 번 뵀는데 현직 아나운서로는 내가 마지막이다. 과연 듣던 그대로, 그는 거인의 풍모를 지니고 계셨다. 은은히 빛나는 은발머리, 남성답고 울림이 큰 목소리, 인자한 미소와 몸에 밴 겸손이 잊히질 않는다.

2018년 4월, 새 사장이 취임했다. Y사장. 새 노조 전신인 사원행동을 이끌었고 파면까지 당했던 풍운아. 나는 그와 동갑에 동문, 같은 학번으로 안면은 있지만, 잘 알지는 못한다. 그에 대한 평가도, 현직에 있으니 시기상조이며 자제하는 게 예의일 듯싶다. 당부하고 싶은 것은 내부적으로 용서·화해·화합하는 일이다. 프랑스 철학자 자크 데리다는 말한다. "최고의 용서는 용서할 수 없는 것을 용서하는 것이다". 지난 정권, 이전 사장 밑에서의 간부급 사원들을 내내 백안시하고 따돌려서는 안 된다. 그들도 KBS의 소중한 자산이다. 걸맞은 직무를 주고, 쓰임이 있는 곳에 배치해 회사에 도움이 되게 해야 한다.

역으로 밖으로는 권력 견제와 감시, 사회 부조리 비판, 공동체를 위한 아젠다 세팅 등 언론사 본연의 기능과 역할에 충실해야 할 것이다. 예컨대 독일의 거의 모든 방송, 신문사의 모토엔 진실·공정·정확·객관 등과 함께 반드시 '비판적으로kritisch'의 덕목이 동반된다. 시청자를 믿고 공영방송으로서 독립적이고 중립적인 비판 기능을 멈추어서는 안 된다. 언론의 비판 기능이야말로 태생적 소명 아니던가.

아나운서실 후배들은 기자·PD들보다 순하고 너그러워 그런지 대부분의 시니어들에게 따로 '적폐'의 굴레를 씌우지는 않았다. 과거부터 교분이 두터운 후배 K와 L이 실장을 연이어 맡으며 나는 대외 직명 KBS아나운서실 방송위원, 최고참 아나운서로서 회사 말년을 더없이 안온하게 보내고 있다. 이 나이에 전담 뉴스와 프로그램을 여태 진행하고 있다는 건 드문 행운이다. 실로 관계의 힘이 아니고 무엇이랴. 젊어서 그리 뻗대고 선배 등지고 노조 활동 하다가 승진 등에서 불이익 받고, 어찌어찌 간부 노릇하다 열성 노조원들한테 유연하게 대한 것이 앞길의 발목을 잡았었다. 그러나 다시 세상이 바뀌어, 동조 파업을 안 했어도 그 고되었던 여정을 후배들이 기억해 주는 게 아닌가 싶다.

2018년 6월엔 방송통신심의위원회 산하 방송언어분과특위 위원을 맡아 3연임 중이기도 하다. 이건 방송연구소 부장일 때 한 세미나에서 만난 교수님이 "강 아나운서에게 꼭 맞는 자리일 것 같습니다" 귀띔을 해주어 응모해 얻은 명예로운 자리다. 한 달에 두 차례 회의가 열리는데 주로 예능 프로그램의 언어 사용 실태가 그 대상이다. 하나는 신조어·통신언어·유행어와 비속한 표현, 과격하거나 선정적인 표현, 무례하거나 상식에 어긋난 표현 등 방송 품위를 저해하는 항목. 다른 하나는 불필요한 외국어, 부적절하거나 부정확한 표현, 의도적인 표기 오류 등 어문규정을 어기는 사례를 분류해 심의한다.

다른 위원들과 의견을 교환하고 심도 있게 토론하고 합의를 도출하는 과정, 나는 이런 게 재밌고 배움을 주어 좋다. 위원들마다 차이가 있으나, 내 경우는 두드러진 폭력성·선정성·저급성만 아니면 신조어엔 비교적 너그러운 편이다. 예컨대 심쿵·넘사벽·웃프다 따위는 꽤 참신하고, 대체 가능한 단어가 마땅치 않고, 줄임효과가 있지 않은가. 돌이켜 보면 80, 90년대에도 이런 시도는 있었다. '옥떨메'라고 기억하는가, 옥상에서 떨어진 메주. 지금은 여러모로 부적절한 말이지만 생략과 축약의 욕구는 어느 시대나 있는 법이다.

그러나 특히 자막 등에서 한글 자모와 로마자를 섞어 희화화하는 사례들, "나는 가끔 눈물이 난다"를 "ㄴr는 ㄱr끔 눈물이난cF"로 만든다든지, "우Ri는 Mㅏ음으로 ㅎr나다"로 "우리는 마음으로 하나다"를 함부로 쓴다든지 하는 건 못 참는다. 또한 웹툰·게임·힙합 용어를 분별없이 마구 쓰는 것도 계층 간 위화감 조성 차원에서 단호히 반대하는 편이다.

나의 관심 분야는 물론 크게는 언어 저널리즘이지만, 그중에서도 제일은 언어의 적합성·적절성 테마다. 가령 '잔디밭에 들어가지 마시오'를 '잔디가 아파요'로 대체한 것, 해외 유튜브 영상으로 화제가 됐던 '저는 맹인입니다. 도와주세요. I'm blind. Please help!' 대신 '오늘은 멋진 날, 그러나 저는 볼 수가 없네요/It's a beautiful day, and I can't see it'로 바꾸는 시도 등은 얼마나 근사한가. 말과 글을 정확히 사용하는 것도 중요하지만 T.P.O.(Time/Place/Occasion) 즉 시간·장소·상황에 맞게 어떤 표현과 화법을 구사할 것인가가 시대가 요구하는 국어의 영역이 아닐까 한다. 궁극적으로는 우리 말글의 맛을 돋우고, 멋을 살리며, 격을 높이는 작업의 일환, 거기에 일조하고 싶다.

2019년 가을 회사는 내게 또다시 기억할 만한 일을 만들어 주었다. 외국인 한국어 말하기대회가 국립중앙박물관 대강당에서 열렸는데 KBS를 대표해 심사위원으로 참석했다. 48개국 3천여 명이 예선, 130여 명 본선 진출, 다시 그 관문을 뚫은 12개국 12명이 결선에 오른 것이다. 한국어세계화재단 주최로 해외 한국어 교육기관인 세종학당의 우수 학습자 초청 연수의 일환이다. 그래서 이들의 친구와 지인 등 400여 명이 성황을 이루었다. 특전이 엄청났다. 1년간 한국에서의 대학 학비와 체류비를 우리 정부에서 지원한다.

주제는 한국의 멋·맛·정情, 괜찮은 선택이라 여겼다. 심사위원은 2라운드 최종 결승에서 하나씩만 질문을 배정받았는데, 공교롭게도 내가 가장 마지막이었다. 우즈베키스탄의 벡미르자예프 아짐 군에게 이렇게 물었다. "한국 사람이나 우즈베크 사람 중 가장 멋진 사람은 누구며, 그 이유는?" 그의 대답. "저희 세종학당 선생님이 한국 사람 중 가장 멋진 분입니다. 답을 못해도, 틀린 답을 말해도 잘했어요, 맞아요 하시며 늘 격려해 주십니다. 우즈베크 사람으로는 우리 아버지입니다. 공부 안 하고 학교 빠지고 PC방에서 살던 저를 세종학당에 보내주셨으니까요".

그의 눈시울이 뜨거워졌다. 대상을 결국 이 친구가 먹었다. 2위에 해당하는 최우수상은 눈이 유난히 예쁜, 이란 출신 대학생 사하리 타바콜리. 내가 아바스 키아로스타미 감독과 아쉬가르 파라디 감독 팬이랬더니 안 그래도 큰 눈이 휘둥그레졌다.

2020년은 내가 회사에 보답했다. 4년 만에 개정된 'KBS 방송제작 가이드라인'. 뉴스와 프로그램 제작자들이 자신의 책무를 분명히 인지하고 준수할 수 있도록 제시하는 길라잡이 같은 일종의 작은 법전 같은 책이다. 최근 모바일 미디어 이용의 급증 현상을 반영할 필요성이 있고, 소위 언택트Untact 환경에서 공영 미디어에 부여된 새로운 책무들을 고려해야 할 시점이라 새로 제작할 이유가 충분했다. 342쪽짜리 출판물의 최종 교정과 감수를 영광스럽게도 내가 했다. 업무 끝나고 3~4시간씩 일주일 정도 작업했는데 힘들지만 보람 있었다.

2018년 기준 지상파, 종편, 케이블 등 전국의 아나운서는 694명이다. 지금은 더 줄었을 터. 아나운서의 인기와 영향력은 전과 같지 않은 게 현실이다. 그럼에도 '방송사 소속 직원으로서 바르고 정확한 우리말을 바탕으로 뉴스·교양·오락 프로그램을 진행하는 사람' 'PD·기자들이 기획하고 제작한 방송 프로그램을 숙지하고 미덥게 진행, 전달하는 사람'이라는 우리의 본령은 변하지 않았다. 아나운서라는 자리는 현저히 줄었으되 그 직업적 아우라, 즉 말을 제대로 부리고 다루는 전문방송인으로서의 가치는 그대로다. 그것을 선망하고 추구하는 사람들의 열정은 여전하고 말이다.

이제 마무리. 나는 안식년을 앞두고 있다. 한데 성정性情이 고약해서 그런가, 글자 그대로 안식년이 "이제 편히 쉬세요"로 들리질 않고 "됐어, 당신, 그만해"로 자꾸만 다가온다. 그래서 서럽다. 머지않아 KBS라는 크고 따스한 온실에서 밖으로 내던져지고 아나운서라는 편하고 보드라운 외투도 벗어야 한다. 두렵다. 무섭고 훌륭했던 선배들 덕분에 혹독하고 유의미한 과정을 거쳐 알차고 튼실한 말글살이에 나름대로 적응해 온 나. 앞으로 무엇을 해야 할까, 무엇을 할 수 있을까, 고민이 많다.

허물을 벗은 매미는 자유롭다. 그러나 날개를 죽 펴고 숲으로 날아가고 난 뒤에도, 바싹 마른 매미의 허물은 한동안 나무를 부둥켜안은 상태 그대로다. 온 힘을 쏟았던 그 집중의 시간이 하도 짙어 무의식이 남아 있어 그렇다고 한다. 지금의 나를 향한 은유 같다. 그래도 분명한 건 지력과 체력이 닿는 한 앞으로도 말글과 관련한 플랫폼 언저리에 있을 것이란 사실이다.

노마십가駑馬十駕란 말에서 용기를 얻는다. '둔한 말도 열흘 동안 수레를 끌 수 있다' 즉 재능이 적은 사람도 열심히 노력하면 능력 있는 사람과 어깨를 나란히 할 수 있다는 뜻이다. 주저 없이 인생 후반전 버튼을 눌러 리셋하고, 그 미지의 세계를 향해 다시 천천히 길을 나서련다. 끝.

읽어주셔서 감사합니다.

나오며

　여기 좌충우돌 써내려간 책이 있다. 36년 아나운서 생활을 정리해 놓은 것으로 종횡무진, 나쁘게 말하면 뒤죽박죽이다. 목소리 이야기하다가 숙직 생활의 신랄辛辣함을, 뉴스리딩의 노하우를 파다가 지방 근무의 허와 실에 대해, 노조원으로서 활약상을 토하다가 대학에서의 강의 내용을 공개하고, 한국어 능력시험 개발 비망록에서 독일 연수와 취재 무용담으로 튄다.

　그러나 누구나 그렇지 않은가? 그것이 자연스럽고 말이다. 누군가를 만나 한정된 주제만을 붙잡고 그 안에서만 대화하기란 여의치 않다. 공적인 이야기, 이론적인 사회 담론을 펼치다 내밀한 사적 서사敍事와 여러 잡다한 에피소드가 엮이는 법이다. 『올 어바웃 아나운서』는 바로 그런 책이다.

　격동의 시절을 마감하는 아나운서가 그저 술술 펼쳐낸 이야기보따리라고나 할까. 이방인·문외한까지 귀 기울이게 만드는 수다와 자랑질로 봐도 된다. 아나운서의 생성·성장·발전·쇠락 등을 낱낱이 담았다. 영화나 소설처럼 장면과 배경이 시공간을 넘나들면서 풍부한 지적 탐험은 물론 내밀한 기쁨·애환·슬픔·영광·좌절·반성까지 씨줄과 날줄로 촘촘히 묶었다.

　'재미있고 유익하게'. 어찌 보면 그 숭고한 목적을 위해 써졌다. 뜻에 제대로 부합했기를.

all about announcers
올 에쁜 아나운서

초판 1쇄 인쇄 | 2021년 3월 15일
초판 1쇄 발행 | 2021년 3월 19일

저자 강성곤 | **발행인** 장진혁 | **발행처** (주)형설이엠제이
주소 서울시 마포구 월드컵북로 402 KGIT 상암센터 1212호 | **전화** (070) 4896-6052~3
등록 제2014-000262호 | **홈페이지** www.emj.co.kr | **e-mail** emj@emj.co.kr
공급 형설출판사

정가 15,000원

© 2021 강성곤 All Rights Reserved.

ISBN 979-11-86320-87-7 03800

※ 본서는 저자와의 협의에 따라 인지는 붙이지 않습니다.
※ 이 책은 저작권법에 의해 보호를 받는 저작물이므로 동영상 제작 및 무단전제와 복제를 금합니다.